Peter N. Stearns

Kindheit und Kindsein
in der Menschheitsgeschichte

magnusglobal
wird wissenschaftlich betreut durch

Univ.-Prof. Dr. Peter Feldbauer, Wien,
    Wirtschafts- und Sozialgeschichte
Professor Dr. Dietmar Rothermund, Heidelberg,
    Geschichte Südasiens
Professor Dr. Birgit Schäbler, Erfurt,
    Westasiatische Geschichte
Privatdozentin Dr. Angela Schottenhammer, Hamburg,
    Geschichte Ostasiens
Univ.-Professor Dr. Hans Werner Tobler, Zürich,
    Neuere Geschichte, Geschichte Lateinamerikas

Peter N. Stearns

Kindheit und Kindsein
in der Menschheitsgeschichte

Aus dem Englischen von
Christina Neuland

magnusglobal

Das Original erschien 2006 unter dem Titel
»Childhood in World History« bei Routledge,
Oxford und New York

Abbildungen auf dem Cover (von oben links nach unten rechts):
Familie auf der Jagd, ägyptisches Grab
Girls Carrying Water, Tom Maisey
Fritz Beinke (1842–1907): Der Spielwarenverkäufer auf dem Lande
Rothaariger Junge, Steven H. Keys (www.keysphotography.com)
Saigon-Vietnam, Samoano 1998
Teddy (um 1906)
Loyset Liédet, Ausschnitt aus einer Miniatur, 1471
Schule in Nord Bahr-el-Ghazal, Südsudan 2002

Authorised translation from the English language edition
published by Routledge, a member of the Taylor & Francis Group.

Für die deutsche Ausgabe:
© 2007 Magnus Verlag, Essen
Alle Rechte vorbehalten
Lektorat: Birgit Wüller
Umschlagidee: CCK, Essen
Layout: Hans Winkens, Wegberg
ISBN 3-978-3-88400-332-9

Inhalt

VORWORT

Bereits vor mehreren Jahren erwog ich, zu der Reihe Themen der Global-geschichte einen Beitrag über das Kindsein beizusteuern, doch erschien mir die Herausforderung zunächst zu groß. Das Thema ist sehr umfang-reich und noch immer ist unsere Kenntnis der Geschichte lückenhaft. Da jedoch das Kindsein ein wichtiger Bestandteil der Erfahrung des Mensch-seins und damit auch der Menschheitsgeschichte ist, hielt ich es dennoch für unerlässlich, das Vorhaben weiterhin zu verfolgen. Vielen Wissen-schaftlern, die ich größtenteils nicht persönlich kenne, bin ich zu großem Dank verpflichtet – ohne ihre Pionierarbeit hätte dieses Buch nicht entste-hen können. Mein persönlicher Dank gilt Bruce Mazlish, Raymond Grew, Ben Carton, Paula Fass und Wolf Schaefer; sie gaben den Anstoß zu Arbei-ten über das Kindsein und die Globalisierung und haben zur Entstehung meines Buches unmittelbar beigetragen. Außerdem schulde ich vielen wei-teren Historikern und Anthropologen meinen Dank, die hier an der Ge-orge Mason Universität an einer Konferenz zu einem verwandten Thema teilgenommen haben. Zwei der Vortragenden, Paula Fass und Colin Hey-wood, haben mir wertvolle Hinweise gegeben. Bei der Recherche unter-stützten mich Joan Fragaszy und Earnie Porta; ihre Bemühungen zeichne-ten sich durch großen Einsatz und Einfallsreichtum aus. Debbie Williams erfüllte bei der Vorbereitung des Manuskripts, wie gewöhnlich, mehr als nur ihre Pflicht. Des Weiteren danke ich Vicky Peters, vom Verlagshaus Routledge, die so viel für dieses Buch und die ganze Reihe getan hat.

Schon zu meiner Zeit auf der Highschool wünschte ich mir selber Kin-der (allerdings erfüllte ich mir diesen Wunsch nicht sofort). Die Erfah-rung, Kinder zu haben, war für mich zu keiner Zeit enttäuschend; deshalb danke ich meinen vier Kindern dafür, dass sie mein Leben, und in vielerlei Hinsicht auch dieses Buch, bereichert haben; und ein soeben geborener Enkelsohn führt mir erneut vor Augen, wie faszinierend jeder einzelne Ab-schnitt der Kindheit sein kann.

KAPITEL 1

Einführung
Kindheit in der Globalgeschichte

Jede Gesellschaft – und fast jede Familie – hat sich ausgiebig mit dem Kindsein und dem Kind auseinandergesetzt. Dabei fallen zahlreiche von Zeit und Ort unabhängige Konstanten ins Auge. Immer und überall bedürfen Kinder einer gewissen Anleitung zur Vorbereitung auf das Erwachsensein. Sie müssen lernen, mit bestimmten Emotionen, wie Wut oder Angst, in gesellschaftlich akzeptabler Form umzugehen. Immer und überall sind kleine Kinder aufgrund der beim Menschen ausnehmend langen Phase der Hilflosigkeit bei der Ernährung und Pflege auf soziale Strukturen angewiesen. Kinderkrankheiten, beziehungsweise ihre Vermeidung, und mögliche Unfälle bereiten den Eltern heute ebenso wie in frühesten Zeiten Sorge. Irgendeine Form der Sozialisation im Hinblick auf Geschlechterrollen dürfte selbst in den am meisten auf Gleichberechtigung bedachten Gesellschaften der Gegenwart ein unvermeidlicher Bestandteil des Kindseins sein. Die Liste der grundlegenden Gemeinsamkeiten ist lang.

Schon in biologischer Hinsicht benötigt die menschliche Nachkommenschaft besondere Fürsorge. Junge Schimpansen und andere Menschenaffen werden nach etwa drei Jahren nicht mehr gesäugt und entwickeln daraufhin sofort ihr endgültiges Gebiss. Was das Sammeln und Vorbereiten der Nahrung angeht, sind sie erwachsen. Menschliche Kinder hingegen bekommen ihre zweiten Zähne erst im Alter von sieben Jahren oder später, lange nach der Entwöhnung von der Mutterbrust. Bei der Nahrungsbeschaffung sind sie jahrelang auf die Hilfe Erwachsener angewiesen. Dies ist ein essentielles Charakteristikum des Kindseins in menschlichen Gesellschaften zu allen Zeiten und an allen Orten.

Andererseits ergibt der Vergleich verschiedener Gesellschaften oder Epochen eine erstaunliche Vielfalt in den Erscheinungsformen des Kindseins. In bestimmten Gesellschaften gilt es als normal, dass die meisten Kinder arbeiten, ja schwer arbeiten; andernorts sieht man darin ein schockierendes Verbrechen an der Unschuld wehrloser Kinder. In manchen

Gesellschaften herrscht die Auffassung, Kinder hätten ein Anrecht auf Glück – eine Vorstellung, über die man anderswo, ohne deshalb eine unglückliche Kindheit als erstrebenswert zu erachten, den Kopf schütteln würde. In manchen Gesellschaften findet man sich mit einer hohen Kindersterblichkeit ab, und das gesamte Verhältnis zum Kindsein, einschließlich der Art und Weise, wie man mit Kindern über das Sterben spricht, wird dort von dieser Grundgegebenheit bestimmt. Anderswo unternimmt man große Anstrengungen, um die Ursachen der Kindersterblichkeit zu bekämpfen. In manchen Gesellschaften empfindet man Babys als niedlich; in anderen nimmt man eher ihre Ähnlichkeit zu Tieren wahr. In einigen Gesellschaften ist die körperliche Züchtigung von Kindern an der Tagesordnung; in anderen rufen solche Methoden Empörung hervor: Die Indianer Amerikas waren im 17. Jahrhundert entsetzt, als sie sahen, wie die europäischen Einwanderer ihre Kinder prügelten. In manchen Gesellschaften endet die Kindheit mit der Geschlechtsreife, und es ließen sich viele große Könige und Eroberer aufzählen, die ihre Laufbahn als Teenager begannen, wie zum Beispiel Alexander der Große. Anderswo wiederum setzt man das Erwachsenenalter viel später an und erfindet Kategorien wie die Pubertät, just, um zum Ausdruck zu bringen, dass Menschen auch einige Zeit nach Eintreten der Geschlechtsreife noch nicht wirklich erwachsen sind. Auch die Liste der bedeutsamen Unterschiede und Veränderungen in den Erscheinungsformen des Kindseins ist also lang.

Der Begriff der Pubertät ist besonders geeignet, um sich die Bandbreite der Gemeinsamkeiten und Unterschiede im Umgang mit der Kindheit an verschiedenen Orten der Welt vor Augen zu führen. Praktisch alle Kinder, die das Teenageralter erreichen, durchlaufen die Pubertät und erlangen die Fortpflanzungsfähigkeit. Alle Gesellschaften und Familien müssen diese Lebensphase zur Kenntnis nehmen und bestimmte Hilfestellungen oder Vorschriften für das Verhalten nach Eintreten der Geschlechtsreife schaffen. Auch wenn diese Regulierung mitunter bereits vor der Geschlechtsreife beginnt, bildet sie dennoch einen klaren Abschluss der eigentlichen Kindheit. Fast alle Gesellschaften markieren die Altersstufe, in der gewöhnlich die Geschlechtsreife eintritt, durch äußere Veränderungen. (In den Vereinigten Staaten ist die Pubertät schon durch die spezielle Institution der *middle school* von der Kindheit einerseits und dem Erwachsenenalter andererseits abgesetzt; die Einrichtung dieses Schultyps trägt unter anderem der Tatsache Rechnung, dass Jugendliche während der Pubertät mit Erfahrungen und Themen ganz eigener Art konfrontiert sind.) Hierin zeigen sich also Übereinstimmungen im Umgang mit der Pubertät. Aber auch die Unterschiede sind unübersehbar: Bereits das durchschnittliche Alter, in dem die Geschlechtsreife eintritt, ist nicht in allen Gesellschaften gleich; in heißen Klimazonen und dort, wo kein Mangel an Nahrung herrscht, ist es niedriger. Darüber hinaus verändert es sich im Laufe der Zeit: In den Vereinigten Staaten und Westeuropa tritt die Geschlechtsreife heute durchschnittlich vier (oder mehr) Jahre früher ein als vor 200 Jahren. In manchen Gesellschaften gelten Menschen als erwachsen oder fast erwachsen, wenn sie die Geschlechtsreife erreicht haben. Vielerorts ist die Heirat unmittelbar nach Eintritt der Geschlechtsreife, vor allem bei Mädchen, sehr verbreitet. Anderswo, wie zum Beispiel in unseren modernen westlichen Gesellschaften, ist noch ein längerer Zeitraum der Jugend dazwischengeschaltet. In manchen Gesellschaften ist die Erlangung der Geschlechtsreife von komplexen Ritualen begleitet; in anderen, wie unserer eigenen, ist man mit der zeremoniellen Ausgestaltung (abgesehen von religiösen Bräuchen wie Firmung und Konfirmation) eher zurückhaltend, vielleicht nicht zuletzt deshalb, weil man die Auswirkungen der Geschlechtsreife auf Personen, die noch als Kinder gelten, mit einem gewissen Unbehagen betrachtet. Die Möglichkeiten der Variation und des Wandels in der Geschichte sind beträchtlich.

Es ist sehr schwierig, einen seriösen historischen Abriss über Kinder zu schreiben. Kinder hinterlassen kaum unmittelbare Zeugnisse. Menschen erinnern sich an ihre Kindheit, Erwachsene schreiben über Kinder und es gibt materielle Objekte – Wiegen, Spielzeug und dergleichen –, doch auch diese unterliegen in der Regel der Auswahl durch Erwachsene. Gerade deshalb ist es für den Historiker leichter, sich mit dem Kindsein zu beschäftigen als mit Kindern, weil das Kindsein zum Teil von Erwachsenen und ihren Institutionen definiert wird. Die Kinder der Vergangenheit sind dagegen kaum zu fassen. Selbst in der Gegenwart ist es kein Leichtes zu erforschen, wie Kinder Arbeit oder Schule erleben – von vergangenen Epochen ganz zu schweigen. Worin unterscheiden sich Kinder, die typischerweise mehrere Geschwister sterben sehen, von solchen, die allenfalls durch den Verlust eines Großelternteils mit dem Tod in Berührung kommen? Die Fragestellung ist aus der Sicht des Historikers richtig und sinnvoll, die Antwort jedoch alles andere als offensichtlich. Nicht einmal das Bild, das sich Erwachsene vom Kindsein machen, lässt sich ohne weiteres ermitteln, und sei es nur, weil die Auseinandersetzung mit dem Kindsein mitunter eine sehr persönliche Angelegenheit ist. Für gewöhnlich kennen wir das offizielle Kindheitsverständnis einer Gesellschaft, wie es sich unter anderem in Gesetzen widerspiegelt, aber wie soll man herausfinden, welche Überzeugungen eine bestimmte Gruppe von Eltern hat oder ihrem Verhalten zugrunde legt? Hierzu ein Beispiel: In den 60er Jahren des 20. Jahrhunderts waren 80 Prozent der befragten deutschen Mütter der Ansicht, dass Frauen mit Kindern unter fünf Jahren nicht arbeiten sollten, doch die Mehrzahl war berufstätig – was war nun ihre wirkliche Auffassung von mütterlicher Verantwortung?

Die Geschichte von Kindern und Kindsein hat viele moderne Historiker fasziniert und gerade jetzt gewinnt das Thema wieder an Bedeutung. Die auf diesem Gebiet tätigen Wissenschaftler räumen ein, dass unser Wissen über bestimmte Bereiche der kindlichen Welterfahrung mangels unmittelbarer Zeugnisse unvollständig bleiben muss, sind aber der Meinung, dass wir wichtige Erkenntnisse über die Situation von Kindern in der Vergangenheit und über Veränderungen in den Formen des Kindseins gewinnen können. Rollen und Funktionen von Kindern, ihre Erziehung, die Bedeutung von Geschlechterrollen, Gesundheit und Hygiene, die materielle Kultur, ihr Platz in der Struktur der Familie, ja selbst einige Aspekte ihres Gefühlslebens lassen sich erforschen. Die Geschichte des Kindseins lehrt uns auch, besser zu verstehen, wie Gesellschaft und Familie überhaupt in der Vergangenheit funktionierten, gibt doch das Kindsein Aufschluss über zentrale Wertvorstellungen und Maßregeln, die das Sozialgefüge insgesamt bestimmten. Ebenso wichtig ist Folgendes: Wenn wir erkennen, wie sich eine Reihe von Charakteristika des heutigen Kindseins geschichtlich entwickelt hat, begreifen wir dadurch auch das heutige Kindsein besser, einschließlich einiger erst in neuester Zeit auftauchender Probleme.

Bei der Erforschung der Geschichte des Kindseins muss man sich auf beide oben erwähnten Spannungsverhältnisse einlassen. Selbstverständlich ist es schwieriger, brauchbare Zeugnisse über Kinder in der Vergangenheit zu finden als über Erwachsene, und zu einigen Themen können wir unleugbar nicht so viel in Erfahrung bringen, wie wir uns wünschen würden. Dennoch ist in den entscheidenden Punkten wenigstens eine Annäherung möglich und alles in allem steht dem Historiker doch eine Fülle von Material zur Verfügung. Es ist von solcher Tragweite, über das Kindsein in der Geschichte Bescheid zu wissen und dadurch sowohl die Vergangenheit genauer zu verstehen als auch die Gegenwart in einen historischen Zusammenhang zu stellen, dass man sich trotz der ungewöhnlich problematischen Quellenlage mit diesem Thema beschäftigen muss.

Mindestens ebenso wichtig wie dieses Abwägen von Quellenlage und Bedeutung des Themas ist das zweite Spannungsverhältnis: Wesentliche Elemente im Leben von Kindern und in der Vorstellung vom Kindsein unterliegen keiner signifikanten Variation oder Veränderung in Raum oder Zeit; dies beginnt schon mit der banalen Feststellung, dass die Kindheit in allen Gesellschaften auf irgendeine Weise vom Erwachsenenalter abgegrenzt wird. (Dies wurde unter Historikern zwar lange Zeit kontrovers diskutiert, doch inzwischen ist man sich weitgehend einig darüber, dass eine wie auch immer geartete Abgrenzung eine historische Konstante darstellt.) Gleichzeitig gibt es jedoch tatsächliche Abweichungen und Veränderungen, die manchmal sogar tief greifend sein können, und genau an diesem Punkt setzt die seriöse Geschichtsforschung an. Eine Geschichte des Kindseins muss gerade diesen Unterschied zwischen »naturgegebenen« Erfahrungen von Kindern und den Konstrukten bestimmter historischer Konstellationen herausarbeiten – und dies ist ebenso reizvoll wie ergiebig.

Diesen allgemeinen Überlegungen sollen nun einige Beispiele folgen, welche die genannten Spannungsverhältnisse illustrieren und aufzeigen, wie diese fruchtbar gemacht werden können. Zunächst zur Quellenlage: Wir wissen, dass Kinder in einigen Gesellschaften der Vergangenheit wesentlich häufiger körperlich gezüchtigt wurden als in unserer westlichen Gesellschaft. Man denke nur an die Geschichten von Lehrern oder Predigern, die auf ihrer Runde durch Klassenzimmer oder Kirchen stets mit dem Stock zur Stelle waren, um ungezogene oder schläfrige Kinder auf die Fingerknöchel zu schlagen. Wie die Kinder jedoch diese körperliche Züchtigung erlebten oder auch nur, was die Erwachsenen damit erreichen wollten, ist viel schwieriger herauszufinden. Im heutigen Amerika wären Kinder zutiefst verletzt und sie und ihre Eltern würden sofort von Kindesmisshandlung sprechen. Doch in einem anderen Umfeld, in dem Bestrafung an der Tagesordnung war und die Vorstellung, Kinder sollten vor Schmerzen bewahrt werden, nicht existierte, könnten die Reaktionen ganz anders ausgesehen haben. Erwachsene waren damals durchaus fähig, ihre Kinder aufrichtig zu lieben, obgleich sie sie (nach unseren Maßstäben) hart bestraften. Über derartige Unterschiede in der Bedeutung derselben Handlungsweise können wir zwar Spekulationen anstellen und, zum Beispiel aus Autobiographien, gewisse Aufschlüsse erhalten, aber ein vollständiges Bild werden wir niemals bekommen, und wir tun gut daran, dies auch einzuräumen.

Noch dürftiger wird unsere Kenntnis, wenn es um Dinge geht, die Kinder absichtlich geheim halten. Die Gemütsverfassung und der Humor von Kindern sind selbst in der jüngeren Vergangenheit nur lückenhaft dokumentiert. Spiele sind etwas weniger problematisch, da sie sich zum Teil erstaunlich lange halten; hier leistet die Volkskunde einen wichtigen Beitrag. Doch manche Themen entziehen sich unserem Zugriff fast völlig. Es mag noch einfach sein, über die Einstellung Erwachsener zur Masturbation bei Kindern zu sprechen, und Historiker haben einiges darüber herausgefunden, wie sich diese Einstellung im Laufe der Zeit veränderte. Aber wie häufig Kinder masturbieren, ist selbst heute, bei aller Offenheit im Umgang mit der Sexualität, unmöglich zu ermitteln, ganz zu schweigen etwa von den Zuständen vor 200 Jahren, als Erwachsene solche Handlungen als sündig oder krankhaft ansahen. Glücklicherweise lassen sich andere Teilgebiete der Geschichte der kindlichen Sexualität sowie die Einstellungen und Maßnahmen der Erwachsenen hierzu leichter bearbeiten – zum Beispiel das Thema vorehelicher Geschlechtsverkehr. Aber einige Einschränkungen sind schlichtweg nicht aus der Welt zu schaffen.

Nicht weniger Schwierigkeiten als die Knappheit der Quellen wirft das Spannungsverhältnis zwischen Konstanz und Variabilität des Kindseins auf. In diesem Zusammenhang begingen einige der ersten Historiker, die auf diesem Gebiet arbeiteten, einen großen, wenn auch nachvollziehbaren, Fehler. Bei der Beschäftigung mit Westeuropa, zum Teil auch mit den amerikanischen Kolonien, maßen sie den Unterschieden zwischen Einst und Heute allzu große Bedeutung bei. Was könnte auch von den modernen Idealen weiter entfernt sein als Kinder, die zur Arbeit gezwungen, brutal gestraft, manchmal gar Fremden zur Arbeit überlassen werden und häufig jung sterben? Folglich schrieben einige Historiker, dass Eltern früher, im Gegensatz zu heute, ihre Kinder nicht liebten – mit den Worten eines englischen Historikers: Man könne in einer vorneuzeitlichen Familie nicht mehr Liebe erwarten als in einem Vogelnest. Ein anderer war der Ansicht, Kinder seien überhaupt nur im 20. Jahrhundert (und in der westlichen Welt) angemessen behandelt worden.

Diese Äußerungen lösten eine heftige Diskussion aus, mit der wir uns in einem späteren Kapitel noch befassen werden. Letztlich läuft es jedoch darauf hinaus, dass die Pioniere sich geirrt haben. Es kommt durchaus

14

vor, dass Eltern ihre Kinder nicht lieben, und in jeder Gesellschaft mag es Eltern geben, die ihre Zuneigung nicht zeigen können. Aber die Liebe zu Kindern ist keine Erfindung der Neuzeit; sie ist fast immer und überall anzutreffen und, zumindest bis zu einem gewissen Grad, naturgegeben. Bei stillenden Müttern wird sogar ein Hormon ausgeschüttet, das die Entstehung einer emotionalen Bindung in hohem Maße begünstigt. Veränderungen und Unterschiede dürfen also einerseits nicht überbewertet werden, denn bestimmte Charakteristika des Kindseins finden sich fast überall. Andererseits kann sich die Liebe der Eltern zu ihren Kindern in sehr unterschiedlichen Formen der Behandlung, ja sogar der emotionalen Anteilnahme äußern, so dass man auch nicht zu viel Konstanz voraussetzen darf. Wir werden noch sehen, dass manche Historiker in ihrer Kritik an der ersten Forschergeneration wiederum über das Ziel hinausschossen. Es lässt sich kaum vermeiden, auf dem analytischen Grat zwischen Wandel und Kontinuität zu balancieren.

Ein weiteres Problem liegt auf der Hand: Manche Aspekte des Kindseins in der modernen westlichen Gesellschaft, beziehungsweise in jeder fortschrittlichen Industriegesellschaft, erscheinen uns so selbstverständlich und essentiell, dass wir uns nur schwer in die Zustände der Vergangenheit hineindenken können. Wer versetzt sich schon gerne in eine Zeit zurück, in der mindestens ein Drittel aller Kinder vor dem Erreichen des zweiten Lebensjahres starb? Eine Zeit, in der manche Eltern sich zunächst nicht einmal die Mühe machten, ihrem Kind einen Namen zu geben, weil sie damit rechnen mussten, dass es ohnehin sterben würde? Können wir Verständnis für die frühere Gewohnheit aufbringen, den Namen eines verstorbenen Kindes ein zweites Mal zu vergeben, was ja nicht nur zu besagen scheint, dass dieses Kind niemals existierte, sondern zugleich auch die Individualität des Neugeborenen in Frage stellt? Was sollen wir von Lehrern halten, die ihre Schüler anbrüllten und vor der ganzen Klasse lauthals als Dummköpfe hinstellten, ohne Rücksicht auf deren Selbstwertgefühl, ja fast in der Absicht, dieses zu verletzen?

Ohne Einfühlungsvermögen und Gespür für historische Zustände aber kommt man nicht aus, wenn es einem um ein wirkliches Verständnis der Vergangenheit geht und nicht nur um die wohlfeile Bestätigung unserer Überlegenheit. Vielleicht ging es Kindern früher in mancherlei Hinsicht besser als heute. Die Fortschritte sind nicht zu leugnen, aber ebenso wenig die spezifischen Probleme unserer Zeit. Angesichts des Erreichten lässt sich eine gewisse Selbstgefälligkeit nur schwer unterdrücken – bis wir uns bewusst machen, wie viel Kopfzerbrechen uns das Thema Kinder und Kind-sein gerade heute verursacht.

Gewisse Rahmenbedingungen muss man folglich bei jeder breit ange-legten Beschäftigung mit der Geschichte des Kindseins berücksichtigen. Das Thema ist nicht unproblematisch, aber durchaus zu bewältigen. Man-chen unserer Analysen wird ein gewisses Maß an Unsicherheit anhaften, doch der Informationsgewinn ist gleichwohl beträchtlich. Wir werden es mit Konstanten des menschlichen Wesens ebenso wie mit echten Variablen und Veränderungen zu tun bekommen. Auch wenn uns manche dieser Veränderungen eindeutig als Verbesserungen erscheinen – sei es auch nur, weil wir sie ganz unvermeidlich von unserem heutigen Standpunkt aus be-urteilen –, so ist es doch weder fruchtbar noch angebracht, die Menschen der Vergangenheit lediglich zu bemitleiden. Man muss sich eingestehen, dass sich nicht alle Neuerungen zum Wohl des Kindes ausgewirkt haben. Dieses Unterfangen setzt einige geistige Beweglichkeit voraus, aber sie kann, obgleich mühevoll, sehr lehrreich sein, ja Freude bereiten.

Schließlich besitzt dieser Forschungsgegenstand noch einen ganz eige-nen Reiz: Wir alle waren einmal Kinder und kennen viele der einschlä-gigen Themen aus eigener Erfahrung. Dementsprechend ist die Vertiefung unseres Verständnisses durch eine historische Betrachtungsweise bei der Untersuchung des Kindseins vielleicht bedeutsamer als bei manchen klas-sischen Gegenständen der Geschichtsforschung. Wir haben es mit einigen der elementaren Erfahrungen des Menschseins zu tun.

Dieses Buch will nicht nur die Geschichte, sondern die Globalgeschichte des Kindseins betrachten, und dies macht unsere Untersuchung umso reizvoller. Natürlich erhöht die globale Perspektive auch die Komplexität: Eine Schwierigkeit ist der enorme Umfang des Themas; jede Kurzdarstel-lung kann hier nur exemplarisch vorgehen. Ein weiteres Problem stellt die Heterogenität der historischen Vorarbeiten dar. Zwar etabliert sich die Ge-schichte des Kindes, zum Beispiel im Rahmen der lateinamerikanischen Geschichtsforschung, zunehmend, doch zu manchen großen Gesellschaf-ten findet sich mehr Literatur als zu anderen. Dieses Ungleichgewicht wird irgendwann behoben sein, setzt aber derzeit noch jeder Darstellung ganz unweigerlich Grenzen.

Andererseits eröffnet der weltgeschichtliche Blickwinkel auch ganz eige-ne Möglichkeiten, und diese zusätzlichen Aspekte wird unser Buch in den Vordergrund rücken. Zum einen bietet sich die Möglichkeit der vergleichenden Kontrastierung, ein Standardverfahren der Geschichtsforschung, das auf die Geschichte des Kindseins bislang zu selten Anwendung gefunden hat. Hatten zum Beispiel die großen Religionen einen Einfluss auf die Vorstellungen vom Kindsein und das Erleben des Kindes, und wenn ja, welchen? Wir wissen, dass in japanischen und amerikanischen Schulen heute ganz verschiedene Schwerpunkte gesetzt werden (in Japan achtet man beim Schulanfang vor allem darauf, dass die Kinder sich in die Klassengemeinschaft einordnen, während in Amerika mehr Gewicht auf die Autorität des Lehrers gelegt wird) – aber wann und warum haben sich diese Unterschiede ausgebildet? Der Vergleich erlaubt uns nicht nur, die Globalgeschichte durch eine Gegenüberstellung verschiedener Kulturen anschaulicher und interessanter zu machen, sondern er lässt auch charakteristische Strukturen innerhalb einer einzelnen Gesellschaft klar hervortreten.

Eng verwandt mit dem kontrastiven Ansatz ist zum anderen die Untersuchung von Kontaktsituationen zwischen verschiedenen Kulturen. Welche Folgen hatte der plötzliche Kontakt mit Europäern zur Zeit des Imperialismus für das Kindsein in Indien oder Afrika? Wie wirkt sich in anderen Teilen der Welt die »Amerikanisierung« auf das Kindsein aus? Dazu ein ganz einfaches, aber prägnantes Beispiel: Fast jede Sprache kennt mittlerweile eine Version des Liedes *Happy Birthday to You*, das in ganz unterschiedlichen Kulturkreisen auf Kindergeburtstagen gesungen wird. Bedeutet dies, dass die Feier des Geburtstags (selbst in den Vereinigten Staaten eine relativ neue Gepflogenheit) durch das amerikanische Vorbild nun auf der ganzen Welt denselben Stellenwert bekommen hat?

Schließlich werden durch die Einbindung in die Globalgeschichte auch die wichtigen Veränderungen in den Vorstellungen vom Kindsein und im Erleben des Kindes sichtbar. Häufig wird die Globalgeschichte geradezu als *big history* bezeichnet, denn bei der Untersuchung auf globaler Ebene fallen, zumal bei einem so umfangreichen Gebiet, natürlich in erster Linie die ganz allgemeinen, wirklich signifikanten Entwicklungen ins Auge. Die deutlichste Zäsur in der Globalgeschichte des Kindseins war der Übergang von der bäuerlichen zur industriellen Gesellschaft (beziehungsweise die Übernahme von Strukturen einer derartigen Gesellschaft, etwa der allgemeinen Schulpflicht, auch durch Gesellschaften, die den Industrialisierungsprozess selbst noch nicht abgeschlossen haben). Natürlich hat sich nicht alles verändert – manche Parameter des Kindseins sind, wie gesagt, schlichtweg naturgegeben und bleiben deshalb über die Zeiten hinweg konstant –, aber der Status der Kindheit wurde neu definiert, und die Konsequenzen waren gravierend. Selbst in fortschrittlichen Industriegesellschaften hat man bis heute noch nicht alle Folgeerscheinungen dieses Wandels verarbeitet. Doch dies ist nicht die einzige wichtige Veränderung, die wir betrachten müssen: Auch der Übergang vom Jäger- und Sammlerdasein zum Ackerbau hatte gewaltige Auswirkungen auf das Kindsein, obgleich wir darüber aufgrund der zeitlichen Entfernung weniger wissen. Und es gibt noch weitere Schlüsselereignisse in der Geschichte, die sich auch aus der Sicht unseres Themas als bedeutende Veränderungen darstellen, etwa die Ausbreitung der Weltreligionen. In jüngster Zeit schließlich hat die mit der Globalisierung einhergehende Beschleunigung der Interaktion zwischen den größeren Gesellschaften einen starken Einfluss auf das Kindsein und damit indirekt auf die zeitgenössische Welterfahrung überhaupt. Vor allem natürlich stellt die zunehmend üblich werdende Konsumentenrolle für Kinder die althergebrachte Auffassung vom Kindsein auf recht spannende Weise in Frage – freilich regt sich dagegen auch Widerstand, wenngleich wohl eher auf Seiten der Eltern als der Kinder selbst. Wieder lässt uns der weltgeschichtliche Blickwinkel hier die großen Zusammenhänge des Themas erkennen.

Die Analyse von Kontrasten und die Analyse wichtiger Veränderungen ergänzen sich. Große Veränderungen, wie zum Beispiel die Verbreitung der allgemeinen Schulpflicht, machen zwar nicht an politischen und kulturellen Grenzen Halt, sie treffen aber jeweils auf unterschiedliche traditionelle Denk- und Verhaltensweisen. Die gemeinsame Entwicklung – hier die Einführung der Schulpflicht – muss also kontrastiv betrachtet werden, wie oben im Fall Japans und der Vereinigten Staaten. Selbst das Konsumverhalten von Kindern ist nicht völlig einheitlich. Kinder in den Vereinigten Staaten und in Ägypten wachsen zum Teil mit den gleichen Fernsehsendungen auf, zum Beispiel der *Sesamstraße*. Viele ägyptische Kinder jedoch schauen die *Sesamstraße* noch als Teenager an: Offenbar hat diese Sendung für sie eine andere Bedeutung als für amerikanische Kinder, die sich gewöhnlich schon als Grundschüler zu alt dafür fühlen.

Das Spannungsfeld von Gemeinsamkeiten, Veränderungen und Kontrasten macht die Globalgeschichte des Kindseins zu einem besonders lohnenden Thema. Denn das Kindsein ist ein Spiegel der Gesellschaft, in der es stattfindet, und die Kinder bringen, wenn sie erwachsen geworden sind, eben diese Gesellschaft neu hervor. So betrachtet ist das Verständnis des Kindseins ein Schlüssel wie kein zweiter zum Verständnis des Menschseins überhaupt.

KAPITEL 2

Kindsein in bäuerlichen Gesellschaften
Die ersten großen Veränderungen

Die ursprüngliche Wirtschaftsform des Menschen ist die des Jägers und Sammlers; sie prägte den bisher längsten Abschnitt der menschlichen Geschichte. Wir können also davon ausgehen, dass die frühesten Vorstellungen vom Kindsein und seine erste kulturelle Ausgestaltung in diesem Umfeld entstanden. Unser Wissen über die Jäger- und Sammler-Gemeinschaften der Vergangenheit ist dürftig und dies trifft natürlich auch auf das damalige Kindsein zu. Was wir wissen, verdanken wir zum größten Teil archäologischen Funden; dazu kommen Beobachtungen, die man an einigen bis heute bestehenden Gemeinschaften von Jägern und Sammlern gemacht hat. Dennoch ist es wichtig, das Kindsein in diesen Gesellschaften in die Forschung einzubeziehen, weil sich Verhaltensweisen der Jäger und Sammler in Spuren bis in die Gegenwart erhalten haben (und dies in ganz verschiedenen Wirtschaftsformen) und weil sich auch manche der naturgegebenen oder inhärenten Merkmale des Kindseins darin wiederfinden. Auf die Zeit der Jäger und Sammler geht zum Beispiel die grundsätzliche Anpassung der Lebensweise an die lange Phase der Hilfsbedürftigkeit des Kindes zurück, durch die der Mensch sich von seinen Vorfahren und Verwandten unter den Primaten unterschied.

In diesem Kapitel werden wir uns auch mit der ersten großen Umwälzung in den Lebensbedingungen des Menschen befassen: dem Übergang vom Jagen und Sammeln zum Ackerbau, der sich ab 9000 v. d. Z. an vielen Orten der Welt vollzog. Dieser hatte zweifellos gewaltige Veränderungen in der Behandlung von Kindern zur Folge; da uns aber über den gesamten Prozess genaue Informationen fehlen, können wir natürlich auch nicht sagen, inwiefern den Erwachsenen bewusst war, dass sie durch die neue Lebensweise auch das Kindsein neu definierten. Die bäuerliche Existenzform hat von den Anfängen des Ackerbaus bis vor wenigen Jahrhunderten den Rahmen für fast die gesamte menschliche Geschichte abgegeben; folglich ist es unerlässlich, dass wir uns Klarheit darüber verschaffen, wie diese neue Wirtschaftsform dem Kindsein eine andere und dauerhafte Qualität verlieh.

Über das Kindsein in Jäger- und Sammler-Gemeinschaften gibt es nur sehr wenige unmittelbare Zeugnisse. Aber die Annahme liegt nahe, dass Kinder infolge der oft unzureichenden Versorgung und der Notwendigkeit, zur Nahrungssuche regelmäßig umherzuziehen, unter gewaltigen Entbehrungen litten. Es war wohl für eine Familie schon schwierig genug, mehr als ein jüngeres Kind mit sich zu tragen, wenn eine kleine Gruppe auf der Suche nach Wild den Ort wechselte, der erträglichen Geburtenrate waren somit ganz von selbst sehr enge Grenzen gesetzt.

Tatsächlich hatten nur wenige Elternpaare während der gesamten Zeit ihrer Fortpflanzungsfähigkeit mehr als vier Kinder, da jedes Kind den Nahrungsetat auf Jahre hinaus belastete. Unbestritten waren Kinder in der Lage, den Frauen beim Sammeln von Körnern, Nüssen und Beeren zu helfen, aber ihre eigenen Bedürfnisse überstiegen in jedem Fall den Beitrag, den sie leisten konnten; die Jungen waren bis zum frühen Teenageralter noch keine große Hilfe bei der Jagd. In den meisten Jägerkulturen entwickelten sich spezifische Rituale zur Aufnahme der Jugendlichen in die Gruppe der Jäger. Manche Höhlenmalereien zeigen erwachsene Männer, die ältere Jungen zur Übung mit auf die Jagd nehmen. Noch heute sind Tapferkeitsbeweise auf der Jagd in manchen Jäger- und Sammler-Gemeinschaften ein zentraler Bestandteil der Initiationsriten und dies dürfte in der Vergangenheit nicht anders gewesen sein. Ihre Bedeutung war nicht nur symbolisch: Die Tatsache, dass ein Junge alt genug war, um für sich selbst zu sorgen und seine Familie zu unterstützen, war angesichts der beschwerlichen Bedingungen, unter denen diese Jägerhorden lebten, von größter Wichtigkeit.

Auch Beobachtungen an heutigen Jäger- und Sammler-Kulturen deuten darauf hin, dass Kinder bis zum Erreichen des Teenageralters im wirtschaftlichen Leben häufig nur eine geringe Rolle spielen. So hatte eine Gruppe, in der die Kinder die Frauen auf der Nahrungssuche begleiteten, sogar weniger Erfolg als eine Gruppe, die ausschließlich aus Erwachsenen bestand: Die Kinder waren schlicht und einfach im Weg. Andere Gruppen versuchten gar nicht erst, Kinder bis ca. 14 Jahren in die Prozesse zur Sicherung des Lebensunterhaltes einzubinden. Die eingeschränkte Rolle, die man Kindern zuwies, prägte diese Gemeinschaften denn auch auf verschiedene Art und Weise (vielleicht erklärt sie auch, warum Kinder in der primitiven Kunst relativ selten dargestellt sind). Zum Beispiel hatten Kinder in Jäger- und Sammler-Gemeinschaften reichlich Gelegenheit zu spielen, und dies ohne Trennung der Altersgruppen. Am deutlichsten jedoch schlug sich der Umstand, dass Kinder nur begrenzt brauchbar waren, in der Zahl der Geburten nieder.

Die Geburtenrate wurde durch mehrere Faktoren niedrig gehalten, vor allem aber durch lange Stillzeiten – bis zu vier Jahre oder mehr –, in denen der Hormonhaushalt der Mutter eine neue Schwangerschaft kaum zuließ. Diese Methode war zwar nicht zu 100 Prozent verlässlich, erfüllte aber insgesamt ihren Zweck. Außerdem war die absichtliche Tötung von Säuglingen üblich; dies bezeugen archäologische Funde aus Nord- und Südamerika, Australien und Indien. Vereinzelt, zum Beispiel bei einigen Indianerstämmen, experimentierte man auch mit Pflanzen, um Abtreibungen zu bewirken. Viele Paare waren zweifellos hin- und hergerissen zwischen ihrem sexuellen Verlangen und der Notwendigkeit, eine zu große Nachkommenschaft zu vermeiden. Des Weiteren reduzierten Krankheiten und Unterernährung die Zahl der Schwangerschaften, da sie die Fruchtbarkeit der Frauen beeinträchtigten. Sie wirkten sich auch auf die Überlebenschancen jener Kinder aus, die tatsächlich zur Welt kamen. Die langen Stillzeiten begünstigten nicht gerade eine ausreichende Versorgung und die Sterbeziffer erhöhte sich weiter durch die Anfälligkeit der Kinder während der Entwöhnungsphase. Krankheiten bedrohten zusätzlich ihr Leben und manche, wie zum Beispiel Malaria, konnten auch die Fruchtbarkeit der Erwachsenen schädigen. Viele Mütter starben in einem Alter zwischen 20 und 30 Jahren – die Lebenserwartung war ja insgesamt gering – und auch dies setzte die durchschnittliche Zahl der Geburten pro Frau herab.

Zudem vermitteln die verfügbaren Quellen ein Bild, wonach die meisten europäischen Jäger- und Sammler-Gemeinschaften, die wir an der Schwelle zum Sesshaftwerden erfassen, Kinder, die noch vor Erreichen ihres 5. Lebensjahres verstorben waren, nicht einmal bestatteten. Dies muss nicht bedeuten, dass diese Eltern dem Tod ihrer Kinder gleichgültig gegenüberstanden, aber man war sich ganz offensichtlich bewusst, dass das Überleben zu vieler Kinder eine Gefahr für die Familie und für die Gemeinschaft darstellte und dass mit ihrem Tod immer zu rechnen war. Aufgrund der verschiedenen Faktoren, die die Kinderzahl niedrig hielten, wuchsen die Jäger- und Sammler-Gemeinschaften letztlich nur sehr langsam, wenn überhaupt.

Diese ungünstigen Bedingungen sowie die Tatsache, dass Kinder bis zu einem gewissen Grad als Last empfunden wurden, sollten uns, auch im Vergleich zu den veränderten Zuständen nach dem Aufkommen des Ackerbaus, nicht den Blick dafür verstellen, dass Kinder in Jäger-und Sammler-Gemeinschaften durchaus auch Entfaltungsmöglichkeiten hatten. Erstens nahm die Arbeit, so lebensnotwendig sie war, selbst bei Erwachsenen nicht den gesamten Tag in Anspruch. Viele heutige Jäger und Sammler arbeiten im Durchschnitt nur wenige Stunden pro Tag. So bleibt viel Zeit unter anderem für das Spielen mit Kindern und auch für das Spielen der Kinder untereinander. In vielen Jäger-Gemeinschaften spielen Kinder und Erwachsene häufig miteinander, so dass die Kinder zwar weniger Zeit haben, um unter sich zu bleiben, dafür aber mehr Möglichkeiten zum Kontakt mit einem größeren Personenkreis. Zweitens begann man in vielen Jäger- und Sammler-Kulturen sehr früh damit, den Kindern der Anführer hie und da kleine Privilegien einzuräumen – damit wurden Kinder zum ersten Mal dafür benutzt, um Rangunterschiede zum Ausdruck zu bringen, und diese Praxis hat sich bekanntlich, wenn auch in ganz anderer Form, bis heute erhalten. Die Gräber einiger älterer Kinder aus der Zeit vor der Einführung des Ackerbaus enthielten Schmuckstücke, Waffen aus Knochen mit eingeritzten Ornamenten und farbige Ziergegenstände. In Europa wurde ein Kinderskelett gefunden, das ein Messer aus Feuerstein an der Seite hatte und auf dem Flügel eines Schwans lag. Solch eine bevorzugte Behandlung brachte sicher in erster Linie den Status der Familie zum Ausdruck, die das Kind noch im Tod dafür benutzte, Reichtum und Macht zur Schau zu stellen; sie mag daneben aber auch echte Zuneigung zu dem betreffenden Kind widerspiegeln. Die Kindheit war zweifellos eine Zeit des Spielens und der gelegentlichen Mithilfe bei der Arbeit, doch das Erwachsenenalter kam in der Regel früh genug: Sobald er die Jagdrituale durchgemacht hatte, wurde der Junge zum Mann, und auch viele Mädchen wurden im frühen Teenageralter verheiratet und damit zu Erwachsenen. Das Konzept einer längeren Übergangszeit zwischen Kindheit und Reife, das später sowohl in bäuerlichen als auch industrialisierten Gesellschaften verbreitet war, kannte man in dieser ursprünglichen Form des menschlichen Zusammenlebens normalerweise nicht.

Die Unterscheidung der Geschlechterrollen war bei den Kindern der Jäger- und Sammler-Gemeinschaften eher subtil. Kleine Jungen wie Mädchen standen unter der Obhut der Frauen und spielten ähnliche Spiele. Später sonderten sich die Jungen, die wussten, dass sie für die Jagd bestimmt waren, gewöhnlich von den anderen ab und bildeten Gruppen für sich mit eigenen Spielen. Die Möglichkeiten der Geschlechtertrennung waren freilich begrenzt, weil die Jägerhorden klein waren und es in jeder Gruppe relativ wenige Kinder gab. Außerdem war zwar die Arbeit der Frauen eine andere als die der Männer, aber aus wirtschaftlicher Sicht mindestens ebenso wichtig, so dass es keine Rechtfertigung dafür gegeben hätte, während des Heranwachsens große Statusunterschiede zwischen Jungen und Mädchen zu machen.

Die Erforschung heutiger Jäger- und Sammler-Kulturen zeigt auch, dass es von Gemeinschaft zu Gemeinschaft beträchtliche Unterschiede darin gibt, welche Charaktereigenschaften an Kindern gefördert werden. Da die Verbände klein und recht isoliert waren, bildeten sich unweigerlich ganz unterschiedliche Normen aus. Als Beispiel hierfür kann der Umgang mit Wut dienen. In manchen Jäger- und Sammler-Gemeinschaften duldet man ein gewisses Maß an Wut unter Kindern und die Eltern liefern ihnen ein Modell, indem sie bei Bestrafungen selbst Wut zeigen. Anderswo, zum Beispiel bei den Utku-Inuit in Kanada, gesteht man Kindern, die älter als zwei Jahre sind, Wut überhaupt nicht zu – ihre Sprache kennt nicht einmal ein Wort dafür –, sondern geht davon aus, dass die Kinder, statt ihre Wut direkt zu äußern, lieber weinen oder Tiere quälen. In Jäger- und Sammler-Gemeinschaften gibt es also allem Anschein nach innerhalb des allgemeinen, durch die Lebensbedingungen vorgegebenen Rahmens verschiedene charakteristische Muster der Kindererziehung.

Vor ungefähr 10 000 Jahren ging der Mensch allmählich zum Ackerbau über und es entstand eine von Grund auf neue Wirtschaftsform, die bedeutende Auswirkungen auf das Kindsein hatte. Zunächst verbreitete sich der Ackerbau langsam über die Welt, setzte sich aber nicht überall durch; noch heute leben in einigen isolierten Gebieten Jäger und Sammler. Außerdem entstand auch eine alternative Wirtschaftsform: das nomadische Hirtentum. Der Ackerbau verbreitete sich sowohl durch Nachahmung als auch durch unabhängige Entstehung an verschiedenen Orten. »Erfunden« wurde er mindestens dreimal: im Vorderen Orient, in den Reisanbaugebieten Südchinas und Südostasiens und in Mittelamerika. Die Landwirtschaft wurde mehr und mehr zur Grundgegebenheit des menschlichen Daseins – und folglich auch des Kindseins.

Die offensichtlichste Veränderung, die die Einführung des Ackerbaus mit sich brachte, bestand in der Entdeckung, dass sich Kinder bei der

Arbeit einsetzen ließen. In viel höherem Maße als bei den Jägern und Sammlern stand bei den meisten Bevölkerungsgruppen der bäuerlichen Gesellschaften – auch bei Handwerkern und Heimarbeitern – die nützliche Arbeit im Mittelpunkt des Kindheitsverständnisses. Natürlich waren kleine Kinder noch immer eine wirtschaftliche Belastung, vor allem, bis sie, mit etwa fünf Jahren, zu ersten Arbeiten herangezogen werden konnten. Bis zum frühen Teenageralter kostete ein Kind noch mehr, als es leistete, aber mit 15 oder 16 konnte es durch die Arbeit auf dem Feld und im Haus aktiv zum Auskommen der Familie beitragen.

Wir haben keine genaue Vorstellung davon, wie lange es dauerte, bis man begriff, dass Kinder solch eine wichtige Arbeitskraft darstellten. Wir wissen aber, dass die Geburtenrate sehr bald anzusteigen begann. Darin spiegelt sich zum einen das größere Nahrungsangebot wider, zum anderen das neue Bewusstsein, dass Kinder auch über eine gelegentliche Mithilfe bei der Nahrungsbeschaffung hinaus eingespannt werden können (und sollten). Die Zahl der Geburten erhöhte sich zweifellos hauptsächlich durch die Verkürzung der Stillzeit, mitunter auf ca. 18 Monate, was (zumindest bei nicht nachlassender sexueller Aktivität) die Zahl der Kinder pro Familie automatisch auf sechs oder sieben ansteigen ließ – und dies blieb unter gewöhnlichen Leuten der Durchschnitt während der gesamten vom Ackerbau geprägten Epoche.

Übrigens sollte man nicht glauben, dass diese neue Kinderzahl das erreichbare Maximum darstellte. Wir sehen am Beispiel der Religionsgemeinschaft der Herrnhuter im Kanada des späten 19. und frühen 20. Jahrhunderts, dass Eltern, wenn sie wirklich die größtmögliche Zahl von Kindern haben wollen und den gesamten Zeitraum vom Eintreten der Geschlechtsreife der Frau bis zur Menopause nutzen, durchschnittlich 12 bis 14 Kinder zeugen können. Nur wenige Familien in bäuerlichen Gesellschaften taten dies oder hielten es auch nur für erstrebenswert, weil die Belastung zu groß gewesen wäre. Deshalb begrenzte man nach wie vor die Größe der Familie durch längeres Stillen. Häufig riet man auch jungen Leuten – selbst verheirateten Paaren – vom Geschlechtsverkehr sofort nach Eintreten der Geschlechtsreife ab und typischerweise schränkten Eltern mit 30 oder 40 Jahren ihre sexuelle Aktivität ein, wohl auch, um die Zahl der Kinder in einem erträglichen Rahmen zu halten. Meist hatten die Wohlhabenderen mehr Kinder als die breite Masse, weil nur sie sich deren Unterhalt leisten konnten. Trotz der weiterhin bestehenden Notwendigkeit, die Geburtenrate und die wirtschaftliche Situation gegeneinander abzuwägen, brachte die Entstehung bäuerlicher Gesellschaften also enorme Veränderungen mit sich: Kinder wurden sowohl durch ihre wirtschaftliche Funktion als auch durch ihre bloße Anzahl zu einem wichtigen Bestandteil der Gesellschaft.

Folglich waren die Dörfer in bäuerlichen Gesellschaften voll von Kindern. Aufgrund der relativ hohen Geburtenziffer und der ziemlich geringen durchschnittlichen Lebenserwartung stellten Kinder und Jugendliche leicht die Hälfte der Gesamtbevölkerung. Der Kontrast zu Jäger- und Sammler-Verbänden und auch zu modernen Industriegesellschaften könnte kaum auffälliger sein: Zwar behandelte man Kinder in bäuerlichen Gesellschaften nicht immer gut, aber man war in einem (für uns kaum nachvollziehbaren) Maß auf Kinder ausgerichtet. Die Vorstellung, dass das ganze Dorf sich an der Kindererziehung beteiligte, hat einen wahren Kern – die Verantwortung dafür lag, schon deshalb, weil es so viele Kinder gab, nicht bei den Eltern allein. Auch in größeren Gesellschaften erfuhren Kinder zunehmend Beachtung: In Gesetzestexten, wie zum Beispiel den mesopotamischen, werden Verpflichtungen gegenüber Kindern erwähnt. In Ägypten und Mesopotamien betrachtete man kinderlose Paare mit Misstrauen (wer keine eigenen Kinder bekommen konnte, sollte welche adoptieren, was auch eine Möglichkeit darstellte, um Arbeit und Besitz auf eine größere Zahl von Leuten zu verteilen). Ein kinderloser ägyptischer Schreiber wird mit folgenden Worten angeprangert: »Du bist kein Mann von Ehre, weil du deine Frauen nicht zu Müttern gemacht hast. [...] Wer keine Kinder hat, der soll ein Waisenkind zu sich nehmen und es aufziehen.«

Auch für die Kinder selbst wurde das Kindsein mehr und mehr zum Begriff: Es waren mehr Geschwister da, mit denen sie täglich zu tun hatten, und außerdem gab es in Siedlungen, wo nun einige hundert Leute und nicht nur 40 bis 60 wie in den Jäger- und Sammler-Kulturen zusammenlebten, auch viele Spielgefährten.

Der Tod war nach wie vor ein ständiger Begleiter der Kindheit. Wenn sich auch in manchen Fällen die Ernährung vermutlich verbessert hatte, so waren Hungersnöte doch keine Seltenheit. Darüber hinaus stellten Infektionskrankheiten wie Masern oder Pocken in bäuerlichen Gesellschaften ein größeres Problem dar als unter Jägern; vor allem Kinder und alte Menschen waren davon unverhältnismäßig stark betroffen. Krankheit, Unfall und Tod warfen einen dunklen Schatten auf das Kindsein. Nur wenigen Kindern blieb es erspart, mindestens zwei Geschwister vor dem Erreichen des Erwachsenenalters sterben zu sehen, und insgesamt kamen in bäuerlichen Gesellschaften durchschnittlich 30 bis 50 Prozent aller Kinder ums Leben. Dies gab sicher Anlass zu großer Trauer, aber überall musste man sich mit der Unvermeidlichkeit des Sterbens von Kindern abfinden und neben dem Kummer herrschte oft auch ein beträchtliches Maß an Fatalismus. Selbst wo es ärztliche Hilfe gab, machten sich viele Familien nicht die Mühe, sie für Kinder in Anspruch zu nehmen, weil der Tod einfach unabwendbar schien. Außerdem war die Zahl der Unfälle, die man heute als vermeidbar ansehen würde – zum Beispiel der Sturz in einen Brunnen –, sehr hoch.

Fast überall entwickelten sich – vielleicht im Zusammenhang mit dem Tod – ganz sonderbare Ängste und (nach unserem Verständnis) abergläubische Vorstellungen im Bezug auf Kinder. Viele afrikanische Gruppen töteten Zwillinge, weil sie glaubten, sie seien von bösen Geistern besessen. In der frühen Harappa-Kultur des Industals wurden Kindern die Ohrläppchen durchstochen, um böse Geister fernzuhalten. In Europa fürchteten sich Christen vor Kindern, die mit der Embryonalhaut über dem Kopf zur Welt kamen, weil sie dies für ein Zeichen von Hexerei hielten. Die Einzelheiten unterschieden sich von Fall zu Fall, aber mit Abnormitäten verbundene Ängste waren weit verbreitet.

Die Gegenwart des Todes hatte natürlich direkte Auswirkungen auf die Kinder – besonders wenn sie, was zwar nicht die Norm war, aber doch häufig vorkam, den Tod eines Elternteils unmittelbar mit ansehen mussten, während sie selbst noch klein waren. Ein Essayist aus dem China der Ming-Dynastie beschreibt, was es für ihn bedeutet, dass er im Alter von sieben Jahren den Tod seiner Mutter mit erlebt hat: »Selbst bei Leuten, die noch am Leben sind, mache ich mir ständig Sorgen, dass die Zeit vielleicht nicht ausreichen könnte, um sie richtig kennen zu lernen – nur wegen dieses tragischen Ereignisses, das mich noch immer mit tiefem Schmerz erfüllt.«

Noch einmal muss der zentrale Stellenwert der Arbeit hervorgehoben werden. Kleine Kinder gingen der Mutter im Haus zur Hand; ein wenig ältere kümmerten sich um Haustiere und halfen bei leichterer Feldarbeit und Ernte. Heranwachsende Jungen gingen wohl zur Ergänzung der Hauptversorgung durch die Landwirtschaft auch noch auf die Jagd, aber im Mittelpunkt stand die regelmäßige Arbeit als Teil des »Teams« Familie. Dasselbe Prinzip galt auch unter den meisten Handwerkern: Die Kinder machten sauber, bereiteten die Materialien vor und führten die leichteren Arbeiten bei der Produktion aus, während sie im Rahmen einer mehr oder weniger institutionalisierten Lehre das Handwerk erlernten.

Die Arbeit verlieh dem Kindsein neue Bedeutung, aber sie erzeugte auch eine deutliche Spannung, die es im Kindsein der Jäger- und Sammler-Kulturen so nicht gegeben hatte. Um den vollen Nutzen aus der Arbeit von Kindern zu ziehen, mussten die Eltern sie bis zum mittleren oder späten Teenageralter in Anspruch nehmen. Nur dann lohnten sich die Investitionen in kleinere Kinder und die Familien hatten noch genügend Arbeitskräfte, wenn die Eltern alt wurden. In vielen bäuerlichen Gesellschaften setzten Paare im Alter von etwa 40 Jahren ganz bewusst noch ein Kind in die Welt – ein »Wunschkind«, wie man im Deutschland der frühen Neuzeit sagte –, damit es für sie arbeiten konnte, wenn sie alt würden. Häufig war es notwendig, das volle Erwachsenenalter später anzusetzen, damit die Kinder auch weiterhin zum Auskommen der Familie beitrugen. Manchmal erlaubte man ihnen zu heiraten, allerdings unter der Voraussetzung, dass sie auch dann noch als Mitglied der Großfamilie ihre Aufgaben erfüllten; freiwillig jedoch gestand man ihnen keine völlige Unabhängigkeit zu. Es ist nicht verwunderlich, dass die Initiationsriten nun neue Formen annahmen. Gewöhnlich wandte man sich von Beweisen der wirtschaftlichen Leistungsfähigkeit, wie es sie unter den Jägern gegeben hatte, ab und ging zu religiösen Bräuchen über, die die geistige Reife zum Ausdruck bringen sollten – Zeremonien wie zum Beispiel die jüdische Bar Mitzvah. Hierbei handelte es sich um feierliche Rituale von großer Bedeutung, aber nicht um sichtbare Zeichen der wirtschaftlichen Unabhängigkeit, wie es die Tapferkeitsbeweise auf der Jagd gewesen waren.

In den meisten bäuerlichen Gesellschaften kannte man einen Zeitraum der »Jugend«, der zwischen der wirklichen Kindheit und dem vollen Erwachsenenalter lag, und kennzeichnete auf diese Weise die Jahre, in denen Kinder gewöhnlich noch innerhalb der Familie arbeiteten, ihre Kenntnisse und Fertigkeiten jedoch bereits zu eigener Produktivität ausgereicht hätten. Diese Situation war nicht unproblematisch. Wir werden noch sehen, dass man irgendwann in allen bäuerlichen Gesellschaften begann, den Kindern Gehorsam gegen die Eltern einzuimpfen, sicher nicht zuletzt, weil man hoffte, dass sie diese Haltung auch als Jugendliche bewahren und ihre Arbeit weiter in den Dienst der Familie stellen würden. Natürlich bildete sich in all diesen Gesellschaften – im Gegensatz zu den Gemeinschaften der Jäger und Sammler oder der Nomaden – eine klare Vorstellung von Besitz aus. Dieser wurde durch Vererbung an die jüngeren Generationen weitergegeben, so dass die Kinder einen zusätzlichen Beweggrund hatten, weitere Zeit loyal für die Familie zu arbeiten und sich währenddessen des Wohlwollens der Eltern zu versichern.

Vielerorts trug man jedoch auch den in der Jugend wirksamen Spannungen Rechnung, indem man in bestimmten Zeitabständen große Ausgelassenheit – ganz bewusst außerhalb des Alltags – tolerierte. Bäuerliche Feste zur Aussaat und Ernte, oft auch religiöse und politische Feiertage boten jungen Leuten (vor allem den jungen Männern) die Möglichkeit, in Spielen und sportlichen Wettkämpfen aus den gewohnten Bahnen auszubrechen, vielleicht auch ein wenig über die Stränge zu schlagen oder sich über ältere Respektspersonen und sozial Höhergestellte lustig zu machen. Oft warteten junge Leute in Scharen vor dem Haus eines frisch verheirateten Paares, bis sie sich vom Vollzug der Ehe (und am besten auch noch von der Jungfräulichkeit der Braut) überzeugt hatten. Gewöhnlich genügte es, dem lustigen Haufen vor der Tür ein blutiges Betttuch zu zeigen. Solche derben Hochzeitsbräuche waren sowohl in Europa als auch im Orient ein fester Bestandteil des Dorflebens, so stark sich auch die religiösen Hintergründe voneinander unterschieden. In Europa standen sich bei feiertäglichen Ringkämpfen manchmal Junggesellen und frisch vermählte Männer gegenüber, so dass diejenigen, die es noch nicht zum Familienvater gebracht hatten, ihrer Frustration durch einen Sieg im Wettkampf Luft machen konnten. Indem man bei bestimmten Anlässen harmlose Umtriebe und Verstöße gegen Verhaltensnormen zuließ, erleichterte man es jungen Leuten ganz erheblich, ihren geringeren sozialen Status während des übrigen Jahres hinzunehmen.

Zusammen mit der stärkeren Betonung der Arbeit und der neuen, wenn auch unscharfen, Kategorie der Jugend kam es in bäuerlichen Gesellschaften – und zwar überall, wo diese Form des menschlichen Zusammenlebens sich durchgesetzt hatte – zu noch mindestens drei weiteren Veränderungen in der Wahrnehmung und im Erfahren des Kindseins. Weil der Ackerbau größeren wirtschaftlichen Überschuss zur Folge hatte, bot er auch mehr Möglichkeiten, Standesunterschiede an Kindern und durch Kinder auszudrücken. Unterscheidungen dieser Art hatte es auch schon bei den Jägern und Sammlern gegeben, aber jetzt wurden sie komplexer. In der Spätzeit der mittelamerikanischen Mayakultur zum Beispiel legte man den Kindern der Oberschicht im Kleinkindalter, wenn ihre Schädel noch weich waren, Binden an, um den Kopf länglich zu formen – und damit schuf man ein für das ganze Leben sichtbares körperliches Merkmal ihrer gesellschaftlichen Stellung. Ein weiteres Beispiel ist der spätere chinesische Brauch, den Frauen der Oberschicht die Füße zu verstümmeln. Dabei wurden den Mädchen die Füße so fest zusammengeschnürt, dass kleinere Knochen brachen und die Mädchen und Frauen ihr Leben lang nur mit schlurfenden Schritten gehen konnten. Das Ergebnis galt als anmutig und attraktiv, trotz der Tatsache, dass dadurch die Arbeitsfähigkeit von Frauen verringert wurde – weshalb diese Praxis sich nicht auf die unteren, bäuerlichen Schichten der Bevölkerung ausdehnte.

Abgesehen von solchen spezifischen Gepflogenheiten, die natürlich von Gesellschaft zu Gesellschaft variierten, entstanden häufig noch andere Unterschiede, die sich auf das Kindsein auswirkten. Erstens hatten die Kinder der Oberschicht einen großen Vorteil, weil sie sich ausgewogener und – vor allem durch den Verzehr von Fleisch – proteinreicher ernähren konnten als die meisten Kinder. Folglich entwickelten sich auffällige Größenunterschiede zwischen den Kindern (und späteren Erwachsenen) der Oberschicht und denen der gewöhnlichen Bevölkerung, und diese tendieren natürlich dazu, die Standesunterschiede aufrecht zuerhalten. Der zweite Unterschied betrifft die Ausbildung und Spezialisierung. Aufgrund des größeren Nahrungsüberschusses bot sich einer kleinen Zahl von Kindern die Möglichkeit, eine spezielle Ausbildung zu erhalten, um später ein qualifizierter Handwerker zu werden (in diesem Fall war die Ausbildung gewöhnlich mit Arbeit im Rahmen einer Lehre verbunden) oder die Rolle eines Soldaten, Priesters oder Beamten zu übernehmen. Irgendwann wurden diese Ausbildungsgänge stärker institutionalisiert. Für die Angehörigen privilegierter Gruppen bestand das Kindsein – anders als für die Mehrheit – nicht nur aus Arbeit. In den meisten bäuerlichen Gesellschaften bildeten sich also zwei sehr unterschiedliche Existenzformen, doch eine davon stand nur einer kleinen Minderheit offen.

Es ergaben sich nun auch neue Möglichkeiten des Kontakts zwischen Kindern und Großeltern. Den hatte es freilich schon bei den Jägern und Sammlern gegeben, wo Großeltern unter anderem als Quelle von Geschichten und Weisheiten dienen konnten, die den Kindern in einer Gesellschaft, die noch auf die mündliche Überlieferung von Wissen angewiesen war, ein Gefühl von Identität vermittelte; aufgrund der geringen durchschnittlichen Lebenserwartung von Erwachsenen kam dieser Kontakt jedoch nicht allzu häufig zustande. In bäuerlichen Gesellschaften starben noch immer viele Erwachsene jung, aber eine beträchtliche Zahl wurde über 60 Jahre alt. Die Großeltern konnten bei der Betreuung der Kinder helfen, während ihre eigenen, erwachsenen Kinder arbeiteten, und auch auf andere Weise den Kontakt zu ihren Enkeln aufrechterhalten. Erst vor kurzem betonte ein Evolutionsbiologe, wie wichtig die Großeltern mit ihrer Fürsorge und ihrem Wissen für die Weiterentwicklung des Menschen waren – im Vergleich zu anderen Spezies, wo diese Verbindung fehlt. Unabhängig davon, wie viel Wahrheit in dieser Behauptung steckt, fest steht, dass es mit der Einführung des Ackerbaus häufiger zu Begegnungen zwischen Kindern und ihren Großeltern kam.

Schließlich begann man nun auch, bei Kindern verstärkt Unterschiede zwischen den Geschlechtern zu machen. Alle bäuerlichen Gesellschaften prägten, was die Beziehungen zwischen den Geschlechtern und auch zwischen Eltern und Kindern angeht, patriarchalische Strukturen aus, in denen der Mann bzw. Vater als Familienoberhaupt über unverhältnismäßig viel Autorität verfügte. Meist übernahmen Männer die ertragreichsten Aufgaben im Wirtschaftsleben der Familie – in der Landwirtschaft selbst die Verantwortung für den Getreideanbau. Die Frauen wurden mehr und mehr zu Hilfsarbeitern; sie waren zwar von größter Wichtigkeit für das Überleben der Familie, hatten aber keine so eigenständige Bedeutung mehr wie bei den Jägern und Sammlern. Die Aufgaben der Mutter nahmen freilich mit wachsender Geburtenziffer zu. Diese Veränderungen zogen das Bestreben nach sich, Jungen und Mädchen nicht nur nach ihren Aufgaben und ihrer endgültigen Bestimmung im Leben zu unterscheiden, sondern auch nach ihrem Wert. Auch wenn Mädchen in Ausnahmefällen die besondere Gunst der Eltern genossen, gab man ihnen gewöhnlich das Gefühl der Minderwertigkeit. Das Übergewicht der väterlichen Macht äußerte sich vor allem in der Verfügungsgewalt über den Besitz, die den Vätern für die Behandlung der Kinder ein Instrument in die Hand gab, das den Müttern, zumindest in diesem Ausmaß, fehlte. Durch emotionale Nähe zu den Kindern und durch Charakterstärke konnten die Mütter jedoch einen Ausgleich schaffen; deshalb darf man den Unterschied zwischen den Eltern, so groß er auch dem Gesetz und den wirtschaftlichen Verhältnissen nach war, nicht überbewerten.

Aber nicht immer verhielt es sich so simpel mit dem Verhältnis der Geschlechter zueinander. In der chinesischen Kultur zum Beispiel brachte man Jungen zweifellos höhere Wertschätzung entgegen und die Tötung weiblicher Säuglinge ist eine unbestreitbare Tatsache. Aber es kam vor, dass junge Mädchen freundlicher und mit größerer Nachsicht behandelt wurden als Jungen, besonders der älteste Sohn, gerade weil die Pflichten des Mannseins so ernst waren. Mädchen hingegen sahen sich geringeren Erwartungen ausgesetzt und konnten deshalb erstaunliche Freiheiten erlangen.

KINDSEIN IN BÄUERLICHEN GESELLSCHAFTEN

Unterschiede zwischen den Geschlechtern konnten, obwohl es sie immer gab, ganz verschieden aussehen; dies lässt sich besonders gut an den frühesten bäuerlichen Gesellschaften zeigen. Im alten Ägypten machte man bei der Geburt keinen Unterschied zwischen Jungen und Mädchen – ganz zur Verwunderung griechischer Besucher, die es gewohnt waren, dass man viele Mädchen einfach dem Tod überließ. Ein Grieche macht dazu folgende Bemerkung: »Sie ernähren alle Kinder, die ihnen geboren werden.« In Mesopotamien standen die Jungen und Mädchen bis zur Entwöhnung (im Alter von ca. drei Jahren) unter der Obhut der Mutter, dann aber übernahm der Vater die Erziehung der Knaben und es wurde streng zwischen den Geschlechtern unterschieden – wie ein sumerischer Vater es ausdrückt: »Ich wäre kein Mann, wenn ich meinen Sohn nicht erziehen würde.« Diese Aufmerksamkeit hatte zwei Seiten: Jungen waren zwar die Hoffnung der Familie und der älteste Sohn übernahm nach dem Tod des Vaters dessen Stellung, aber die Strafen für Ungehorsam konnten hart sein; sie reichten von Hausarrest über das Fesseln mit Kupferketten bis hin zum Brandmarken der Stirn. Mädchen hatten insgesamt weniger Entfaltungsmöglichkeiten, aber auch weniger Gelegenheiten, den Zorn der Eltern auf sich zu ziehen.

Wie unter den verschiedenen Jäger- und Sammler-Gemeinschaften gab es unter den bäuerlichen Gesellschaften viele von Zeit und Ort unabhängige Gemeinsamkeiten, aber auch beträchtliche Variationen, wie wir oben am Beispiel der Geschlechterrollen sahen. Meist nahm die Großfamilie mit ihren engen Beziehungen zwischen noch lebenden Großeltern, den erwachsenen Kindern, deren Ehegatten – die Ehefrauen zogen gewöhnlich zur Großfamilie des Mannes – und Kindern eine zentrale Stellung ein. Aber auch die Bildung von Kernfamilien ohne direkten Anschluss war möglich. Vielerorts legten die Eltern Wert darauf, sich selbst um ihre Kinder zu kümmern, mit Ausnahme vielleicht der Oberschicht. In Polynesien jedoch tauschten Familien gerne durch informelle Adoption Kinder untereinander aus. Viele Gesellschaften entwickelten eine starke religiöse Ausrichtung, aber manchmal spielten auch säkulare Werte eine große Rolle. In einigen Gesellschaften, die vom Patriarchat geprägt waren, gestand man den Töchtern keinen Besitz zu; anderswo gewährte man ihnen, trotz strenger patriarchalischer Strukturen, eingeschränktes Besitzrecht. Mancherorts stand der älteste Sohn im Mittelpunkt und Erbbesitz sowie Ämter wurden nach dem Prinzip des Erstgeburtsrechts weitergegeben, während die jüngeren Söhne und die unverheirateten Töchter unversorgt blieben. Anderswo wiederum wurde das Erbe gerechter verteilt, zumindest unter den Söhnen. In den nächsten drei Kapiteln werden wir uns mit einigen grundlegenden Veränderungen beschäftigen, die aus der Einführung des Ackerbaus und den damit einhergehenden Entwicklungen resultierten. Die Einflüsse und Bedeutung einiger Hochkulturen sowie die Folgen religiöser Neuerungen stehen dabei ganz oben auf der Liste der Faktoren, die das Kindsein in bäuerlichen Verhältnissen entscheidend prägten.

Man darf aber auf keinen Fall vergessen, dass schon die Einführung des Ackerbaus als solches einige der größten Veränderungen des Kindseins innerhalb der gesamten menschlichen Geschichte zur Folge hatte. In diesem Rahmen spielten sich Sonderentwicklungen in einzelnen Kulturen und Religionen ab, die sich von den allgemeineren Entwicklungsmustern abheben. Mit dem Aufkommen des Ackerbaus begannen sowohl einzelne Familien als auch ganze Gesellschaften, das Kindsein anders zu betrachten als die Jäger und Sammler – im Mittelpunkt dieses Kontrasts steht die Tatsache, dass man Kinderarbeit nun für selbstverständlich und notwendig erachtete.

Es ist nicht verwunderlich, dass wir auch heute noch mit dem Erbe der Kindheitsvorstellungen aus jener frühen landwirtschaftlichen Epoche zu tun haben, selbst in Gesellschaften, die nach der Industrialisierung ein ganz neues Weltbild ausgeprägt haben. Unserer Einteilung des Schuljahres liegt noch immer der Gedanke zugrunde, dass Kinder im Sommer frei haben sollten – ursprünglich, damit sie auf dem Feld arbeiten konnten, heute, damit sie Zeit haben für ganz verschiedene, weniger klar definierte Aktivitäten. Noch heute haben wir unsere liebe Not mit gewissen Aspekten der Trennung von Jungen und Mädchen, die ihren Ursprung in der Welt des Ackerbaus haben, inzwischen aber nüchtern betrachtet nicht mehr gerechtfertigt sind. Und schließlich glauben auch jetzt noch viele Leute, dass ein bisschen Feldarbeit, oder wenigstens Landluft, Stadtkindern ganz gut tut – diese Überzeugung mag schon richtig sein, aber sie spiegelt auch eine nostalgische Sehnsucht nach Formen des Kindseins wider, die im Zeichen des Ackerbaus viele Jahrhunderte hindurch vorherrschend waren. Bevor wir uns dem Ende dieser landwirtschaftlich geprägten Epoche zuwenden, mit all ihren positiven und negativen Konsequenzen, müssen wir noch einen Blick auf einige Varianten des Kindseins in diesem speziellen Kontext werfen, die sich an markanten Punkten der Globalgeschichte finden.

Weiterführende Lektüre

Über die Jäger und Sammler: Patricia Phillips, T*he Prehistory of Europe* (Bloomington 1980); J. S. Wiener, *Man's Natural History* (London 1971); Robert Braidwood, *Prehistoric Men* (8. Aufl., Glenview, Illinois 1975); Robert Wenke, *Patterns in Prehistory: humankind's first three million years* (4. Aufl., Oxford 1999).

Über den Übergang zum Ackerbau: David Christian, *Maps of Time: an introduction to big history* (Berkeley 2004); Joanna Sofaer Derevsnki (Hg.), *Children and Material Culture* (London 2000).

Über frühe bäuerliche Gesellschaften: André Burguière, Christiane Klapish-Zuber, Martine Segalen, Françoise Zonabend (Hg.), *Geschichte der Familie. Altertum* (Essen 2005); A. R. Colón in Zusammenarbeit mit P. A. Colón, *A History of Children: a socio-cultural survey across millennia* (Westport, Connecticut 2001).

KAPITEL 3

Kindsein in den antiken Hochkulturen
Ein interkultureller Vergleich

In diesem und dem nächsten Kapitel werden wir das Kindsein in Beziehung zu wichtigen Ereignissen der Globalgeschichte setzen. Zunächst wollen wir die Auswirkungen der Hochkultur auf das Kindsein betrachten und verschiedene Kulturen miteinander vergleichen. Dann sollen die Folgen weiterer Veränderungen innerhalb der großen Hochkulturen – vor allem derjenigen, die man mit der Verbreitung tieferer religiöser Ideen verbindet – im Mittelpunkt unseres Interesses stehen.

Jede Darstellung der Globalgeschichte hebt als besondere Form der menschlichen Organisation die Hochkultur hervor, wie sie sich auf der Grundlage der bäuerlichen Wirtschaftsweise ab ca. 3 500 v. d. Z. entwickelte. Während die Mehrheit der Bevölkerung auf dem Land lebte, nahm nun die Bedeutung von Städten zu, die Schrift wurde eingeführt und es entstanden kunstvollere Zeugnisse fortgeschrittener Kultur. Uns interessiert vor allem, wie sich die Entstehung der Hochkulturen auf das Kindsein auswirkte, das schon durch die Einführung des Ackerbaus beträchtliche Veränderungen erfahren hatte. Über die frühesten »Flusstalkulturen« wissen wir zu wenig, um mehr als nur ein paar allgemeine Aussagen über das damalige Kindsein machen zu können; anders verhält es sich jedoch mit der Blütezeit der großen antiken Hochkulturen in China, Indien und dem Mittelmeerraum beziehungsweise dem Vorderen Orient von ca. 1 000 v. d. Z. bis zum Untergang der antiken Reiche im 5./6. Jahrhundert unserer Zeitrechnung. Jede dieser Kulturen entwickelte ganz eigene religiöse Vorstellungen, Kunstrichtungen, Handelsbräuche sowie politische und soziale Strukturen, die auch das Kindsein unweigerlich betrafen. Außerdem hinterließen alle drei, als die Zeit der antiken Hochkulturen insgesamt zu Ende ging, ein Vermächtnis, das sich bis in die jüngere Vergangenheit erhalten hat und auch heute noch nachwirkt. Es gibt zum Beispiel die These, dass indische Kinder gerade wegen der lebendigen Tradition des Geschichtenerzählens und der Vorstellung, dass die Realität je nach sozialer Stellung und religiösem Verdienst anders aussieht, eine besonders lebhafte Phantasie ausprägen – diese Behauptung beruht freilich auf Spekulation, aber sie legt nahe, dass es Verbindungen zu indischen Traditionen gibt, die vor mehr als zwei Jahrtausenden entstanden, als sich die für die antike Kultur charakteristischen Muster auszubilden begannen.

Nun bietet es sich selbstverständlich an zu vergleichen, wie verschiedene Gesellschaften des Altertums innerhalb derselben, vom Ackerbau vorgegebenen Rahmenbedingungen unterschiedliche Erscheinungsformen des Kindseins hervorbrachten. Das Beispiel Indien deutet ganz richtig darauf hin, dass es Unterschiede im Kindsein gibt, die auf diese Zeit zurückgehen und sich bis heute erhalten haben. Zunächst steht jedoch noch eine dringlichere Frage im Raum, die für unseren kontrastiven Ansatz von grundlegender Bedeutung ist: Sollen wir uns bei der Untersuchung des Kindheitsverständnisses eines jeden dieser drei Kulturkreise auf Gemeinsamkeiten oder Kontraste konzentrieren?

Noch vor Anbruch der Antike brachte die Entstehung der ersten Hochkulturen in großen Flusstälern mehrere Veränderungen für das Kindsein mit sich. Zunächst wurden wohl einfach die Gepflogenheiten früherer bäuerlicher Gesellschaften kodifiziert: Kinder wurden per Gesetz an die soziale Gruppe gebunden, in die sie hineingeboren worden waren. Frühe mesopotamische Gesetze, wie der Codex Hammurabi, schrieben explizit vor, dass die Kinder von Sklaven die Sklaverei ererbten, es sei denn, man schenkte ihnen ausdrücklich die Freiheit. Auch andere gesellschaftliche Stellungen, einschließlich die des Adels, wurden vererbt. Diese Sitte findet sich typischerweise in allen bäuerlichen Gesellschaften. Das römische Gesetz beschäftigte sich detailliert mit Fragen solcher Art und bestimmte zum Beispiel, dass das Kind eines Sklaven und einer Freien selbst frei sei.

Die zweite Veränderung bestand darin, dass als Ergebnis der Bildung von Staaten neue Gesetze erlassen wurden. Nun gab es auch eine im Gesetz niedergeschriebene Definition des Kindseins und der Verpflichtungen von Kindern. In vielen frühen Hochkulturen dienten Gesetze dazu, die Bedeutung des Gehorsams gegen die Eltern hervorzuheben. Nicht nur das mesopotamische, sondern auch das jüdische Gesetz spezifizierte das Recht von Vätern, ungehorsame Söhne zu bestrafen. Im jüdischen Gesetz konnte das bis zur Hinrichtung gehen. So heißt es im Buch Deuteronomium [21, 18]: »Wenn ein Mann einen störrischen und widerspenstigen Sohn hat, der nicht auf die Stimme seines Vaters und seiner Mutter hört, [...] dann sollen

Vater und Mutter ihn packen, vor die Ältesten der Stadt [...] führen und zu den Ältesten der Stadt sagen: Unser Sohn hier ist störrisch und widerspenstig, er hört nicht auf unsere Stimme, er ist ein Verschwender und Trinker. Dann sollen alle Männer der Stadt ihn steinigen, und er soll sterben.«

Von den »Flusstalkulturen« haben wir aber auch Zeugnisse über schöne Momente mit Kindern, zum Beispiel während des Spiels und während des Heranwachsens, doch Gesetze spielten hier ebenfalls eine wichtige Rolle. In den frühen Hochkulturen, wie zum Beispiel der phönizischen, gab es auch Fälle von Kinderopfern als religiösem Brauch.

Die Gesetzestexte der frühen Hochkulturen beschäftigten sich überdies ausführlich mit dem Thema Erbschaft. Es war sehr wichtig, Auseinandersetzungen auf ein Minimum zu reduzieren und gleichzeitig die Weitergabe des Besitzes von einer Generation an die nächste zu sichern. Die gesetzliche Regelung von Erbschaften ebnete aber auch einer unterschiedlichen Behandlung von Kindern den Weg – manchmal wurden ältere Jungen den jüngeren vorgezogen, fast immer aber die Jungen den Mädchen. Schließlich gab die Bestimmung, dass Besitz nur durch Vererbung weitergegeben werden könne, den Eltern auch ein entscheidendes Mittel zur Disziplinierung der Kinder an die Hand, die notwendig war, damit sie in der Nähe der Familie blieben und ihre Arbeitskraft bis zum späten Teenageralter oder noch länger zur Verfügung stellten. Die Möglichkeit, einem Kind, das der Familie nicht angemessen diente, das Erbe vorzuenthalten, konnte zwar nicht immer Ungehorsam oder gar das Ausreißen von Kindern verhindern, war aber ein zentrales Merkmal des Rahmens, den man in bäuerlichen Kulturen für das Kindsein entworfen hatte.

Schließlich kannte man in den frühen Hochkulturen bereits die Schrift und für eine Minderheit der Kinder bedeutete dies, dass sie zur Schule gehen mussten. Es haben sich mesopotamische Tontafeln erhalten, die den Unterricht der Schüler dokumentieren und auch die Ermahnungen von Eltern an ihre Kinder, dass sie fleißig lernen sollen, wiedergeben. Sie berichten außerdem von der Bestrafung fauler Schüler; diese erfolgte meist durch Stockschläge. Die Erfahrungen, die das Kind in den frühen Hochkulturen machte, konnten sehr rau sein. Zu jeder Geschichte eines Kindes, das seinen Vater durch sein Lernen »erfreute«, lässt sich eine andere finden, in der ein Junge, der »voller Furcht und mit klopfendem Herzen« zu spät zum Unterricht erscheint, mit Stockschlägen bestraft und dann auch noch vom Lehrer dazu gezwungen wird, diesem eine Einladung der Eltern zum Abendessen zu verschaffen. Die Einführung der Schrift und des

Schulsystems hat aber auch zur Folge, dass wir letztlich mehr über die Lebensweise der Oberschicht wissen – nur diese hatte Zugang zur Schriftlichkeit – als über alle übrigen Kinder, und zudem mehr über Jungen als über Mädchen.

Abgesehen von so ungewöhnlichen Bräuchen wie dem Kinderopfer bei den Phöniziern oder der Tatsache, dass man weibliche Babys in Ägypten nicht tötete, wissen wir von den frühen, in der Regel in Flusstälern angesiedelten Kulturen im Großen und Ganzen zu wenig; ein Vergleich wäre hier also nicht sehr ergiebig. Die umfangreichere Überlieferung der klassischen Zeit ermöglicht uns, auch wenn noch immer viele Lücken bleiben, ein besseres Verständnis.

Die drei großen Hochkulturen der Antike unterschieden sich in vielerlei Hinsicht voneinander. So war die chinesische Wissenschaft in größerem Maße praxisbezogen als die griechische Philosophie mit ihren theoretischeren Ansätzen; die indische Religiosität steht in Kontrast zu den eher säkularen, elitären Kulturen Chinas und des Mittelmeerraums; China war von politischer Zentralisation geprägt, Indien dagegen, und gewöhnlich auch der Mittelmeerraum, von einer dezentralen Ordnung; das indische Kastensystem hebt sich sowohl von der im Mittelmeerraum üblichen Sklaverei als auch von der konfuzianisch beeinflussten Gesellschaftsstruktur in China ab. Natürlich gab es auch viele Gemeinsamkeiten: Alle drei waren auf Expansion ausgerichtet und schufen in ihrer Kultur, ihren Kunststilen, ihren politischen Institutionen und Handelssystemen Integrationsmechanismen; selbstverständlich waren sie alle patriarchalisch und hingen von der bäuerlichen Wirtschaftsform ab. In den meisten weltgeschichtlichen Darstellungen dieser Kulturen überwiegen jedoch typischerweise die Kontraste. Wir haben allen Grund anzunehmen, dass sich dies bei einer Betrachtung des Kindseins nicht anders verhalten wird, zumal sich darin ja ganz besonders die Einflüsse des spezifischen kulturellen Rahmens widerspiegeln. Allerdings wurde nur selten ein direkter Vergleich durchgeführt, deshalb sollten wir statt mit vorgefertigten Annahmen lieber mit einer Frage beginnen: Gab es genügend grundlegende Unterschiede in den Glaubensvorstellungen und Gesetzen, die sich so stark auswirkten, dass sie die Grundgegebenheiten des Kindseins in bäuerlichen Gesellschaften überwanden und signifikante Abweichungen hervorbrachten? Die Betrachtung Chinas bietet zunächst einen guten Ausgangspunkt für den Vergleich, danach werden wir auch Daten aus dem Mittelmeerraum und (wegen der

Verfügbarkeit von Forschungsliteratur jedoch in knapperer Form) Indien für unsere Untersuchung heranziehen.

China nahm als erste der antiken Hochkulturen ab ungefähr 1 000 v. d. Z. eine relativ klare Gestalt an und die dortige Lebensweise und dortigen Institutionen bestimmten viele charakteristische Merkmale des Kindseins. Der Konfuzianismus und die politischen Einrichtungen in China, vor allem, wie sie sich in der Qin-Dynastie (221 bis 207 v. d. Z.) und der Han-Dynastie (202 v. d. Z. bis 220 n. d. Z.) festigten, drückten dem Kindsein ihren eigenen Stempel auf und banden diese Lebensphase in größere gesellschaftliche Zusammenhänge ein. Aber auch andere Faktoren spielten eine Rolle, darunter komplizierte Heiratsregelungen und, in noch höherem Maße, ein besonders tiefes Verständnis von Mutterschaft; manche dieser Faktoren ergänzten den offiziellen Umgang mit Kindern, andere jedoch ließen sich damit nur schlecht in Einklang bringen.

Der Konfuzianismus legte großes Gewicht auf Hierarchie und Disziplin und schrieb formelle Verhaltensweisen und Zeremonien vor, um individuelle Impulse einzudämmen und die Eintracht zu fördern. Der Druck der Hierarchie, die die Gesellschaft in eine Oberschicht und mehrere untergeordnete Schichten aufteilte, machte sich größtenteils auch in der Kindheit bemerkbar: Man unterschied zwischen einer Kindheit, die dem Lernen und einer, die der Arbeit gewidmet war. Die hierarchischen Strukturen sind auch für die unausgewogene Überlieferung verantwortlich: Über die Vorstellungen vom Kindsein gibt es, wie es zu einem gewissen Grad für alle antiken Hochkulturen typisch ist, wesentlich mehr Aufzeichnungen von der Oberschicht als von der übrigen Bevölkerung. Standesunterschiede zeigten sich des Weiteren darin, dass viele Familien der Oberschicht eine Amme beschäftigten: Man ließ eine Frau aus der Unterschicht, die selbst vor kurzem ein Kind zur Welt gebracht hatte, ins Haus kommen, um ein Neugeborenes zu stillen. Wenn Familien auch häufig große Zuneigung zur Amme entwickelten, so kamen in dieser Sitte doch ganz klar Privilegien zum Ausdruck: Die Amme entband wohlhabende Mütter von einer Pflicht, die diese vielleicht als unangenehm empfanden.

Der Konfuzianismus bestimmte das Kindsein in einigen charakteristischen Punkten ganz unmittelbar. Es gab detaillierte Regeln, wie ein Kind um einen verstorbenen Elternteil zu trauern hatte; Konfuzius selbst empfahl eine Trauerzeit von drei Jahren für Vater und Mutter – dies entspricht genau der Länge der Stillzeit. Die Etikette bestimmte auch, wie die Eltern eines verstorbenen Kindes gedenken sollten; dabei wurde besonderer Wert darauf gelegt, nicht allzu viele Emotionen zu zeigen. Kinder, die jung starben, erfuhren nur wenig öffentliche Aufmerksamkeit. Viele Eltern pflegten einen streng formellen Umgang mit ihren Kindern; man erwartete von ihnen, dass sie älteren Respektspersonen jeden Morgen ihre Aufwartung machten und sie im Sommer fragten, ob es ihnen kühl genug, im Winter, ob es ihnen warm genug sei. In einem späteren konfuzianischen Handbuch erfuhr das Zeremoniell sogar noch eine weitere Ausdehnung: In einer Großfamilie nahm an zwei Feiertagen im Monat jedes Mitglied einen festen Platz in der großen Halle ein. Dazu heißt es: »Der älteste Sohn stellt sich links der Tür auf und die älteste Tochter rechts der Tür, beide mit Blick nach Süden, und all ihre Brüder und Schwestern verbeugen sich nacheinander vor ihnen. [...] Alle verheirateten Männer steigen dann auf die westlichen Stufen hinauf und die verheirateten Frauen auf die östlichen Stufen; dort nehmen sie die Verbeugungen aller Kinder entgegen. [...] Wenn diese Ehrenbezeugung beendet ist, [...] stellen sich die Kinder östlich und westlich der Tür auf und nehmen die Verbeugungen ihrer jüngeren Brüder und Schwestern entgegen.«

Außerdem brachte die konfuzianische Kultur mit ihrer großen Sorge um den Erhalt der Familie und die Nachkommenschaft eine ungewöhnliche Fülle von Kommentaren über den Säugling und die Gesundheit des Kindes hervor. Sowohl die staatliche Unterstützung als auch die praktische Natur der chinesischen Wissenschaft trugen zur Entstehung von pädiatrischen Handbüchern bei, die sich mit Themen wie Verdauungsproblemen, Stillen und der Frage, wie man Kinder warm hält, beschäftigten. Diese Tendenz setzte sich in der späteren chinesischen Geschichte fort und hatte ein Anwachsen der Bevölkerung zur Folge. Ob die Ergebnisse der damaligen Forschung tatsächlich zu einer Verbesserung der Gesundheit von Säuglingen führten, lässt sich nicht so leicht feststellen. Wenn die Bevölkerung besonders langlebig gewesen wäre, hätte das einigen Erfolg vermuten lassen, aber es gelang den Chinesen nicht, die für bäuerliche Kulturen typische hohe Sterblichkeitsrate wesentlich zu senken; natürlich ließen sie auch nicht von der Kindstötung ab. Der große Umfang der Schriften ist dennoch beeindruckend und vielleicht trug er auch zur gegenwärtigen Begeisterung der Chinesen für die Verbesserung der Gesundheit von Kindern bei.

In der chinesischen Kunst und Literatur werden Kinder leider kaum als Individuen wahrgenommen. Sie dienen vielmehr als Symbol- oder Beispielfiguren bei der Vermittlung moralischer Lehren, etwa in der Geschichte von einem Kind, das sich nicht davon abbringen lässt, den alternden Großeltern mit Ehrfurcht zu begegnen, während seine eigenen Eltern es damit weniger genau nehmen. Die in der Bildhauerei oder Malerei dargestellten Kinder sind generische Idealisierungen. Das Geburtsdatum eines Kindes wurde allerdings sorgfältig niedergeschrieben – bis auf die Minute genau –, weil dies für spätere astrologische Berechnungen, zum Beispiel des zum Heiraten günstigen Zeitpunkts, überaus wichtig war; Geburtstage hingegen feierte man nicht. Stattdessen galt der Anbruch des neuen Jahres bei einem jeden zugleich als der Beginn eines neuen Lebensjahres (selbst wenn man erst am Tag zuvor geboren worden war); hinter dieser kollektivistischen Maßnahme steckte zweifellos die Absicht, die individuelle Erfahrung zu reduzieren.

Durch den Konfuzianismus wurde auch die Definition der Kindheit komplexer. Für die frühe Kindheit, die größtenteils frei von strenger Disziplin war, gab es einen eindeutigen Rahmen. In gewisser Hinsicht kennzeichneten Zeremonien das Ende der Kindheit: Mit 15 durften die Mädchen zum ersten Mal Haarnadeln verwenden und die Jungen bekamen im Alter von 20 Jahren Kappen. Da aber die Großfamilie sehr einflussreich war und man der Loyalität den Eltern gegenüber einen hohen Stellenwert beimaß, konnte das volle Erwachsenenalter auf unbestimmte Zeit hinausgezögert werden.

Sowohl in der Lebensweise als auch im Gesetz legte man großes Gewicht auf die Rechte der Eltern und die Pflicht der Kinder, ihnen zu gehorchen. Schon wenn man Kritik an den Eltern übte, musste man prinzipiell mit Bestrafung rechnen. Ein Sohn, der seine Eltern schlug, konnte, selbst wenn er ihnen keine Verletzung zufügte, enthauptet werden. Väter dagegen durften die Kinder schlagen so viel sie wollten und erhielten, selbst wenn sie sie töteten, nur eine geringe Strafe. Eltern konnten ihre Kinder wegen Faulheit, Spielsucht oder Trunkenheit bestrafen, ja sie sogar aus der Familie verstoßen. Die Gerichtshöfe standen stets auf Seiten der Eltern: »Wenn ein Vater oder eine Mutter einen Sohn anzeigen, werden die Behörden, ohne Fragen zu stellen oder die Anzeige zu überprüfen, ihre Zustimmung geben.« Eine viel zitierte Weisheit stellt fest, dass Eltern gar nicht Unrecht haben können. Dementsprechend arrangierten die Eltern normalerweise auch die Ehen für ihre Kinder; die Verhandlungen begannen häufig bereits kurz nach der Geburt und besiegelt wurde die Abmachung, wenn die Kinder ca. fünf Jahre alt waren. Dabei ging es darum, den Besitz der Großfamilie zu erweitern, etwa durch die Zusammenlegung der Ländereien von Braut und Bräutigam.

Weniger detailliert waren demgegenüber die Gesetze zum Schutz von Kindern. Das Verlangen, die Eintracht innerhalb der Familie zu bewahren, ging so weit, dass man sich vereinzelt darum bemühte, Streitigkeiten zwischen Geschwistern gesetzlich zu regeln, auch wenn die Strafen hier weniger hart waren. Der Staat versuchte durchaus, schwangere Frauen zu schützen – schließlich war es wichtig, dass Kinder geboren wurden. In der Qin-Dynastie war es allerdings erlaubt, missgebildete Kinder zu töten, da es zu kostspielig gewesen wäre, sie großzuziehen. Ansonsten war die Kindstötung aber im Prinzip verboten, auch wenn die Einhaltung dieses Verbots nicht konsequent überprüft wurde und die Strafen häufig milde waren; und selbstverständlich wurden in Zeiten wirtschaftlicher Not weibliche Babys oft getötet. Arme Familien verkauften ihre Kinder in schlechten Zeiten auch in die Sklaverei, um das Überleben der Familie zu sichern, indem sie sich eines zusätzlichen Essers »entledigten«.

Der Konfuzianismus förderte des Weiteren die Ausbildung von Kindern, allerdings hauptsächlich von Kindern der Oberschicht. Manchmal versuchten auch Familien der Unterschicht, ihren Töchtern ein wenig Unterricht im Singen oder Tanzen zukommen zu lassen, in der Hoffnung, sie als Konkubinen an reiche Männer verkaufen zu können. Und ganz selten konnte es vorkommen, dass man die Eignung eines begabten Jungen für eine Ausbildung erkannte und er dann unter der Schirmherrschaft eines reichen Gönners eine höhere Schule besuchen durfte. Manche reiche Familien adoptierten Kinder, um im Falle von Kinderlosigkeit oder des Fehlens eines Sohnes für einen Erben zu sorgen.

Von der klassischen Zeit an entstand eine Fülle von Schriften, in denen Ratschläge zur Erziehung gegeben wurden. Dieses Material ist oft sehr detailliert, was einerseits an der Bedeutung des Themas, andererseits am konfuzianischen Hang zum Formalismus liegt. Deutlich wird, dass Ethik und Fachwissen den gleichen Stellenwert hatten. Sima Guang schreibt im Jahre 1062, also in einer viel späteren Epoche, aber noch ganz im Geiste des Konfuzianismus: »Mit sechs Jahren sollte man Kindern die Namen der Zahlen beibringen [...] Mit acht Jahren, wenn sie durch Türen und Tore hinaus- und hineingehen, [...] müssen sie hinter den Älteren gehen. Damit beginnt die Unterweisung darin, wie man sich ehrerbietig verhält. Mit neun bringt man ihnen bei, die Tage aufzuzahlen. Mit zehn gehen sie zu einem fremden Lehrer, wohnen bei ihm und schlafen außerhalb des Elternhauses.

Sie lernen Schreiben und Rechnen.« Schließlich sagt Sima Guang schlicht: »Wer nicht lernt, weiß nichts vom Ritual und der Moral, und wer nichts vom Ritual und der Moral weiß, der kann nicht zwischen Gut und Böse, Recht und Unrecht unterscheiden [...] Folglich muss jeder lernen.«

Wie in allen Gesellschaften, die großes Gewicht auf Bildung legen, machten es sich auch in China die Eltern zur Pflicht, dafür zu sorgen, dass ihre Kinder in der Schule Erfolg hatten. Zweifellos waren die Väter dafür verantwortlich, die Leistungen ihrer Söhne zu überwachen, aber häufig nahmen die Mütter noch größeren Anteil daran. Manche Schriften betonen die wichtige Rolle, die die Mutter bei der frühen Erziehung des Kindes spielt – selbst in der Zeit, wenn sich der Fötus noch im Mutterleib befindet. Die berühmte Geschichte von der Mutter des Philosophen Menzius zeigt, wie groß ihre Sorge war. Menzius hatte mittelmäßige Schularbeiten abgeliefert. Als Reaktion darauf zerstörte seine Mutter absichtlich das, was sie den ganzen Tag über gewebt hatte – Weben gehörte zu den häuslichen Pflichten der Frau –, um ihm zu zeigen, dass man einmal verlorene Zeit nicht wiedergewinnen könne.

Der Konfuzianismus war zwar streng patriarchalisch, aber ganz so simpel war das Verhältnis zwischen den Geschlechtern in der Praxis auch nicht; dies wiederum wirkte sich auf das Kindheitsverständnis des klassischen China aus. Einerseits unterschied sich die Rolle der Frau von der des Mannes, und Mädchen galten als minderwertig. Folglich waren sich alle Autoritäten einig, dass Mädchen eine ganz eigene Ausbildung erhalten sollten, deren Schwerpunkt auf hausfraulichen Fertigkeiten und Unterwürfigkeit lag. Doch manche waren der Ansicht, dass auch sie eine Ausbildung, die Schreiben und Lesen umfasste, verdienten – allerdings galt dies wieder nur für die Oberschicht. Ban Zhao, eine berühmte Geschichtsschreiberin und die Verfasserin des einflussreichsten chinesischen Handbuchs über Frauen, argumentierte, dass Mädchen eine Ausbildung erhalten müssten, damit sie lernen, wie man sich unterordnet und welche Fähigkeiten man braucht, um einen Haushalt zu führen – eine gelungene Verdrehung der hierarchischen Reziprozität des Konfuzianismus. Doch anderen konfuzianischen Autoritäten ging es vor allem darum, hervorzuheben, dass Mann und Frau nicht gleichgestellt waren. So wurde auch die Meinung des Konfuzius, Kinder sollten Mutter und Vater auf die gleiche Weise betrauern, später zugunsten des väterlichen Vorrechts geändert: »Es gibt nur eine Sonne am Himmel, es gibt nur einen König im Land [...] und nur ein Oberhaupt in der Familie.«

Neben dem vom Gesetz gefestigten Konfuzianismus spielten allerdings noch andere Faktoren eine Rolle. Auch zusätzliche Gegebenheiten innerhalb der Familie, besonders in der Oberschicht, und erstaunliche Unterschiede darin, welche Gefühle ein Kind dem Vater und welche es der Mutter entgegenbrachte, beeinflussten das Kindsein in China. Andere Faktoren haben mit individuellen Unterschieden und manchen mit der Zeit einhergehenden Veränderungen zu tun.

Die Männer der Oberschicht hatten häufig mehr als nur eine Ehefrau und noch häufiger hielten sie sich auch eine oder mehrere Konkubinen. Dies konnte zu großer Zwietracht innerhalb der Familie führen, zum Beispiel zu bitterer Rivalität zwischen Halbbrüdern, worin sich wiederum die Spannungen zwischen den jeweiligen Müttern widerspiegelten. »Die Konkurrenz zwischen den Müttern führt zu Auseinandersetzungen zwischen den Söhnen.« Diese Zustände entsprachen natürlich kaum den Vorstellungen des Konfuzianismus, ein weiterer Grund, warum man so viel Gewicht auf den Gehorsam und das Zeremoniell legte; doch solche Streitigkeiten konnte man trotzdem nicht verhindern. Wenn die Hauptfrau keine Söhne hatte – einer der Gründe, weshalb der Ehemann sich eine Konkubine nahm –, versuchte sie oft, die Erziehung des Sohnes der Konkubine zu übernehmen, um ihre Machtposition innerhalb der Familie zu festigen, selbst wenn dem Kind dadurch Loyalitätskonflikte entstanden.

Die Väter werden in den Autobiographien von Erwachsenen aus der Oberschicht, die uns ab der Han-Zeit erhalten sind, nur selten besonders erwähnt. Sie erscheinen als distanzierte Autoritätspersonen, denen man manchmal Achtung für ihre Unterstützung bei der Ausbildung zollt. Aber die emotionale Beziehung zum Vater war typischerweise schwach. Im Gegensatz dazu war die Zuneigung zur Mutter ungewöhnlich stark; darin spiegeln sich wohl Erfahrungen aus der Kindheit wider, die auch bei den Erwachsenen noch nachwirkten. Nicht nur die Bedeutung, sondern auch die schwere Verantwortung, die eine Mutter hat, wurde in der chinesischen Kultur besonders hervorgehoben. Die Tatsache, dass der Konfuzianismus so viel Gewicht auf die Pflicht der Loyalität gegenüber den Eltern legte, verstärkte unter den Kindern sicher das Gefühl, in der Schuld der Eltern zu stehen – in einem Sprichwort heißt es: »Solange die Eltern am Leben sind, bleibt der Sohn immer ein Kind.« Dass die Kinder eine überproportional starke Liebe zur Mutter im Vergleich zum Vater entwickelten, lässt sich jedoch nicht auf eine Vorschrift zurückführen, sondern ist vielmehr das Ergebnis einer ganz eigenen psychologischen Wirklichkeit, die sich vielleicht als Reaktion auf die für den Konfuzianismus typische Betonung der Vormachtstellung des Vaters ausbildete. Auf einem Bild aus der Han-Zeit wird das Ideal, das sich daraus ergab, deutlich: Eine ältere Frau holt gerade aus, um ihren erwachsenen Sohn zu schlagen. Dieser ist ihr so ergeben, dass seine einzige Sorge darin besteht, seine schwächliche Mutter könnte sich verletzen, während sie ihn schlägt. In der Forschung hat man oft behauptet, dass diese intensive Bindung an die Mutter für chinesische Kinder und Jugendliche psychischen Druck zur Folge hatte, wie es ihn so in anderen Kulturen nicht gab.

Vor kurzem hat ein Historiker eine ergänzende Analyse vorgeschlagen, obgleich er auch darauf hinwies, dass sich in manchen Familien Mutter und Vater bezüglich der Kindererziehung rege austauschten und zusammenarbeiteten. Angesichts des strengen Patriarchats der chinesischen Kultur war die Mutter oft die einzige Frau, die ein Mann gut kannte oder die er uneingeschränkt lieben konnte. Dasselbe galt umgekehrt auch für die Mutter: Die Söhne waren die einzigen Männer, die sie gut kannte und besonders liebte. Das erklärt womöglich die große Ehrerbietung der Mutter gegenüber, wie sie in herzzerreißenden Geschichten von Männern, die ihrer kranken oder verwitweten Mutter als Zeichen ihrer tiefen Ergebenheit dienen, zum Ausdruck kommt.

Das Kindsein in China war natürlich trotz einiger allgemeiner Merkmale weder überall gleich noch statisch. Einzelne Eltern waren vielleicht weniger steif, als es die konfuzianische Norm vorgab, und drückten ihre Zuneigung offener aus. Häufig brachte man Mädchen höhere Wertschätzung entgegen, als die offizielle Doktrin vermuten lässt; viele Väter zogen anscheinend allen anderen Personen, mit denen sie täglich zu tun hatten, die Töchter vor, wie zum Beispiel der Mann, der Folgendes sagt: »Wenn ich abends nach Hause komme, begrüßt sie mich immer mit einem strahlenden Lächeln.« Allerdings führte man in späterer Zeit in der Oberschicht auch die schmerzhafte und schädliche Praxis ein, den Töchtern die Füße fest zusammenzuschnüren. Der Tod eines Kindes konnte tiefe Trauer hervorrufen, selbst wenn das Kind noch sehr klein war. Ein Kaiser verordnete Staatstrauer für eine Tochter, die noch nicht einjährig verstorben war, obwohl seine Ratgeber der Meinung waren, dass dies nicht angemessen sei. Später, in der Tang-Dynastie (618 bis 907), scheint man häufiger über den Kummer gesprochen zu haben. Beim Besuch des Grabes seiner Tochter fasst ein Dichter diese neue Art zu trauern in Worte: »Während ich um dich weinte, sah ich dein Gesicht und deine Augen vor mir. Wie könnte ich je deine Worte und deinen Gesichtsausdruck vergessen?« In dieser Zeit ergaben sich noch weitere Veränderungen, so revidierte man zum Beispiel die bis dahin gängige Vorstellung von der Erziehung und legte statt auf Disziplin mehr Gewicht auf Spontaneität und Spiel. In China hatte man also eine ganz eigene, klar definierte Vorstellung vom Kindsein und viele Merkmale blieben lange Zeit bestehen; doch manches änderte sich auch und wurde in Frage gestellt.

In den antiken Hochkulturen des Mittelmeerraums gab es kein so praktisches, einheitsstiftendes Element wie den Konfuzianismus, der den Zeitgenossen einen Rahmen für ihr Kindheitsverständnis geboten hätte und den heutigen Historikern einen Zugang zu diesem oft sehr privaten Thema öffnen könnte. Glücklicherweise haben wir aufgrund der umfangreichen historischen Erforschung Griechenlands und vor allem Roms interessantes Datenmaterial, das es uns erlaubt, Vergleiche anzustellen.
Nehmen wir China als Ausgangspunkt, so fallen drei Merkmale des Kindseins in den Hochkulturen des Mittelmeerraums ins Auge (abgesehen von einigen wichtigen Unterschieden in der Beschaffenheit der uns zur Verfügung stehenden Quellen und einigen auffälligen regionalen Abweichungen – zum Beispiel, wenn man das Kindheitsverständnis der Spartaner, die anscheinend keine Säuglinge töteten, mit dem der Athener vergleicht).

- Zunächst einmal besitzen wir von den antiken Hochkulturen des Mittelmeerraums nicht so viele Zeugnisse, die uns etwas über die tiefe Zuneigung der Kinder zu den Eltern, insbesondere zur Mutter, verraten, wie sie uns aus dem China derselben Zeit überliefert sind. Sicher berichten römische Schriftsteller darüber, dass die Mütter ihre Liebe zu den Kindern viel offener zeigen als die Väter, aber solch eine starke Bindung, wie sie in China typisch war, lässt sich nicht erkennen. Dies bedeutet nicht, dass es keine Zuneigung dieser Art innerhalb der individuellen Erfahrung gab, sondern einfach, dass sie – schon einmal wegen der Größe des aus Erwachsenen bestehenden Personenkreises, den die Kinder um sich hatten – nicht die Norm war. In vielen Haushalten, vor allem in der Oberschicht, war es für die Kinder angesichts der Zahl der Erwachsenen, mit denen sie zu tun hatten – oft kamen auch noch Ammen hinzu –, schwierig, eine Bezugsperson auszumachen, wahrscheinlich sogar noch schwieriger, als dies schon in China war. Auch wenn die Väter Respektspersonen waren, so waren doch häufig sie diejenigen, die sich mit kleinen Kindern beschäftigten; ein weiterer Grund, weshalb die Mütter nicht so sehr im Mittelpunkt standen. Außerdem waren die Familien im Mittelmeerraum weniger stabil als in China. Scheidungen oder andere Störungen des Familienlebens kamen, zumindest in römischer Zeit, häufiger vor. Allerdings gab es weniger interne Rivalitäten zum Beispiel zwischen der Ehefrau und der Konkubine, die ja in China der Grund dafür waren, warum Mütter so sehr auf ihren Nachwuchs fixiert waren. Es gab also einige Unterschiede bezüglich der Gefühlswelt und der sozialen Handlungsweisen.

- Die in Griechenland und Rom entstandene Kunst mit ihrem Hang, individuelle Züge herauszuarbeiten, beeinflusste auch die Darstellung von Kindern. (Dies mag durchaus ein ernstes Interesse an der Individualität von Kindern widerspiegeln; die Frage ist nur, was zuerst da war: der Kunststil oder das Interesse am Kind?) Kinder sind unter anderem häufig auf Friesen abgebildet und wirken viel weniger stilisiert als in der chinesischen Kunst.

- Bei den Griechen und den Römern spielte in der Auseinandersetzung mit dem Kindsein viel deutlicher die Sorge um die Jugend mit herein als in China, wo eine offenere Diskussion dieses Themas aufgrund der strengen konfuzianischen Idealvorstellungen von Hierarchie und Gehorsam vielleicht nicht möglich war. In der Kultur des Mittelmeerraums zollte man der Jugend, und auch dem jugendlichen Körper, einige Bewunderung. Aber man sah die Jugend auch als eine von besorgniserregendem Ungestüm geprägte Zeit an, als einen nicht wünschenswerten, ja gefährlichen Zustand, der so bald wie möglich durch das Eintreten der Reife ein Ende finden sollte. Nun versuchte zwar der athenische Philosoph Sokrates, den Jugendlichen mit ihrem besonderen Potential ein kritisches Bewusstsein zu vermitteln, aber genau für diese Bemühung wurde er bestraft, weil die Gesellschaft, in der er lebte, die Verirrungen der Jugend als Gefahr für die politische Eintracht fürchtete. In der griechischen Führungsschicht (und in der Praxis auch bei manchen Römern, wo man offiziell die griechischen Sitten tadelte) kam es häufig zu erotischen Beziehungen zwischen einem erwachsenen Mann und einem Jüngling, eine weitere Art, positive Eigenschaften der Jugend, hier Schönheit und sexuelle Ausstrahlung, zu würdigen; allerdings zeigt sich darin auch die Auffassung, die Jugend bedürfe der Führung und

Unterweisung durch Erwachsene. Und schließlich drückte man in den antiken Kulturen des Mittelmeerraums Trauer über den Tod eines Jünglings viel offener aus als in China: Man verband die persönliche Trauer mit einer kostspieligen öffentlichen Beerdigung und beweinte sowohl den persönlichen Verlust als auch den Schlag, den es für die Familie bedeutete, wenn ihre zukünftige Stütze vorzeitig starb. Diese Beispiele machen insgesamt deutlich, wie vielschichtig die Kategorie »Jugend« im Mittelmeerraum im Kontrast zu China war und welche verschiedenartigen Impulse und Wertvorstellungen damit verbunden waren. Gibt es vielleicht sogar einen Zusammenhang zur größeren Anerkennung der Individualität von Kindern in der Kunst, der für einen grundsätzlich anderen Umgang mit Kindern verantwortlich sein könnte?

Neben diesen faszinierenden Unterschieden, die auf Abweichungen in der Kultur und im Aufbau der Familie zurückzuführen sind, gibt es eine ganze Reihe von Gemeinsamkeiten, die umso erstaunlicher erscheinen, als es zwischen den beiden Kulturkreisen keinen bedeutenden Kontakt gab. Manche davon sind recht nahe liegend, aber andere deuten darauf hin, dass es größere Übereinstimmungen im Kindheitsverständnis gibt, als man bei so verschiedenen Kulturen und politischen Systemen erwarten würde.

Einige Gemeinsamkeiten ergeben sich ganz klar aus der Notwendigkeit zur Geburtenkontrolle und der hohen Kindersterblichkeit, wie sie für bäuerliche Gesellschaften typisch sind. Die Tötung weiblicher Säuglinge war vielerorts üblich. Es gibt Schätzungen, wonach sogar 20 Prozent aller in Athen geborenen Mädchen getötet wurden. In Rom war der Prozentsatz möglicherweise nicht ganz so hoch, aber man »entledigte« sich dort auch mancher Jungen; das Römische Kaiserreich verabschiedete zwar (genau wie das Chinesische) Gesetze gegen diese Praxis, doch sie waren zu milde. Die Römer experimentierten auch mit Empfängnisverhütung und Abtreibung. Wie in China maß man dem Tod von kleinen Kindern keine große Bedeutung bei. Der Philosoph Epiktet sagt: »Wenn man sein Kind küsst, sagt man zu sich selbst: ›Vielleicht ist es schon morgen tot.‹« Der griechisch-römische Autor Plutarch bemerkt, dass man beim Tod von Neugeborenen nicht lange bei ihrem Begräbnis verweilt oder die Totenwache an ihren Gräbern abhält. Es gab Zeremonien, in denen man die Geburt und Annahme eines Kindes dadurch zum Ausdruck brachte, dass man ihm ungefähr acht Tage nach der Geburt eine Kette, die so genannte *bulla*, umlegte, um böse Geister fernzuhalten. Wie in China führte man auch im Mittelmeerraum innerhalb der Familie Zeremonien durch, um die Reife eines Jungen im Alter von ca. 15 Jahren zu kennzeichnen. In Rom gehörte es zum Brauch, dass man nun die Kleidung eines Erwachsenen anlegte – die Toga – und die bulla entfernte. In der Literatur werden kleine Kinder kaum erwähnt, und auch in medizinischen Schriften nur selten.

In den antiken Hochkulturen des Mittelmeerraums machte man große Unterschiede zwischen Jungen und Mädchen, auch wenn es, wie in China, in der Praxis immer wieder Ausnahmen gab. Normalerweise erhielten vor allem die Jungen eine Schulbildung, aber auch manche Mädchen der Oberschicht hatten einen Privatlehrer und vereinzelt gab es sogar Mädchenschulen. Es ist nicht verwunderlich, dass in beiden Kulturkreisen die Schulbildung der Oberschicht vorbehalten war, obwohl sich auch in der Unterschicht ein gewisses Interesse an einer Ausbildung der Kinder zur Verbesserung ihrer Zukunftschancen entwickelte. In China und im Mittelmeerraum war der Unterricht zwar unterschiedlich aufgebaut – in Griechenland und Rom legte man großen Wert auf Rhetorik und Erzählkunst –, doch in beiden Kulturkreisen herrschte großes Interesse an politischer Geschichte und den Klassikern der Literatur; gleichfalls galt das Auswendiglernen als sehr wichtig. Wenn auch die Umgangsformen, die man in der Oberschicht von den Kindern verlangte, im Mittelmeerraum womöglich etwas weniger ausgefeilt waren als im konfuzianischen China, so gehörte zu einer vernünftigen Erziehung hier doch ebenso die Unterweisung darin, »wie man geht« und »wie man isst«.

Disziplin und Gehorsam spielten ganz klar in beiden Hochkulturen eine große Rolle. Sowohl in der Traktatliteratur als auch im Gesetz wurde die elterliche, und vor allem die väterliche, Autorität hervorgehoben: »Wer kann Söhne aufziehen, wenn er nicht wie ein Herr Macht über sie hat?« oder »Zwischen dem Herrn und dem Vater gibt es keinen Unterschied.« Diese Aussprüche über die Sklaverei im Mittelmeerraum entsprechen den Untertönen des Konfuzianismus in China: Die Ausdrucksweise war zwar eine andere, das Ergebnis aber dasselbe. Selbst Eltern, die zur Führungsschicht gehörten und ihre Söhne zu Privatlehrern und später auf Schulen schickten, waren der Ansicht, dass harte Disziplin notwendig war, um die Jungen im Zaum zu halten. Mit anderen Worten: Auch die Minderheit der privilegierten Kinder, die eine Ausbildung erhielt, lernte nun die Umstände kennen, die zuvor nur arbeitende Kinder erdulden mussten; man ging also nicht davon aus, dass Kinder gern lernen.

KINDSEIN IN DEN ANTIKEN HOCHKULTUREN

Beide Kulturkreise hatten ihre Not mit Kindern, die sich nicht fügen wollten und in der Armee oder anderswo Zuflucht vor der Unterdrückung in der Familie suchten. Die Betonung des Gehorsams den Eltern gegenüber, ergänzt durch emotionale Bindungen und das Versprechen einer Erbschaft, tat in vielen Fällen ihre Wirkung, konnte aber auch fehlschlagen, und in beiden Kulturen kannte man – wie überhaupt in allen bäuerlichen Gesellschaften – dieses Problem nur zu gut.

Weder in China noch im Mittelmeerraum scheint man die typischen Eigenschaften von Kindern besonders geschätzt zu haben. Erwachsene sahen einen begrenzten Wert in der Unschuld und der Verspieltheit von Kindern – häufig stellte man ihnen Spielzeug zur Verfügung und Kinder übernahmen bei religiösen Feierlichkeiten besondere Aufgaben. Aber viele herausragende Denker, darunter Platon und Aristoteles, vertraten die Ansicht, man müsse das Spielen früh regulieren, und insgesamt schätzte man vor allem Kinder, die den Ernst eines Erwachsenen an den Tag legten. Dass man Kinder mit Störchen in Verbindung brachte, geht hauptsächlich auf die Vorstellung zurück, dass die jungen Störche ihren Eltern helfen. Die Römer lobten häufig den *puer senex*, das »alte Kind«; und der Schriftsteller Plinius stellt ein Mädchen wegen seines »ältlichen Sinns für Diskretion und seiner matronenhaften Bescheidenheit« besonders heraus. Kinder waren dazu da, um zu arbeiten (oder zu lernen) und sich darauf vorzubereiten, das Geschlecht fortzuführen, aber nicht, um persönlichen Ehrgeiz oder Individualität auszuprägen. Gesetze sollten, neben der Untermauerung der elterlichen Autorität und der Förderung der Eintracht in der von den Eltern gelenkten Familie, hauptsächlich gewährleisten, dass die Kinder zu ihrem Besitz kamen; dies war ja von wesentlicher Bedeutung, um für den Unterhalt der Familie sorgen zu können. Eine beträchtliche Zahl der römischen Gesetze galt der Klärung des Besitzrechts unehelicher oder adoptierter Kinder oder der Festlegung des sozialen Status von Kindern, deren Vater oder Mutter unfrei war. In der weitverbreiteten Sorge um die Jugend spiegelt sich das grundlegende Interesse wider, die Anerkennung der Autorität der Familie zu fördern und auch den Reifeprozess von Kindern zu beschleunigen.

Tatsächlich setzte man sowohl in China als auch im Mittelmeerraum das Erwachsenenalter sehr früh an, allerdings mit der Einschränkung, dass auch junge Erwachsene noch von der Familie abhängig waren. In beiden Kulturkreisen konnte man, um nur ein Beispiel zu nennen, früh heiraten (in Rom durften Mädchen bereits mit zwölf Jahren heiraten). Dennoch legten die römischen Autoren nicht nur einen Zeitraum der Jugend fest, sondern auch einen des »jungen Erwachsenseins«, der bis zum Alter von ca. 35 Jahren reichte: In dieser Lebensphase konnten sich die Menschen natürlich noch nicht auf ihren eigenen Verstand verlassen – eine ideale Voraussetzung für »reifere« Erwachsene, auch weiterhin Kontrolle über ihre Kinder auszuüben, wie man es auch in China empfahl. Außerdem spiegelt sich darin die in allen bäuerlichen Gesellschaften verbreitete Hoffnung wider, man könne dafür sorgen, dass junge Leute ihren Eltern auch im Alter noch nützlich seien.

Angesichts dieser Grundgegebenheiten beschrieb niemand, der die Kindheit einmal hinter sich gelassen hatte, diese Zeit als besonders erfreulich – auch hier wieder eine auffallende Gemeinsamkeit zwischen den beiden Kulturkreisen. Erwachsene aus dem Mittelmeerraum erwähnen in ihren Erinnerungen die Kindheit kaum und dies gilt, mit Ausnahme gelegentlicher Erwähnungen der Mutter, auch für Erwachsene in China.

Alles in allem zeigen sich beim interkulturellen Vergleich zwischen China und dem Mittelmeerraum mehr Gemeinsamkeiten als Unterschiede, obwohl es fraglos einige faszinierende Nuancen gibt, wie zum Beispiel die Mutterliebe der Chinesen oder die Sorge um die Jugend im Mittelmeerraum. Das unterschiedliche kulturelle Umfeld hatte erstaunlich wenige Unterschiede im Kindheitsverständnis zur Folge; dagegen hatte man in beiden Kulturkreisen den Wunsch, sich die Kinder so nützlich wie möglich zu machen (während man sich gleichzeitig auf die hohe Sterblichkeit einstellen musste) und dementsprechend ein Aufbegehren der Kinder möglichst zu verhindern.

Selbst in China und dem Mittelmeerraum konnten einzelne Elternpaare den vorgegebenen Rahmen verändern, indem sie ihren Kindern ungewöhnlich viel Zuneigung entgegenbrachten oder mit großer Freude mit den Kindern spielten. Hier wie dort begann man mit der Zeit, Kindern gegenüber größere Nachsicht zu üben, in Rom während der Kaiserzeit oder in China während der Tang-Dynastie; vielleicht spiegeln sich darin auch die mit größerem Reichtum und politischer Stabilität verbundenen neuen Möglichkeiten wider. Einige spätere römische Schriftsteller erwähnen zum Beispiel Eltern, die ihre Kinder »von der Wiege an verwöhnen«. Aber diese zögerlichen Ansätze verstärken doch nur den bisherigen Eindruck, dass es erstaunliche Gemeinsamkeiten zwischen diesen beiden Kulturkreisen gibt, die nur von ein paar aufschlussreichen Unterschieden modifiziert werden, resultierend aus dem jeweiligen kulturellen Umfeld und der Familienstruktur. Auch wenn ein noch ausführlicherer Vergleich wünschenswert ist, kann man doch schon sagen, dass die grundlegenden Bedürfnisse in bäuerlichen Gesellschaften – die Notwendigkeit, sich auf die Arbeit und somit auch den Gehorsam der älteren Kinder zu verlassen, die Aufstellung von Gesetzen, um die untergeordnete Stellung von Kindern auszudrücken und in einem gewissen Maß auch zu erzwingen, die nicht zu übersehende grundsätzliche Unterscheidung zwischen einer Kindheit in der Oberschicht und einer gewöhnlichen Kindheit, wie sie auch durch das Vorhandensein oder Fehlen einer ernstzunehmenden Ausbildung gekennzeichnet war, und natürlich die Betonung der Geschlechterrollen – wahrscheinlich stärker waren als die Auswirkungen unterschiedlicher Religionen, unterschiedlicher politischer Systeme und sogar mancher Aspekte der Familienstruktur.

Das Kindsein im alten Indien sieht, zumindest auf den ersten Blick, ganz anders aus. Es gibt auffallende Unterschiede zu China und dem Mittelmeerraum, die sich vor allem auf die Bedeutung der Religion, die sich während dieser Zeit zum Hinduismus entwickelte, zurückführen lassen. Auch hier stehen wir wieder vor dem Problem, was zuerst da war: das Huhn oder das Ei? In der Einstellung zu kleinen Kindern spiegelt sich besonders der Umgang der Mutter mit den Kindern wider, deren Ziel es eindeutig war, sie an sich zu binden, so dass sie ihr Leben lang loyal blieben; dieser Gedanke findet sich später auch in dem Brauch wieder, ein neugeborenes Kind als Individuum in der religiösen Gemeinschaft willkommen zu heißen. Doch die ursprüngliche Beziehung zwischen dem Brauchtum in der Familie und dem religiösen Brauchtum liegt nicht so klar auf der Hand.

Im Gegensatz zu den beiden eher säkular orientierten Kulturkreisen Chinas und des Mittelmeerraums gab es in der indischen Religion eine größere Zahl von Ritualen, die Kinder betrafen und die sowohl die einzelnen Stufen ihrer spirituellen Weiterentwicklung markieren als auch Krankheit und böse Geister fernhalten sollten. Dieser Prozess begann mit der Geburt, wenn der Vater dreimal auf den Säugling blies und dabei aus den heiligen Veden zitierte und Formeln gegen Krankheit aufsagte; zu diesem Zeitpunkt erhielt das Neugeborene auch einen geheimen religiösen Namen. Am zehnten Tag nach der Geburt wurde dann der offizielle Name bekannt gegeben. Die Jungen aus der Priesterkaste der Brahmanen machten noch weitere Zeremonien durch, wenn sie drei Jahre alt waren, darunter das rituelle Schneiden der Haare. Für die Jungen der oberen Kasten begann die rituelle Unterweisung im Alter von acht Jahren (falls sie Brahmanen waren) beziehungsweise im Alter von elf oder zwölf Jahren (falls sie den beiden nächsthöheren Kasten angehörten). Es gab eine Fülle von Zeremonien, die die einzelnen Stufen der Ausbildung kennzeichneten. Hatte zum Beispiel ein Schüler aus der Kaste der Kaufleute das Ende seiner Lehrzeit erreicht, was normalerweise mit 16 Jahren der Fall war, so ließ er sich zum ersten Mal die Wangen rasieren, nahm dann, nachdem er sich nach komplizierten Vorschriften gekleidet und Schmuck angelegt hatte, ein rituelles Bad und betete die Sonne an. Außerdem schenkte er seinem Guru, oder Religionslehrer, eine Kuh. Als Nächstes salbte sich der junge Mann und bekam von seinem Guru einen Turban als Zeichen für sein spirituelles Verdienst; zum Schutz vor Dieben und der Bosheit der Menschen erhielt er einen Stock zum Geschenk. Zuletzt legte der Absolvent ein extra ausgewähltes Holzscheit auf ein heiliges Feuer und verbrachte den Rest des Tages in einsamer Meditation. Nach einem zeremoniellen Mahl mit seinem Guru kehrte er nach Hause zurück (beim Betreten des Hauses achtete er darauf, dass er mit dem rechten Fuß voranging), wo er von seinen Eltern und dem ganzen Dorf mit Ehren empfangen wurde; bald darauf nahm er sich eine Frau. Zeremonien von ähnlichem Umfang, die sich nur in den Einzelheiten unterschieden, gab es auch in den anderen Kasten und zu anderen Anlässen; sie markierten im religiösen Leben das Kindsein und den Weg zur Reife.

Neben der Ausprägung von Ritualen förderte der Hinduismus auch einen ungewöhnlich nachsichtigen Umgang mit kleinen Kindern. Noch vor der Geburt des Kindes behandelte man die Mutter sehr zuvorkommend, um ihr Mut zu machen und die Gesundheit des Babys positiv zu beeinflussen. Das Kind selbst wurde wie ein Ehrengast behandelt: Mit den ersten Ritualen würdigte man es als religiös vollwertiges Individuum mit eigener, angeborener Persönlichkeit und als Bestandteil der göttlichen Ordnung, obwohl es freilich noch lange nicht mündig war. Das Stillen nach Bedarf gehörte zu den Pflichten einer guten Mutter und es konnte auch dann, wenn das Kind bereits festere Nahrung zu sich nahm, als besondere Belohnung dienen. Selten griffen liebende Eltern oder andere Erwachsene im Haushalt zu Strafmaßnahmen. Die Erziehung zur Sauberkeit wurde so lange hinausgezögert, bis das Kind ganz von selbst begann, mit der im Haus gerade anwesenden Person Schmutz und Unrat zu beseitigen. Die Eltern stellten Spielzeug wie zum Beispiel Kreisel und Murmeln zur Verfügung. Die frühe Kindheit war eine Zeit, in der man die Phantasie des Kindes anregte und ihm nicht zu viel Kontakt zur Welt der Erwachsenen zumutete. In dieser Lebensphase widmeten sich die Mütter den Kindern mit großer Aufmerksamkeit, und die Kinder lohnten es ihnen normalerweise auch dann noch, wenn sie erwachsen wurden, mit starker Zuneigung.

Andere Merkmale des Kindseins in Indien hingegen entsprechen der uns nun vertrauten Norm. Wenn die Tötung von Kindern auch nicht besonders erwähnt wird, so gab es sie doch, besonders bei unerwünschten weiblichen Babys. Die meisten Kinder mussten schon in frühen Jahren arbeiten; völlige Nachsicht selbst mit kleinen Kindern war in einer stark von sozialen Unterschieden geprägten Gesellschaft nur in den reicheren Familien möglich. Eine große Rolle spielte auch die Unterscheidung der Geschlechter. Manchmal erhielten Mädchen etwas religiöse Unterweisung von ihren Vätern, aber es herrschte selbst in den höheren Kasten die Auffassung, dass eine Schulbildung für Mädchen nicht notwendig sei, und vielleicht sah man in der mangelnden Bildung von Frauen ja auch einen gewissen Vorteil. Normalerweise heirateten die Mädchen früh, noch bevor das Erwachen der Sexualität eine Gefahr für ihre Reinheit darstellte. Die Ehe wurde von den Eltern arrangiert. In den Gesetzen des Manu heißt es, Mädchen sollten mit acht Jahren heiraten, allerdings lassen sie noch einigen Spielraum; aber andere Autoritäten befürworten die Verheiratung mit nur vier Jahren, keinesfalls jedoch solle das Mädchen älter sein als zehn. Oft zogen verheiratete Mädchen erst zum Ehemann, wenn sie älter waren, aber man sieht doch deutlich, wie wichtig sexuelle Kontrolle war.

Die Jungen der oberen Kasten sahen sich mit anderen, in mancherlei Hinsicht sogar komplexeren Mustern konfrontiert. Nach den frühen Jahren, in denen sie viele Freiheiten hatten, riss man sie aus ihrer Welt heraus, und es begann die Zeit der Ausbildung und der Beaufsichtigung durch den Vater, der, ähnlich wie in China, für die Söhne oft als unnahbar galt (weniger für die Töchter, denen der Vater seine Liebe offener zeigen konnte). Viele Jungen schickte man zur religiösen Erziehung zu Gurus, bei denen sie darüber hinaus auch Unterricht im Schreiben, Lesen und Rechnen erhielten. Das Leben dort zeichnete sich durch Schlichtheit und strenge Disziplin aus, damit man sich statt auf körperliche Bedürfnisse ganz auf spirituelle Ziele konzentrieren konnte. Allerdings ist bekannt, dass die Gurus es vorzogen, ihre Schüler durch ihr eigenes Beispiel und durch Überzeugung zu führen und körperliche Strafen nur als letztes Mittel einsetzten. Insofern unterschied sich das Kindsein in den oberen Kasten wohl doch von seinen Pendants in China und dem Mittelmeerraum. Dennoch kam es vor, dass Väter und Lehrer zuschlugen, und natürlich war es auch hier wichtig, dass die Kinder die Autorität der Erwachsenen anerkannten. Mit dem Lernen war auch die Pflicht verbunden, Arbeiten auszuführen: Man erwartete von den jungen Männern, dass sie das Essen zubereiteten und für die Gruppe Holz sammelten. Und während der Inhalt des Unterrichts sich von dem weltlicher orientierten der beiden anderen Kulturkreise unterschied, so legte man doch ebenso viel Wert auf umfangreiches Auswendiglernen. Auch in Indien bestand eindeutig die Notwendigkeit, über Jugendliche entweder durch strenge Erziehung, Arbeit oder frühes Verheiraten Kontrolle auszuüben. Eines der charakteristischsten Merkmale des Kindseins in Indien war wohl der außergewöhnliche Kontrast zwischen der Nachsicht der Erwachsenen in der frühen Kindheit und den Anforderungen der darauffolgenden Lebensphasen vor dem Erwachsensein.

Die Betrachtung dieser drei antiken Hochkulturen gibt uns im Großen und Ganzen keine klare Antwort auf die oben gestellte Frage, ob wir uns auf Gemeinsamkeiten oder Kontraste konzentrieren sollen. Die Lebensweise und Familienstruktur waren in jeder Kultur anders, folglich entstanden auch bedeutende Unterschiede im Kindheitsverständnis und der Behandlung von Kindern. Manche Muster, wie zum Beispiel, dass man in China darauf bestand, den Kindern komplizierte Umgangsformen beizubringen oder dass man in Indien die Phantasie der Kinder mit so viel Freude förderte, überdauerten die klassische Periode noch lange und wirkten sich selbst auf manche für die heutige Zeit charakteristischen Ansätze des Umgangs mit Kindern aus. Die Lebensweise spielte anscheinend vor allem dann eine große Rolle, wenn sie von einer einflussreichen Religion geprägt war, wie sich am indischen Kastensystem zeigen lässt.

Des Weiteren erschweren auch individuelle Abweichungen innerhalb der großen Gesellschaften die Analyse. Viele Eltern waren sicher liebevoller und empfanden beim Tod eines Kindes mehr Schmerz, als es die offiziellen Normen vermuten lassen. In der Traktatliteratur versuchte man, die Härte des Vaters einzuschränken oder drängte auf neue Methoden bei der Schulerziehung: weniger Disziplin, dafür mehr Rücksicht auf den Lernstil der einzelnen Schüler.

Dennoch ist der große Einfluss des zugrunde liegenden bäuerlichen Rahmens für das Kindsein unverkennbar. In allen drei Hochkulturen, besonders in China und im Mittelmeerraum, mussten sich die Menschen auf irgendeine Weise mit dem häufigen Tod von kleinen Kindern arrangieren, gleichzeitig aber auch die tatsächliche Geburtenrate begrenzen. Ein weiterer Punkt ist, gerade weil er weniger selbstverständlich ist, noch interessanter: Hinter der allen drei Kulturkreisen gemeinsamen Betonung der Disziplin und des Gehorsams – selbst für die Kinder der oberen Schichten, die statt zu arbeiten, Unterricht erhielten – verbergen sich der Drang und die Absicht, Nutzen aus Kindern zu ziehen und ihnen Verhaltensregeln einzutrichten, durch die sie auch dann noch an die Familie gebunden waren, wenn sie körperlich schon fast als erwachsen gelten mussten. Selbst am Beispiel Indien lässt die Tatsache, dass man Kindern nach den ersten Jahren härtere Bedingungen und strenge Disziplin auferlegte, auf die allgemeine Notwendigkeit schließen, Kindern Pflichtgefühl beizubringen. Während einzelne Eltern zweifellos große Freude an Kindern und am Spiel der Kinder hatten und die indische Kultur einen ganz eigenen Umgang mit kleinen Kindern ausprägte, gab es doch nirgendwo die Vorstellung, die Kindheit solle insgesamt eine besonders glückliche Zeit sein; dies schlägt sich auch in der Erinnerung Erwachsener an ihre ersten Erfahrungen nieder. In einzelnen Kulturen konnte es zwar zu einigen Abweichungen vom allgemeinen Rahmen kommen und auch der Rahmen selbst konnte in der Praxis auf verschiedene Weise umgesetzt werden, aber das Ausmaß dieser Abweichungen war insgesamt doch geringer, als man angesichts der anderen Unterschiede zwischen diesen Kulturkreisen angenommen hätte. Die verschiedenen politischen Systeme hatten nur geringe Auswirkungen auf das Kindsein, zum einen, weil der Staat vom Alltagsleben der Familie relativ weit entfernt war, zum anderen, weil hinter den Gesetzen trotz der Unterschiede ähnliche Anliegen bezüglich des Gehorsams von Kindern und der sozialen Hierarchie standen. Die Lebensweise spielte, wie im Konfuzianismus und besonders im Hinduismus, eine größere Rolle, aber auch in diesen beiden Fällen haben wir es mit einer eher utilitaristischen Kindheitsvorstellung zu tun. Zweifellos schufen sich die Kinder in diesen Hochkulturen auch Raum für sich selbst, doch das Kindsein war damals eine sehr ernste Angelegenheit.

Weiterführende Lektüre

Zu China: Patricia Ebrey, *Confucianism and Family Rituals in Imperial China: a social history of writing about rites* (Princeton, New Jersey 1991); dies., *Women and the Family in Chinese History* (New York 2003); Michael Loewe, *Everyday Life in Early Imperial China during the Han Period 202 BC–AD 220* (New York 1968); Hugh D. R.

Baker, *Chinese Family and Kinship* (New York 1970); Lisa Raphals, *Sharing the Light: representations of women and virtue in early China* (Albany 1998); besonders hilfreich ist Anne Behnke Kinney, *Chinese Views of Childhood* (Honolulu 1995); vgl. auch ihr Buch *Representations of Childhood and Youth in Early China* (Stanford, California 2004); unerlässlich ist folgendes, vor kurzem erschienene Buch, das sich mit einer späteren Epoche beschäftigt: Ping-chen Hsiung, *A Tender Voyage: children and childhood in late imperial China* (Stanford, California 2005).

Zu Indien: Sudhir Kakar, *Kindheit und Gesellschaft in Indien: eine psychoanalytische Studie* (Frankfurt a. M. 1988); S. Vats und Shakuntala Mugdal (Hg.), *Women and Society in Ancient India* (Faridabad, India 1999); Jeannine Auboyer, *Daily Life in Ancient India form Approximately* 200 BC to 700 AD (New York 1965).

Zum Mittelmeerraum: Suzanne Dixon, *The Roman Family* (Baltimore, Maryland 1992) und dies. (Hg.), *Childhood, Class and Kin in the Roman World* (New York 2001); Cynthia Patterson, *The Family in Greek History* (Cambridge, Massachusetts 1998); Sarah Pomeroy, *Families in Classical and Hellenistic Greece: representations and realities* (Oxford 1997); Beryl Rawson, *Marriage, Divorce, and Children in Ancient Rome* (Oxford 1991) und *Children and Childhood in Roman Italy* (Oxford 2003); Emiel Eyben, *Restless Youth in Ancient Rome* (London 1993); vgl. auch Geoffrey Nathan, *The Family in Late Antiquity: the rise of Christianity and the endurance of tradition* (New York 2000).

Quelle des Bibelzitats (s. S. 35, Buch Deuteronomium): Die Bibel. Einheitsübersetzung der Heiligen Schrift. Altes und Neues Testament (Stuttgart 1980)

KINDSEIN IN DEN ANTIKEN HOCHKULTUREN

KAPITEL 4

Kindsein in der Spätantike und im Mittelalter

Die Auswirkungen religiöser Veränderungen

Alle Historiker, die sich mit der Globalgeschichte befassen, weisen auf mehrere zentrale Veränderungen, die sich nach dem Fall der antiken Reiche in den Jahrhunderten zwischen 500 und 1450 ereignet haben, hin. Wichtige Entwicklungen sind zum Beispiel die Ausdehnung der Hochkultur als Form der menschlichen Organisation auf neue Regionen und die Zersplitterung der Welt des Mittelmeerraums; außerdem die wachsenden Handelskontakte, die vor allem durch die Vermittlung islamischer Kaufleute aus dem Vorderen Orient zustande kamen. In den letzten Jahrhunderten des Mittelalters kam es unter der Vorherrschaft der Mongolen unter anderem zu weiterem internationalem Austausch zwischen Afrika, Europa und Asien und im frühen 15. Jahrhundert fanden dann (wenngleich nur kurz) die großen Handelsreisen der Chinesen statt. Diese Epoche ist auch von der Nachahmung bereits etablierter Gesellschaften durch neu dazustoßende – Japans bewusste Imitation Chinas, Russlands Ausrichtung auf das Byzantinische Reich – gekennzeichnet. Und zuletzt führte, von der Spätantike an, die Ausbreitung der großen Weltreligionen – der Missionsreligionen des Buddhismus, des Christentums und als jüngster und (damals) erfolgreichster des Islams – in weiten Teilen Asiens, Afrikas und Europas zu einer ganzen Reihe bedeutender kultureller und institutioneller Veränderungen. All dies ereignete sich, das darf man nicht vergessen, in Wirtschaftsformen, die noch immer vom Ackerbau geprägt waren: Wir untersuchen also auch weiterhin mögliche Veränderungen des Kindseins im allgemeinen Rahmen der bäuerlichen Lebensweise; schon die Ausweitung des Ackerbaus – zum Beispiel auf den Süden und Osten Afrikas durch die Wanderungen der Bantu – zog in bestimmten Gegenden grundlegende Veränderungen nach sich.

Nicht alle in der Spätantike einsetzenden Entwicklungen hatten, trotz ihrer unleugbaren Bedeutung für die Globalgeschichte im Allgemeinen, auch besondere Auswirkungen auf das Kindsein – zumindest soweit wir das bis jetzt wissen. Der zunehmende Handel führte zum Anwachsen der Städte, vor allem an Orten wie China, und dies bedeutete, dass mehr Kinder an der Herstellung von Waren beteiligt waren und Lehrverhältnisse eingingen, wenn auch die Mehrheit noch immer auf dem Land lebte. Von der Nachahmung anderer Kulturen, die zum Beispiel in Japan neue Moden und Umgangsformen auslöste oder dazu führte, dass mehr Menschen lesen und schreiben lernten, waren wohl die Kinder der Oberschicht betroffen. Die Angriffe der Mongolen brachten sicher großes Elend über viele Kinder, wie auch über Erwachsene, da die Mongolen unbarmherzige Krieger waren; doch gibt es keine Berechtigung, von einem tief greifenden »mongolischen Einfluss« auf das Kindsein zu sprechen. Die Ausbreitung der Hochkultur als Form der Organisation auf Russland, Japan, Nordeuropa und weitere Teile Afrikas bedeutete, dass eine kleine Zahl von Kindern zum ersten Mal formaler Schulbildung ausgesetzt war und dass mehr offizielle Gesetze entstanden; die daraus resultierenden Strukturen und Verhaltensmuster sind uns bereits von den früheren Auswirkungen der Hochkultur an anderen Orten der Welt bekannt.

Im Fall von religiösen Veränderungen allerdings zeigt sich ein ganz anderes Bild: Sie deuten auf mehrere wesentliche Modifikationen des Kindseins hin, die von den antiken Mustern wegführen; außerdem erlauben sie uns, neue Vergleiche anzustellen, denn jede Religion hatte ihre eigene Vorstellung vom Kindsein und davon, wie die religiösen Pflichten des Kindes definiert sein sollten. Wir haben bereits gesehen, dass der Hinduismus in der klassischen Zeit einige Aspekte des Kindseins hervorbrachte, die sich von den Mustern vornehmlich säkular orientierter Kulturen stark unterschieden. Als sich die großen Religionen auf andere Gesellschaften ausbreiteten, griffen sie manches Anliegen auf, das der Hinduismus aufgrund seiner Behandlung des Kindes als spirituelles Wesen entwickelt hatte.

Dennoch gab es Unterschiede zwischen den großen Religionen; und das bedeutet, dass wir, wenn wir nun ganz neue Vergleiche durchführen wollen, dabei auch den allgemeineren Faktoren, die zu Veränderungen führten, Beachtung schenken müssen. Verschiedene Religionen miteinander zu vergleichen, ist zugegebenermaßen eine heikle Angelegenheit, denn jede der großen Religionen setzte ganz bestimmte Schwerpunkte, die heutigen Betrachtern schlechter oder besser vorkommen mögen als andere; und das wiederum verrät letztlich nur mehr über die Religion im Allgemeinen und die religiöse Zugehörigkeit des Betrachters. In diesem Kapitel werden wir die Auswirkungen tiefer verwurzelter religiöser Vorstellungen auf das Kindsein untersuchen, vor allem aber die des Buddhismus und des Islam. Den Vergleich mit dem Christentum, das neben verschiedenen anderen Faktoren das Kindsein in Westeuropa entscheidend prägte, werden wir im nächsten Kapitel durchführen.

Die sich ausbreitenden Religionen bedingten, aufgrund ihres ganz eigenen Charakters und ihrer Relevanz für das Kindsein, zum Teil Veränderungen der Muster, die in der Antike vorherrschend gewesen waren. Das Kindsein in China und im Mittelmeerraum wies, wie wir gesehen haben, mehr Gemeinsamkeiten als Unterschiede auf. Es war weniger von speziellen kulturellen oder politischen Faktoren geprägt als vielmehr von den typischen Bedürfnissen einer bäuerlichen Gesellschaft (einschließlich der Betonung des Gehorsams und des erfolgreichen Übergangs vom Kindsein zum Erwachsensein), von der durch neue Gesetze und politische Regelungen offiziell bestätigten Minderwertigkeit von Kindern sowie der grundsätzlichen Unterscheidung zwischen den (gebildeten) Kindern der Oberschicht und den gewöhnlichen (arbeitenden) Kindern. Infolgedessen unterschied sich das Kindsein in den verschiedenen antiken Kulturen kaum voneinander; bei Jäger- und- Sammler-Kulturen dagegen gab es durchaus Varianten, weil man hier weniger von der Kinderarbeit abhing.

Da die Missionsreligionen immer mehr Anhänger fanden, veränderte sich diese Gleichung: Nun entstanden im Vergleich zu vorhergehenden Zeiten mehr Abweichungen in den Vorstellungen vom Kindsein und im Umgang mit Kindern. Die Religionen bewirkten also einerseits überall Veränderungen, andererseits blieben aber auch Merkmale der Antike bestehen – ein weiterer wichtiger Punkt.

Den Religionen waren einige Grundgedanken zum Kindsein gemeinsam, wodurch sie sich insgesamt von denen, die in der Antike, vor allem in China und im Mittelmeerraum, vorgeherrscht hatten, absetzten. In den Schriften der meisten großen Religionen wird die Wichtigkeit von Kindern hervorgehoben. Die Religionen, die ihren Ursprung im Vorderen Orient hatten – Christentum und Islam, aber auch (noch früher) das Judentum –, betonten den Stolz und die Verantwortung, die mit der Elternrolle, besonders der des Vaters, verknüpft waren (obwohl einzig das Christentum auch das ausdrucksstarke Bild der liebenden Mutter Jesu kennt). Auch in diesen Religionen kam dem Gehorsam gegenüber den Eltern große Bedeutung zu – »du sollst Vater und Mutter ehren« –, was wiederum zur Anwendung verschiedener Strafen führen konnte. Im Christentum ging man noch einen Schritt weiter, indem man vom Gott Vater in der Heiligen Dreieinigkeit sprach, der als Archetyp des Familienvaters verstanden werden konnte. (Einige christliche Autoren waren sogar der Ansicht, dass für die Kinder die Liebe zu Gott noch vor der Liebe zu den Eltern stehen solle, was wörtlich genommen zu Spannungen führen konnte; im Allgemeinen herrschte jedoch das Motiv des Gehorsams gegen die Eltern vor.) Hier kleideten die Religionen freilich ein althergebrachtes Merkmal des Kindseins der bäuerlichen Lebensform in ein neues Gewand und behielten es bei. Die frühen Christen missbilligten sogar die gefühlsbetonte Trauer, die manche Römer beim Tod ihrer jugendlichen Söhne zur Schau stellten; sie drängten darauf, Trauer nicht nach außen zu kehren, sondern zu erkennen, dass Gottes Wille geschehen müsse und dass zu großer Schmerz möglicherweise der angemessenen Verehrung des Allmächtigen im Weg stehe. Man kehrte also, wenn man sich auch eines anderen Vokabulars bediente, (zumindest in der offiziellen Rhetorik) dazu zurück, auf den Tod von Kindern zurückhaltender zu reagieren, so wie es ganz allgemein für bäuerliche Gesellschaften typisch war.

Abgesehen von der positiven Bewertung der Kinder und des Elternseins brachten die Weltreligionen zwei weitere neue Elemente des Kindseins mit sich, die wichtige Veränderungen herbeizuführen vermochten. Sie alle hoben auf die eine oder andere Weise hervor, dass jedem Menschen ein Teil des Göttlichen innewohne – eine Seele oder ein Anteil am göttlichen Wesen. Dieser Glaube – mit seinen verschiedenen speziellen Ausprägungen – erhöhte wiederum das Verantwortungsbewusstsein gegenüber Kindern, die man als Geschöpfe Gottes oder Teilhaber am göttlichen Wesen beschützen musste. Vor allem die großen Religionen – einschließlich des Judentums – kämpften engagiert gegen die Kindstötung, die an vielen, von säkularen oder polytheistischen Weltanschauungen geprägten Orten häufig praktiziert worden war. Einer der frühen Erfolge des Christentums im späten Römischen Reich bestand zum Beispiel darin, dass es neue Erlasse bewirkte, die die Kindstötung verboten. Ein römischer Kaiser hatte im Jahre 374 n. d. Z. Folgendes verfügt: »Wenn jemand, sei es ein Mann oder eine Frau, die Sünde begehen sollte, einen Säugling zu töten, soll dieses Vergehen mit dem Tod bestraft werden.« Es entstanden immer mehr Gesetze zum Schutz von Kindern, und man bemühte sich auch, den Verkauf von Kindern abzuschaffen. Die frühen Christen rieten sogar davon ab, eine Amme einzustellen, um die Kinder zu beschützen und die Bindung zwischen Mutter und Kind zu verstärken. Auch im Islam kamen sehr schnell Empfehlungen zum Schutz von Kindern auf. Mohammed sagte sich mit Nachdruck von der arabischen Tradition der Kindstötung los und auch hier gab es Versuche, den Verkauf von Kindern zu verhindern. Wenngleich man sich nicht immer vollkommen an die verschiedenen Maßnahmen zum Schutz von Kindern hielt und das Leben von Kindern, auch ohne direkte Tötung, vielfach gefährdet war, so ging doch die Zahl der Kindstötungen als Mittel der Geburtenkontrolle unter der Vorherrschaft der Weltreligionen fraglos zurück; in Gegenden wie China, wo die Religionen einen weniger festen Stand hatten, war dieses Vorgehen dagegen weiterhin üblich. Das Kind war von Geburt an Mitglied der religiösen Gemeinschaft und dies hatte wichtige Auswirkungen auf das Verhalten in der Praxis.

Die Weltreligionen erkannten alle die Notwendigkeit religiöser Unterweisung für Kinder (wie es der Hinduismus und das Judentum längst schon getan hatten) und schufen besondere Rituale, die schon unmittelbar nach der Geburt praktiziert wurden, um eine Verbindung zwischen den Kindern und der Religion herzustellen und dann zumindest einigen Kindern die Möglichkeit einer formalen religiösen Ausbildung zu bieten. Darin bestand die zweite allgemeine Auswirkung der neuen Religiosität. Sie hatte zweierlei Ergebnisse: eine neue Definition der Erziehung – eines der ersten Ziele christlicher Lehrer, die sich zugunsten religiöser Erbauung gegen die klassischen Lehrinhalte des Mittelmeerraums wandten – und den allgemeinen Drang, die Bildung weiter zu verbreiten, als es in der Antike der Fall gewesen war. Unter hart arbeitenden Bauern oder Arbeitern, für die Kinderarbeit unerlässlich blieb, bestand die religiöse Erziehung manchmal aus nicht viel mehr als der Einimpfung bestimmter auswendig gelernter Abschnitte, die zugleich als Gebete und als Qualifikation für die offizielle religiöse Anerkennung als Erwachsener dienten. Vor diesem Hintergrund darf man also das Ausmaß der Veränderung nicht überschätzen. Einer Minderheit boten die großen Religionen jedoch eine Vielzahl von ausführlichen Lehren sowie moralischen und rechtlichen Verhaltensregeln, die manche dazu anregten, sich damit wissenschaftlich auseinanderzusetzen und wiederum das dafür notwendige Wissen an Schüler weiterzugeben. Viele Eltern, vor allem natürlich in den Familien der Oberschicht, hatten ein Interesse daran, in einem ihrer Kinder eine besondere Begabung für diese Ausbildung zu erkennen. Vor allem zwei der großen Weltreligionen waren (wieder neben dem Judentum) Buchreligionen und dies motivierte vielleicht eine noch größere Zahl an Menschen, Lesen und

Schreiben zu lernen, um – selbst wenn man nicht nach den höheren Bereichen religiöser Bildung strebte – Zugang zur Bibel oder dem Koran zu erlangen. Mit anderen Worten: Die Weltreligionen förderten die Bildung und gaben ihr auch eine besondere Ausrichtung; damit wirkten sie sich zu einem gewissen Grad auf viele Kinder aus und gaben einigen wenigen die Möglichkeit, den Beruf eines Geistlichen oder Lehrers zu ergreifen. Außerhalb Ostasiens, wo die verfügbare Schulbildung zum großen Teil vom Konfuzianismus bestimmt war, fand ab 1 000 n. d. Z. fast jeglicher Schulunterricht unter religiöser Leitung statt und diente, zumindest offiziell, in erster Linie religiösen Zwecken. Der Unterricht war nach wie vor häufig von Strenge und körperlicher Züchtigung geprägt – die früheren erzieherischen Traditionen wurden nicht in allem überholt –, aber es kam zu tatsächlichen Veränderungen.

Außer diesen zwei grundlegenden Auswirkungen brachten die großen Weltreligionen neue Spannungen im Hinblick auf die Verteilung der Geschlechterrollen während der Kindheit mit sich. Einerseits betonten sie alle – aufgrund des Glaubens an eine Seele oder an die Teilhabe am göttlichen Wesen –, dass Mädchen und Jungen gleichen Anteil am religiösen Leben und an den damit verbundenen Möglichkeiten hätten. Die Ungleichheit zwischen den Geschlechtern, die im frühen Judentum oder im Hinduismus (wo in der klassischen Zeit manche Gelehrte darüber diskutierten, ob Frauen erst als Männer wiedergeboren werden müssten, bevor sie überhaupt religiöse Fortschritte machen könnten) noch betont worden war, hob man nun weniger hervor. Sowohl das Christentum als auch der Buddhismus boten Frauen direkt die Möglichkeit, sich in Klöstern religiös zu betätigen, und manche Mädchen wurden zur Ausbildung oder gar aus Berufung für längere Zeit dorthin geschickt. Vereinzelt erhielten auch Mädchen eine religiöse Erziehung – im Islam kam dies häufiger vor; manchmal wurde sie von einem liebenden Vater übernommen, der das Talent seiner Tochter entdeckt hatte. Aber die Religionen waren auch patriarchalisch ausgerichtet, und man war eindeutig der Meinung, dass höhere religiöse Bildung für Jungen wichtiger war als für Mädchen. Während manche Rituale, wie die Taufe im Christentum, für beide Geschlechter Geltung hatten, waren andere besonders dazu eingerichtet worden, um die Jungen in das religiöse Leben einzubinden. An der offiziellen religiösen Ausbildung, die es gab, nahmen überall weitaus mehr Jungen als Mädchen teil.

Betrachtet man die Verbreitung der Religionen von der Spätantike an, so fällt noch ein allgemeines, für das Kindsein relevantes Merkmal ins

Auge: Religiöse Vorstellungen über Kinder konnten sich auf ganz verschiedene Weise auswirken. Trotz der zahlreichen Übertritte zum Islam, Christentum und Buddhismus wussten die Leute nicht alle gleich gut über Glaubenssätze, die zum Beispiel Kinder betrafen, Bescheid und kümmerten sich auch nicht in gleichem Maße darum. Auch unterschiedliche wirtschaftliche Umstände hatten Einfluss auf das Verhalten. Wer sehr arm war, fühlte sich vielleicht von dem Aufruf, Kinder zu beschützen, angesprochen, dennoch konnten es die Lebensumstände immer noch notwendig erscheinen lassen, ein Kind auszusetzen oder es auf der Schwelle einer religiösen Einrichtung abzulegen (eine neue Zuflucht, die wegen unzureichender Pflege vor oder nach der Aussetzung häufig zum Tod des Kindes führte). Bevor wir uns der Betrachtung einiger besonderer Charakteristika der einzelnen Weltreligionen zuwenden, müssen wir uns noch einmal eine offensichtliche Tatsache ins Gedächtnis rufen: Die Behandlung von Kindern unterschied sich in der Praxis von Gesellschaft zu Gesellschaft vielleicht weniger, als die Glaubenslehren vermuten lassen. Außerdem waren sich die religiösen Autoritäten über manche Kernfragen nicht einig, was die Komplexität noch erhöhte.

Der Buddhismus, die älteste der Weltreligionen, die sich ab der Spätantike immer weiter ausbreitete – so auch auf verschiedene Gegenden Ost- und Südostasiens –, hatte, besonders im Vergleich zum Islam und selbst zum Christentum, weniger eindeutige Auswirkungen auf das Kindsein. Dies lag zum Teil daran, dass diese Religion erstaunlich flexibel war und sich oft mit lokalen Traditionen (einschließlich des Konfuzianismus in China) in einer Art und Weise vermischte, bei der das Kindsein relativ unberührt blieb. Im Buddhismus hatten spirituelle Ziele Vorrang vor bis ins kleinste Detail festgelegten Vorschriften für das tägliche Leben und Kriterien für das Verhalten in der Familie wurden auf jeden Fall weniger präzise festgelegt als im Islam. Und obgleich viele buddhistische Schriften zur Verfügung standen, fehlte doch ein alleiniges kanonisches Buch wie im Islam und im Christentum – noch ein Grund, warum es hier bei der Definition des Kindseins mehr Spielraum gab.

Da ein wichtiges Ziel des Buddhismus die völlige Loslösung von der Welt ist, betrachteten manche Buddhisten die Bindung an Kinder mit Unbehagen. Es heißt, der Buddha selbst habe eine Geschichte von einem heiligen Mann erzählt, der Frau und Kind verlassen und ihre Besuche dann mit völliger Gleichgültigkeit hingenommen hatte. »Er empfindet keine

Freude, wenn sie kommt und keinen Kummer, wenn sie geht; ihn betrachte ich als einen wahren Heiligen, der frei ist von jeder Leidenschaft.« Wenn dann noch der tiefe Glaube hinzukam, dass Ehelosigkeit der heiligste erreichbare Stand ist und die Geburt von Kindern ein Akt der Verunreinigung, so konnte der Buddhismus zu einer Religion werden, der wenig an Kindern gelegen war, höchstens daran, dass diese nicht zu viel Aufmerksamkeit in Anspruch nahmen. Ähnliche Strömungen, einschließlich der Organisation zölibatär lebender Gemeinschaften, in denen es per Definition offiziell keine Kinder gab, kamen auch im Christentum auf.

Doch die große Mehrheit der Anhänger des Buddhismus, der ja keine kleine Sekte, sondern eine große Religion war, hatte Kinder, und er bot durchaus einige Richtlinien und Schutz. Im Buddhismus entstanden natürlich zahlreiche Rituale für Kinder, die Gefahr abwenden und auf ein religiöses Leben vorbereiten sollten – hierin ähnelt er dem Hinduismus, ja allen großen Religionen. Viele buddhistische Kinder besuchten Religionsschulen und eine noch größere Zahl hörte erbauliche Geschichten über das Leben heiliger Personen.

Die Buddhisten reagierten auch auf einige ältere Sitten, die Kinder betrafen und sich in Indien und anderswo entwickelt hatten. Sie widersetzten sich der Verheiratung von Mädchen während der Kindheit, weil sie davon überzeugt waren, dass die Ehe einen Vertrag darstellte, der eine gewisse Reife voraussetzte.

In bestimmten Fällen bot der Buddhismus frommen Kindern die Möglichkeit, als Heranwachsende ihrer religiösen Berufung gegen den Willen der Eltern zu folgen – eine spirituelle Alternative zu den üblichen Regelungen des Übergangs von der Kindheit zum Erwachsensein. In China brachte dies für den Buddhismus bedeutende Spannungen mit sich, da Anhänger des Konfuzianismus den Glauben oft als Gefahr für die Loyalität gegen die Familie angriffen. Eine buddhistische Geschichte aus China handelt von Miao-shan, der jüngsten Tochter eines Königs, die sich ihrem Vater widersetzt, indem sie in ein Kloster eintritt; hierauf versucht der Vater (nach dessen Willen das Mädchen eine arrangierte Heirat hätte eingehen sollen), das Kloster niederbrennen zu lassen. Die Geschichte nimmt allerdings eine familienfreundliche Wendung: Miao-shan schlägt sich später selbst den Arm ab, um eine Zaubermedizin herzustellen, die ihrem blinden Vater das Augenlicht zurückgeben soll. Andere Parabeln erzählen von buddhistischen Kindern, die ihre Eltern durch Gebete vor der Hölle bewahrten. Manche Berichte decken sich völlig mit dem Konfuzianismus, so etwa das Beispiel eines jungen Mannes, der seine Mutter preist, weil sie ihn drängte, in buddhistischen Schulen zu lernen: »Dass ich heute Beamter bin, verdanke ich der täglichen Unterweisung durch meine Mutter.« Bestimmte mit Kindern verbundene Konzepte des Buddhismus wurden in das Vokabular des Konfuzianismus übertragen, um die Akzeptanz dieser Religion in China zu fördern: So wurde aus einem Wort, das auf Sanskrit »Moral« bedeutete, »Gehorsam des Kindes«.

Der Buddhismus hatte nicht zu übersehende Auswirkungen auf das Kindsein, besonders aufgrund der neuen religiösen Lehren und Rituale. Die Weltferne und die Zugeständnisse an schon vorhandene Vorstellungen über Kinder verhinderten jedoch eine tiefere Beeinflussung.

Das Kindsein im Islam erweist sich als wesentlich genauer definiert als das Kindsein im Buddhismus und unterscheidet sich auch in wichtigen Punkten vom Christentum. Als die Religion, die von der Spätantike an zunächst am schnellsten eine Vielzahl von Anhängern hinter sich vereinte, entwickelte der Islam mehrere, ganz eigene Anliegen bezüglich des Kindseins; manche davon deckten sich mit anderen Merkmalen der Kultur des Vorderen Orients. Der Prophet Mohammed selbst strebte ganz bewusst einige Änderungen der Definition des Kindseins und des Umgangs mit Kindern unter den Arabern an und sein Engagement führte zu größer angelegten Initiativen. Dass das Aufkommen dieser neuen Religion wichtige Auswirkungen auf das Kindsein hatte, steht außer Frage. Mohammed sagt: »Hat ein Mann Kinder, so hat er seine religiöse Pflicht bereits zur Hälfte erfüllt, durch Gottesfurcht soll er dann noch die andere Hälfte erfüllen.«

Viele muslimische Autoren religiöser wie auch medizinischer Texte betonten die Notwendigkeit, Babys ein hohes Maß an Aufmerksamkeit zukommen zu lassen. Der Islam selbst – und hierin unterscheidet er sich, zumindest was die religiöse Lehre betrifft, vom Christentum – hob die Unschuld von Neugeborenen hervor. Die Säuglinge hatten noch keine Zeit gehabt, um Sünden zu begehen, und waren potentielle Gläubige; außerdem war Allah barmherzig. Also gab es auch keine Debatte darüber, was mit Säuglingen geschah, wenn sie starben: Sie kamen natürlich ins Paradies. Unter Gelehrten diskutierte man selbstverständlich über das Schicksal von Kindern, die in ungläubige – nichtmuslimische – Familien hineingeboren worden waren, aber es herrschte weitgehend Einigkeit, dass auch sie unschuldig waren. Unter christlichen Theologen wurden ähnliche Debatten geführt; allerdings kam man insgesamt zu ganz anderen Schlussfolgerungen, wenn es um Babys ging, die – von der Erbsünde befleckt – in nichtchristlichen Familien zur Welt kamen. Die Tatsache, dass der Prophet Mohammed, dessen Freundlichkeit zu Kindern häufig zitiert wird, die Praxis der Kindstötung in der arabischen Tradition ausdrücklich verurteilte, liefert uns einen weiteren Hinweis darauf, dass man kleinen Kindern in dieser neuen Religion echte, mitfühlende Zuneigung entgegenbrachte. Der Koran betonte auch, dass man sich im Falle einer Scheidung um die Kinder kümmern solle, und beharrte auf dem Besitzrecht von Waisen: »Man soll das Eigentum eines Waisenkinds nicht antasten«; »man soll ihnen Kleidung geben und freundlich zu ihnen sprechen«. Wer ein Kind adoptierte, war dafür verantwortlich, ihm eine angemessene Ausbildung zukommen zu lassen, damit es eine Absicherung für seine Zukunft hatte. In diesem Sinn räumte das islamische Gesetz Kindern, die sich in einer potentiell hilflosen Lage befanden, eine Reihe von »Rechten« ein. (Die Vorstellung von Rechten ist freilich in mancherlei Hinsicht modern, aber man hat sie rückwirkend auf die umsichtigen Vorkehrungen für Kinder in islamischen Gesetzestexten übertragen.) Die religiöse Sorge um die ganz Kleinen wurde noch erhöht durch die ausgeprägte medizinische Tradition in dieser Gegend, die sich während des Hellenismus weiterentwickelt hatte – in einer Zeit also, in der Gelehrte beispielsweise in Ägypten die Ergebnisse griechischer Forscher bearbeiteten, um sie auch in die Praxis umsetzen zu können. Über die gesundheitlichen Bedürfnisse von Kindern gibt es eine Fülle von pädiatrischen Büchern, die den religiösen Ansatz ergänzen. Ein im 14. Jahrhundert entstandenes einflussreiches Handbuch zur Kindererziehung von Ibn Kayyim behandelt das Weinen von Säuglingen (angeblich verursacht von physischen Stimuli in Verbindung mit »Stößen« durch den Teufel), das Füttern, das Zahnen, aber auch die Bedeutung individueller Interessen und Fähigkeiten des Kindes, die von den Erwachsenen berücksichtigt werden sollen.

Viele Aspekte des Kindseins im Vorderen Orient spiegelten ältere Familienbräuche wider, die wenig mit Religion zu tun hatten, auch wenn sie nicht im Widerspruch dazu standen. Die Namen der Söhne gaben eindeutig Aufschluss über ihre Verwandtschaftsbeziehungen; man wählte ihre Namen lange vor der Geburt aus, um anzuzeigen, welcher Familiengruppe sie angehörten. Säuglinge wurden (in Tücher) gewickelt, um sie vor Unfällen zu schützen und weil man glaubte, dass ihre Gliedmaßen auf diese Weise besser wachsen würden. Kleine Kinder hatten eine enge Bindung zur Mutter; die Entwöhnung von der Mutterbrust fand für eine bäuerliche

Gesellschaft relativ spät statt, im Alter von zwei bis vier Jahren, und die meisten Kinder blieben bis zum Alter von sieben nahe bei der Mutter. Dadurch entstand eine starke emotionale Bindung, die die frühe Kindheit überdauerte und bis ins Erwachsenenalter anhielt; im Gegensatz dazu war die Distanz zwischen Vater und Kindern größer. Wenn ein Junge jedoch sieben Jahre alt war, übernahm der Vater seine Erziehung. Prinzipiell kam der Autorität des Vaters großes Gewicht zu, und man hielt Kinder dazu an, den Vater oder eine ältere männliche Person zu respektieren; dieser hatte wiederum die Pflicht, für die Familie zu sorgen. Für Kinder war das Familienleben auch von der aktiven Rolle der anderen Verwandten, zum Beispiel der Tanten und Onkel, bestimmt. Außerdem legte man großen Wert auf das Erlernen von Umgangsformen, zum Beispiel das Erweisen von Gastfreundschaft.

Gleichzeitig war die Religion in einem »ordentlich« geführten Haushalt allgegenwärtig. Neugeborenen flüsterte man ein Gebet ins Ohr, wodurch gewährleistet werden sollte, dass sie dem Islam treu blieben, und währenddessen bestrich man ihnen den Gaumen mit vorgekauten Datteln, um Segen zu übertragen. Wenn der erstgeborene Sohn sieben Tage alt war, schnitt man ihm das Haar und opferte ein Schaf zum Zeichen dafür, dass der Vater das Kind anerkannte. Wenn der Vater bei seinem Sohn eine besondere Begabung feststellte und die Familie die notwendigen Mittel besaß, schickte er ihn im Alter von vier oder fünf Jahren zum Religionsunterricht und legte damit die Ausbildung des Kindes fest. In solch einem Fall bereitete die Religion der üblichen Beaufsichtigung kleiner Jungen durch die Mutter ein Ende. Die Verantwortung des Vaters für die religiöse Unterweisung der Kinder wurde überall betont – »in diesem Alter ist Lernen wie Meißeln an einem Stein«, das heißt, es hält ein Leben lang. Selbst arme Familien versuchten, den Söhnen ein bisschen Religionsunterricht in der Moschee oder einer Koranschule, dem so genannten *kuttab*, zu ermöglichen; diese Ausbildung war abgeschlossen, wenn man den gesamten Koran auswendig gelernt hatte. Auch Mädchen besuchten Koranschulen, gewöhnlich jedoch weniger lang; in privilegierten Familien erhielten die Mädchen zu Hause von Privatlehrern Religionsunterricht. In einem Text aus dem 13. Jahrhundert heißt es, dass das Lernen für jeden frommen Muslim eine Pflicht sei – und auch wenn uns keine genauen Zahlen zur Verfügung stehen, konnten, jedenfalls im Vergleich zur Bevölkerung Westeuropas vor dem 16. Jahrhundert, relativ viele Muslime im Mittelalter schreiben und lesen. Die Zahl der Schulgründungen in den großen Städten des Vorderen Orients und Nordafrikas schnellte ab dem 9. Jahrhundert in die Höhe und an manchen Orten stieg die Zahl größerer Schulen während der folgenden 400 Jahre um mehr als 1000 Prozent.

Kleine Kinder wurden sehr verwöhnt, worin sich möglicherweise der Glaube an ihre Unschuld, sicherlich aber die Freude der Eltern widerspiegelte. Soweit es die Mittel der Familie erlaubten, sorgte man für besonderes Essen und besondere Unterhaltung. Manches deutet darauf hin, dass man Teenager weniger schätzte und sich kaum an der ihnen eigenen Energie erfreute; tatsächlich erachtete man das Eintreten der Geschlechtsreife als das Ende der Kindheit. Die Lehrzeit dauerte oft nicht lange, und man tat alles, um den Übergang von der Kindheit zum Erwachsensein zu beschleunigen. Die Kinder sorgten selber für ihr Spiel, denn hierfür fühlten die Eltern sich kaum verantwortlich; sie konzentrierten sich lieber auf die ernstere Aufgabe, die Kinder sowohl in wirtschaftlicher als auch religiöser Hinsicht auf das Erwachsensein vorzubereiten. Durch sorgsame Vorkehrungen, einschließlich eines beträchtlichen Maßes an Abgeschiedenheit, suchte man vor der Heirat die Jungfräulichkeit der Mädchen zu bewahren. Allerdings gab es im Islam – im Gegensatz zum Christentum und Buddhismus – keinen speziellen Hang zu lebenslanger Ehelosigkeit und Keuschheit; vielleicht hing dies mit dem Glauben an die kindliche Unschuld zusammen. Bereits in einem frühen Alter erlegte man Kindern bestimmte Pflichten auf und zusammen mit der religiösen Unterweisung erhielt das Kindsein dadurch, zumindest in den Augen der Erwachsenen, einen gewissen Ernst.

Weit und breit diskutierten religiöse Autoritäten die Rolle körperlicher Bestrafung, was für diese Epoche der Globalgeschichte ungewöhnlich war und vielleicht die religiöse Wertschätzung von Kindern widerspiegelt. Man ging im Allgemeinen davon aus, dass die Eltern, vor allem die Väter, Kinder bestrafen sollten, die sich schlecht benahmen, und dies war auch in den Schulen üblich. Viele Schriftsteller forderten dabei jedoch Zurückhaltung. Der große nordafrikanische Geschichtsschreiber Ibn Chaldun sagt, übermäßige Bestrafung führe dazu, dass die Schüler sich unterdrückt fühlten und ihre Energie verlören. Auch das islamische Gesetz legte fest, wie Kinder geschlagen werden durften – wie viele Schläge für welche Vergehen und auf welchen Körperteil (auf Kopf oder Hände dürfe man niemals schlagen); Ziel war es, Exzesse zu vermeiden und zu gewährleisten, dass Erwachsene Strafen leidenschaftslos und nicht wütend einsetzten.

Im späteren Mittelalter verfassten islamische Schriftsteller außergewöhnlich viele Trauerbücher zur Tröstung von Eltern, die ein Kind verloren hatten. Mehr als 20 solcher Bücher erschienen zwischen dem 13. und 16. Jahrhundert in Ägypten und Syrien – in auffallendem Kontrast zum damaligen Westeuropa, wo dieses Genre praktisch unbekannt war. Titel wie »Buch der Sorge über den Tod von Kindern« oder »Trost für alle, die den Tod von Kindern betrauern« sprechen für sich selbst. Mit ziemlicher Sicherheit hat diese Serie von Schriften mit den Folgen neuer Krankheiten zu tun – in der Mitte des 14. Jahrhunderts wurde der Vordere Orient von der Beulenpest heimgesucht, bevor sie dann auch Europa erreichte. Doch zeigt sich darin auch eine größere Zuneigung zu Kindern? Diese Frage lässt sich nicht so eindeutig beantworten, obwohl diese literarischen Ausführungen dem Maß an Aufmerksamkeit, das der Islam allgemein für kleine Kinder forderte, durchaus entsprechen.

Die großen Religionen wirkten sich stärker auf das Kindsein und das Kindheitsverständnis aus als die Lebensverhältnisse in den antiken Hochkulturen, insbesondere Chinas und des Mittelmeerraums. Deshalb ergaben sich aus der Verbreitung der Weltreligionen, vor allem durch das allgemeine Überdenken der Kindstötung, aber auch durch die neuen Vorstellungen von der Erziehung, bedeutende Veränderungen; daher entstanden – je nachdem, welche Religion beteiligt war – neue Unterschiede im Diskurs über das Kindsein. Dennoch vermochte diese stärker von der Religion geprägte Epoche der Globalgeschichte natürlich nicht allzu viel an den Grundgegebenheiten des Kindseins in bäuerlichen Gesellschaften zu ändern. So lieferte, um gleich die wichtigste Konstante zu nennen, die Religion beispielsweise neue Gründe, weshalb man von Kindern Gehorsam fordern müsse. Die Religionen ließen vielleicht, wie zum Beispiel im Islam, neue Debatten über körperliche Züchtigung zu, doch sie übten auch neuen psychologischen Druck aus – das Schuldgefühl des Ungehorsams den Eltern gegenüber wurde nun zu Ungehorsam gegen den Willen Gottes – und schlugen hier dieselbe Richtung ein, die man in bäuerlichen Gesellschaften bereits vorgegeben hatte. Selbst die Einstellung zum häufigen Tod von Kindern wurde, auch wenn man nun diskutierte, was im Jenseits mit ihnen passieren könnte, kaum revolutioniert, weil die Religionen diesen Aspekt des traditionellen Kindseins schlicht und einfach nicht wesentlich modifizierten. Die Religionen wirkten sich durchaus auf das Kindsein aus, aber ihrer Kraft, Veränderungen herbeizuführen, ja auch dem Willen zur Veränderung, waren doch Grenzen gesetzt.

Weiterführende Lektüre

Zum Islam: Elizabeth Warnock Fernea (Hg.), *Children in the Muslim Middle East* (Austin 1995); Avner Gil'adi, *Children of Islam: concepts of childhood in medieval Muslim society* (New York 1992).

Zum Buddhismus: Arthur Wright, *Buddhism in Chinese History* (Stanford, California 1971); Jacques Gernet, *Buddhism in Chinese Society: an economic history from the fifth to the tenth century* (New York 1995); Sukumar Dutt, *Buddhism in East Asia* (New Delhi 1966); Uma Chakravarti, *Social Dimensions of Early Buddhism* (New York 1987); José Ignacio Cabezón (Hg.), *Buddhism, Sexuality, and Gender* (Albany 1992).

KAPITEL 5

Der Diskurs über das Kindsein im Westen während des Mittelalters und der frühen Neuzeit

Besonderheiten der westlichen Kindererziehung

1960 veröffentlichte Philippe Ariès, ein französischer Pionier der Geschichtswissenschaft, der sich durch ein außergewöhnliches Interesse an Demographie wie auch an Kultur auszeichnet, sein Buch *Geschichte der Kindheit*. Er beschreibt darin die Geschichte der Kindheit im Europa des Mittelalters und der frühen Neuzeit und machte im Grunde genommen das Thema Kindsein zum ersten Mal für die seriöse Geschichtsforschung zugänglich. Den Anstoß zu dieser Veröffentlichung gab die sowohl in Frankreich als auch anderswo kursierende Behauptung, die zeitgenössische Familie stecke in einer Krise. Allein diese Behauptung war von großer Bedeutung und hatte auch politische Auswirkungen, da sie häufig von konservativen Gruppen aufgegriffen wurde, die damit ein umfassenderes gesellschaftliches Programm durchsetzen wollten. Ariès sympathisierte ursprünglich mit dem konservativen Standpunkt, erkannte aber auch, dass die Behauptung, es werde alles immer schlechter ohne ernstzunehmende historische Grundlage haltlos sei – schließlich benötigt man ein klares Bild davon, wie die Situation in der Vergangenheit tatsächlich aussah, um überhaupt erkennen zu können, dass sich etwas zum Schlechteren entwickelt. Es ist durchaus denkbar – und das Kindsein ist hier gar kein schlechtes Beispiel –, dass gegenwärtige Zustände, so besorgniserregend sie auch sein mögen, nicht nachweisbar schlechter sind als die Zustände in der Vergangenheit, die vielleicht – sei es nun auf dieselbe oder auf andere Art – ebenfalls zu wünschen übrig ließen.

Aufgrund seiner Beschäftigung mit der Vergangenheit gelangte Ariès schließlich zu der Überzeugung, dass das Verhältnis zwischen dem modernen Kindsein und dem Kindsein früherer Zeiten meist falsch verstanden worden war. Auf der Grundlage von Zeugnissen, die allerdings hauptsächlich aus der Oberschicht stammten, darunter auch Familienporträts, behauptete er, dass man in Europa früher keine sehr klare Vorstellung von der Kindheit als eigenständigem Lebensabschnitt gehabt und die Kinder innerhalb der Familie meist in den Hintergrund gedrängt habe. Auf Bildern zum Beispiel stehen die Kinder entweder etwas abseits der eigentlichen Familiengruppe oder sind wie Erwachsene gekleidet, oder beides. Ariès vertrat nicht den Standpunkt, dass Eltern ihren Kindern keine Zuneigung entgegenbrachten – er gab durchaus zu, dass dies naturgegeben ist –, sondern dass sie ihnen einfach nicht viel Zeit und auch keine besondere Aufmerksamkeit schenkten. Seiner Ansicht nach begann sich dies im 17. und 18. Jahrhundert, zunächst unter der Oberschicht, zu ändern. Nun rückten Kinder etwas in den Vordergrund und man erkannte nach und nach ihre ganz eigenen Bedürfnisse nach Nahrung und Hilfe; die Schulbildung gewann an Bedeutung; man reduzierte die Kinderzahl, damit man sich einzelnen Kindern mit größerer Aufmerksamkeit widmen konnte; und man unterschied im Zuge dieser Veränderung auch formal zwischen der Kindheit mit ihren größeren Zwischenstufen und dem Erwachsenenalter.

Ariès selbst glaubte, dass die Art und Weise, in der man mit Kindern im Mittelalter und in der Frühen Neuzeit umging, im Vergleich zur nachfolgenden Zeit ihre Vorteile hatte. Seine Argumentation verdient noch immer Beachtung: Er behauptete, dass Kinder in der Vergangenheit, gerade weil man weniger auf sie achtete, was auf den ersten Blick als Nachteil erscheinen mag, mehr Freiheiten hatten als in den modernen Gesellschaften, wo sie rund um die Uhr unter Beaufsichtigung stehen. Dies ist eine ganz eigene konservative Sicht der Dinge. Die meisten Historiker, die seine Behauptung aufgriffen, reduzierten sie jedoch auf wenige Punkte und schlussfolgerten: Im Mittelalter und der Frühen Neuzeit hatten die Menschen meist keinen Blick für die Kindheit, Kinder wurden vernachlässigt und häufig auch misshandelt; das Erwachen des Bewusstseins für Kinder in der modernen Zeit brachte erhebliche Vorteile mit sich. Genau dieses Argument wiederum zog bald die Kritik anderer Wissenschaftler, im Folgenden Revisionisten genannt, auf sich.

Mit der Diskussion über die Veränderungen in der Neuzeit werden wir uns im nächsten Kapitel befassen, denn ohne Frage wandelte sich der westliche Umgang mit Kindern in Theorie und Praxis ab dem 17. Jahrhundert so sehr, dass letztlich auch andere Regionen der Welt davon beeinflusst wurden. In diesem Kapitel werden wir uns auf das Kindsein im von der Tradition geprägten Westen konzentrieren – auf jene Phase, als die Christianisierung in den Jahrhunderten nach dem Zerfall des Römischen Reiches voranschritt und die Wirtschaft nach und nach komplexer wurde, weil es neben dem Ackerbau auch eine beträchtliche Produktion von Gebrauchsgegenständen gab und städtischer Handel aufkam. Während dieser Zeit spielte Westeuropa zwar keine bedeutende Rolle in der Globalgeschichte – die Städte waren kleiner und die politischen Strukturen weniger ausdifferenziert als in Asien und Teilen Afrikas –, doch die Debatte über westliche Traditionen im Umgang mit Kindern ist ungewöhnlich weit fortgeschritten und wirft vielleicht auch ein Licht auf die Merkmale bäuerlicher Gesellschaften und die Auswirkungen religiöser Veränderungen im Allgemeinen. Möglicherweise leistet sie sogar einen Beitrag zu einer detaillierteren kontrastiven Untersuchung, insofern sie aufzeigt, dass der westliche Umgang mit dem Kindsein im Vergleich zu dem anderer bäuerlicher Gesellschaften so manches ungewöhnliche Charakteristikum aufweist. Und natürlich gewann der Westen im Laufe der Jahrhunderte, als sich die Bedingungen für Kinder veränderten, letztendlich auch in der Globalgeschichte an Bedeutung – ein weiterer Grund, warum man die traditionellen Wertvorstellungen des Westens erforschen sollte.

Sehr viele Gelehrte griffen die von Ariès angeführten Unzulänglichkeiten im Westen auf, verzerrten jedoch seine Gesamtinterpretation. Manche wiesen eher pauschal auf die hohe Kindersterblichkeit und die oftmals harten Arbeitsbedingungen für Kinder hin, womit sie an sich nicht Unrecht hatten, doch spiegelten sich darin auch moderne Wertvorstellungen, die für das Verständnis der Vergangenheit vielleicht nicht unbedingt relevant sind. Einige Historiker sowie andere Wissenschaftler, die sich mit psychologischen Problemen beschäftigten, äußerten sich da schon etwas präziser. Manche behaupteten, es deute wenig darauf hin, dass es zwischen Eltern und Kindern Zuneigung gegeben habe, was neben anderen Faktoren vielleicht erklärt, warum Eltern in der Lage waren, den Tod von Kindern hinzunehmen. Man nahm auch Stellung zu der in vielen Familien üblichen strengen Bestrafung; der Psychoanalytiker Erik Erikson untersuchte, wie oft Martin Luther, der spätere Führer der Reformation, von seinem Vater, einem Bergmann, geschlagen worden war, und spekulierte darüber, welche Auswirkungen dies auf Luthers Anschauungen über Gott und das Christentum hatte. (Von Erikson stammt auch das im ersten Kapitel angeführte Beispiel der Indianer Amerikas, die darüber entsetzt waren, wie häufig die europäischen Siedler ihre Kinder körperlich züchtigten.) David Hunt, der die Erziehung eines künftigen Königs von Frankreich im 17. Jahrhundert untersuchte, stellte fest, dass der junge Mann von seinen Eltern häufig vernachlässigt, für schlechtes Benehmen recht willkürlich geschlagen und immer wieder einmal zur Belustigung der Gäste herbeigeholt worden war, so spielte zum Beispiel sein Vater bei Feierlichkeiten lachend an seinen (zu dieser Zeit natürlich noch kleinen) Genitalien herum. Auch allgemein übliche Sitten kamen zum Tragen: In vielen gewöhnlichen Familien in Westeuropa wickelte man Säuglinge so fest ein, dass sie sich nicht selbst verletzen konnten, wenn sie krabbelten oder zappelten; nicht selten hängte man sie an einen Haken in der Wand, damit beide Eltern ohne Gefahr für das Kind zur Arbeit aufs Feld gehen konnten. Darin zeigt sich natürlich die Besorgnis der Eltern, aber auch der Wunsch, möglichst wenig Zeit und Aufmerksamkeit für Kinder zu verschwenden. Außerdem spielte auch die weitverbreitete Auffassung mit hinein, dass kleine Kinder Ähnlichkeit mit Tieren haben (dies kontrastiert mit der in neuerer Zeit vorherrschenden Verniedlichung von Kindern, die vielleicht, wenngleich auf ganz andere Weise, ebenso unzutreffend ist). Viele Leute sahen es nicht gerne, wenn Kinder krabbelten, weil sie dadurch an diese tiergleiche Phase erinnert wurden, und zogen es vor, ihre Bewegungsfreiheit so lange einzuschränken, bis sie laufen konnten. Auch das gierige Trinken der Kinder an der Mutterbrust sorgte für bestimmte Überlegungen, schließlich offenbarten sich darin ebenfalls tierartige Züge, die die frühe Kindheit anstößig erscheinen ließen – vielleicht bis zu dem Zeitpunkt, an dem Kinder alt genug waren, um Arbeiten erledigen und mithelfen zu können. Diese Vorstellungen lassen sich in Beziehung setzen zur christlichen Doktrin, dass Kinder mit der Erbsünde auf die Welt kommen, die ja auch zu der Überzeugung führte, im Umgang mit Kindern sei strenge, unnachgiebige Disziplin notwendig.

Manche dieser Thesen gingen freilich über das hinaus, was Ariès gesagt hatte, obwohl grundsätzlich dieselbe Richtung beibehalten wurde: Man entwarf das Bild eines Kindseins im traditionellen Westen, das – gerade im Vergleich zu moderneren Sitten und Wertvorstellungen – ganz eigene Merkmale aufwies. Auffällig ist, dass praktisch kein einziger Versuch unternommen wurde, einen Vergleich mit anderen zeitgleichen bäuerlichen Gesellschaften durchzuführen, und angesichts des verfügbaren historischen Materials stellt dies auch heute noch eine Herausforderung dar. Vom Standpunkt der Globalgeschichte aus betrachtet ist dieser Ansatz möglicherweise jedoch fruchtbarer als die Debatte Gegenwart versus Vergangenheit, die Ariès auslöste.

Der Widerspruch gegen diese Richtung, deren Verfechter man als »Kritiker der schlechten alten Zeit« (im Folgenden Vergangenheitskritiker genannt) bezeichnen könnte, ließ nicht lange auf sich warten. Historiker wandten sich nun auch anderem Material zu und taten manche der von Ariès verwendeten Quellen als zu einseitig ab. So entdeckten zum Beispiel einige Wissenschaftler, die das England des frühen Mittelalters erforschten, Gesetzestexte, die eindeutig vorschrieben, dass man Kinder beschützen müsse, und die Kindheit als eigenen, wichtigen Lebensabschnitt anerkannten. Auch viele Mediävisten, die von den menschlichen Qualitäten der von ihnen erforschten Personen tief überzeugt waren und sich dieser Epoche verbunden fühlten, reagierten sehr impulsiv auf die Behauptung, die Menschen des Mittelalters seien grausam mit Kindern umgegangen. Des Weiteren trugen einige Veränderungen auf dem Gebiet der Psychologie dazu bei, dass der Ansatz von Ariès revidiert wurde. Viele Autoritäten glauben heute, dass sich körperliche Züchtigung, wenn sie konsequent eingesetzt wird und nicht zu schmerzhaft ist, durchaus mit Zuneigung zu Kindern und einer herzlichen Beziehung zwischen Kindern und Eltern vereinbaren lässt; sie befürworten deshalb noch lange nicht die körperliche Bestrafung, sondern weisen ganz einfach darauf hin, dass es mehr als nur eine Möglichkeit gibt, Kinder erfolgreich großzuziehen.

In ihrer Kritik an der Auffassung, es habe in der Vergangenheit nur Schlechtes gegeben, geht es den Revisionisten vor allem um zwei Punkte. Zunächst einmal weisen sie, wie es auch die oben erwähnten Gesetzestexte nahelegen, die Vorstellung zurück, dass im traditionellen Europa das Konzept der Kindheit als ein von ganz eigenen Bedürfnissen geprägter Lebensabschnitt fehlte. Außerdem lehnen sie energisch die Ansicht ab, dass die meisten Eltern keine Zugneigung für ihre Kinder empfanden. Sie behaupten vielmehr, dass die Auswertung persönlicher Zeugnisse, so zum Beispiel von Briefen und Tagebüchern, eindeutig zeige, dass die Liebe der Eltern zu ihren Kindern eine ganz normale, zu erwartende, ja naturgegebene Erscheinung war. Im England der Frühen Neuzeit waren die Väter über die Geburt von Kindern häufig so erfreut, dass sie dies Freunden und Verwandten in Briefen mitteilten. Viele Geschichten aus dieser Zeit setzen die Zuneigung der Eltern und der anderen Familienmitglieder zu den Kindern voraus. Manche Eltern stellten sich vielleicht innerlich auf den Tod kleiner Kinder ein und zeigten kaum Schmerz, andere – wie Martin Luther als Vater – wurden vom Tod eines Kindes jedoch zutiefst getroffen. Selbst die Kunst zeigte, entgegen der Behauptung von Ariès, Interesse am Kind: Eines der am häufigsten gewählten Motive war schließlich Maria mit dem Jesuskind; dies lässt darauf schließen, dass die westliche Kirche selbst die Familie, in der das Kind im Mittelpunkt stand, bevorzugte (ein bisschen problematisch war höchstens die Rolle des Vaters).

Aus dieser allgemeinen Kontroverse haben sich mehrere spezielle Debatten über bestimmte Aspekte des traditionellen Kindseins in Europa ergeben, die unleugbar vorhanden, aber nicht so leicht zu bewerten sind. Ein Beispiel ist das Stillen durch eine Amme. In vielen europäischen Familien gab man Säuglinge in die Obhut einer (häufig auf dem Land lebenden) Frau, die selbst vor kurzem ein Kind zur Welt gebracht hatte, damit sie anstelle der Mutter das Kind stillte. Für die Gesundheit der Kinder war dies nicht immer von Vorteil, weil viele Ammen einfach nicht genug Milch hatten, um zwei Säuglinge ausreichend zu ernähren; auch die hygienischen Verhältnisse waren häufig schlecht. Zweifellos starben überdurchschnittlich viele Kinder, während sie bei einer Amme waren. Warum gab man die Kinder also überhaupt fort? Die Vergangenheitskritiker sehen in dieser Praxis ein Zeichen für mangelndes Interesse der Eltern, ja vielleicht sogar den heimlichen Wunsch, dass einige Kinder sterben würden und man so noch im Nachhinein eine Geburtenkontrolle durchführen könne. Die Revisionisten hingegen weisen darauf hin, dass die Eltern ihre Kinder bei der Amme häufig besuchten, was auf Besorgnis und Zuneigung schließen lasse. Während manche aristokratische Dame vielleicht einfach die lästige und unangenehme Pflicht des Stillens vermeiden wollte, so die Behauptung der Revisionisten, griffen die meisten Frauen in den Städten, die ihre Kinder in die Obhut einer Amme gaben, wegen der Notwendigkeit zu arbeiten auf diese Praxis zurück. Zum Beispiel mussten sich manche Frauen im Handwerksbetrieb der Familie um die geschäftlichen Angelegenheiten kümmern. (Und manchen blieb schlicht und einfach nichts anderes übrig, als eine Amme zu beschäftigen oder tierische Milch, bevorzugt Eselsmilch, zu verwenden, weil sie selbst nicht genug Milch hatten.) Die Revisionisten betonen, dass man im Westen bis ins späte 19. Jahrhundert die Kinder von Ammen stillen ließ, auch diesmal wieder der Arbeit und anderer Gründe wegen – obwohl diese Sitte zugegebenermaßen aufs Neue in die Kritik geriet. Ihrer Argumentation zufolge ist diese Praxis weder ein Zeichen dafür, dass man Säuglingen früher Abneigung entgegenbrachte, noch habe man sich in der Neuzeit von dieser Sitte schlagartig verabschiedet.

Meinungsverschiedenheiten gibt es auch über folgenden Punkt: Arme Familien im Westen setzten Kinder oft aus – bevorzugt legte man sie auf der Schwelle einer Kirche ab. Die Vergangenheitskritiker werten dies als

Mangel an Liebe, und in der Tat starben viele der ausgesetzten Kinder. Die Revisionisten sehen dahinter einfach die bittere Armut der Menschen und die aufrichtige Hoffnung, jemand anderes, der dazu besser in der Lage wäre als die Eltern selbst, würde sich des Kindes annehmen. (Und dem könnten sie noch hinzufügen, dass zumindest die direkte Kindstötung, die in dieser Zeit noch üblich gewesen war, im Westen, wie auch im Islam, seltener wurde.)

In einer weiteren Debatte geht es um die körperliche Züchtigung. Es gibt furchtbare Beispiele für Kindesmisshandlung im traditionellen Westen; so wissen wir von einem Lehrer in Deutschland, der einen Schüler blutig schlug, weil er nicht lernte. Gewiss billigte man körperliche Züchtigung fast überall, ja riet sogar dazu, sei es nun in der Familie oder in der Schule. Benjamin Franklin, der bei einem seiner älteren Brüder als Drucker in die Lehre ging, wurde so oft geschlagen, dass er schließlich von Boston nach Philadelphia floh. Man akzeptierte allerdings keine extreme körperliche Bestrafung und damals war die Kontrolle der Gemeinde über die Eltern vielleicht sogar besser als heute im anonymeren Umfeld der Städte. Der deutsche Lehrer bekam für sein Fehlverhalten jedenfalls eine Geldstrafe.

Viele westliche Familien im Mittelalter und in der Frühen Neuzeit schickten Teenager für mehrere Jahre zur Arbeit in einen anderen Haushalt, häufig mit dem Bewusstsein, dass eine fremde Familie das Kind wahrscheinlich nicht sehr freundlich behandeln würde. War dies nun ein Zeichen von Gefühllosigkeit oder stand dahinter der Wunsch, eine andere Familie solle die Disziplinierung der Kinder in dieser schwierigen Lebensphase übernehmen? (Ein Historiker schlug sogar folgende Deutung vor: Die Eltern liebten ihre Kinder tatsächlich, erkannten aber, dass man ihnen nach Eintreten der Geschlechtsreife Verstand einprügeln müsse, und überließen diese schmerzliche Aufgabe lieber anderen.) Oder wollte man einfach nur sicherstellen, dass die Kinder eine Lehre – damals die wichtigste Form der Ausbildung – machen konnten, und musste zudem, wenn man mehrere Kinder hatte und nicht alle zu Hause beschäftigen konnte, einige davon bei kinderlosen Paaren unterbringen, um auf diese Weise die Arbeitskräfte bestmöglich zu verteilen? Oder spielten gar all diese Faktoren eine Rolle? (Ein Problem bei der Debatte zwischen den Vergangenheitskritikern und den Revisionisten besteht darin, dass individuelle Abweichungen häufig vernachlässigt werden: Sicherlich waren manche Eltern sehr streng und waren vielleicht in der Lage, typische Methoden der Zeit anzuwenden, um diese Strenge auszudrücken, andere brachten den Kindern jedoch in größerem Maß aufrichtige Zuneigung entgegen und wandten diese Methoden aus anderen Gründen an und/oder glichen sie durch eine gefühlvolle Beziehung zu ihren Kindern aus.)

Schließlich haben die Revisionisten noch auf Aspekte des damaligen Kindseins hingewiesen, die – gerade im Hinblick auf manche charakteristische Einschränkungen unserer Zeit – sehr positiv gewesen sein können. Sie heben hervor, dass ganze Dörfer mit auf die Kinder aufpassten, so dass diese Kontakt zu vielen Leuten hatten und gleichzeitig unter dem Schutz vieler standen; darin zeigt sich ganz deutlich, wie sehr man – wenn auch nicht ganz so wie heute – auf Kinder bezogen war. Sie betonen darüber hinaus die Möglichkeiten für die Kinder, Freundschaften zu schließen – zum Beispiel auf Dorffesten; solche Anlässe boten zudem oft die Möglichkeit, sich in einem relativ toleranten Umfeld einmal richtig auszutoben. Außerdem heben die Revisionisten hervor, dass es den Kindern im Dorf möglich war, ohne strenge Beaufsichtigung durch die Eltern zu spielen. Altersunterschiede waren beim gemeinsamen Spiel kaum von Bedeutung und es fehlte auch die Vorstellung, dass das Spielen besonders lehrreich sein sollte. Die Kinder kannten viele traditionelle Spiele und waren sehr erfinderisch im Ausdenken von Spielsachen. Nicht wenige Gelehrte haben behauptet, dass die Möglichkeiten für Kinder, ihre spielerische Neigung auszuleben, mit dem Beginn der Neuzeit sogar abnommen hatten, unter anderem wegen der Schule und der zunehmenden Beaufsichtigung durch die Eltern – in gewisser Weise also ein Pluspunkt für die Jahrhunderte vor der Neuzeit.

Es mag wenig verwundern, dass sich die Debatten unter Historikern kaum von den generell in der Gesellschaft geführten unterscheiden und nicht immer zu neuen Erkenntnissen führen. Die an der Diskussion Beteiligten werden häufig dazu gedrängt, einen extremen Standpunkt zu vertreten, anstatt kompromissbereit zu sein und auch andere Meinungen gelten zu lassen. Gleichzeitig können diese Debatten jedoch, so hochtrabend dies nun klingen mag, zur Erweiterung unseres Wissens beitragen, und genau dies leistet die Diskussion über das Kindsein im traditionellen Westen. Mittlerweile ist sie zwar abgeflaut, doch es ist bei weitem noch nicht alles geklärt. Auf die Gefahr hin, ein wenig zu vereinfachen, können wir den jetzigen Stand der Dinge skizzieren.

Das Kindsein im Westen während des Mittelalters und der Frühen Neuzeit unterschied sich in vielem vom Kindsein nachfolgender Zeiten. Das hat zum großen Teil mit der Geburten- und Sterberate und den Arbeiten, die Kinder in allen bäuerlichen Gesellschaften ausführten, zu tun. Bestimmte Phänomene, wie zum Beispiel die verbreitete Sitte, Kinder zu einer Amme zu geben, müssen allerdings gesondert betrachtet werden. Abgesehen von den ganz extremen Revisionisten, räumen jedoch alle ein, dass sich zwischen dem Mittelalter und der Neuzeit eine ganze Reihe von Veränderungen in den Vorstellungen, Praktiken und Umständen ergeben hat – auch wenn zu Recht darauf hingewiesen wird, dass manche dieser Veränderungen später eintraten, als man annehmen könnte, und manche sich nicht so gleichmäßig und vollständig durchsetzten, wie der vereinfachende Begriff »modern« suggeriert.

Doch wie dem auch sei, so herrscht heute beträchtliche Übereinstimmung, dass frühere Versuche, wie zum Beispiel der von Ariès, den traditionellen Westen als völlig andersartige Kultur darzustellen, verfehlt waren. Man hatte damals durchaus die Kindheit als Lebensphase erkannt; und es gibt viele Anzeichen dafür, dass Eltern ihren Kindern Zuneigung entgegenbrachten. Natürlich waren die Menschen der damaligen Zeit in vielem anders, doch sie unterschieden sich nicht so sehr von den modernen, wie man zuerst angenommen hatte.

Und schließlich muss man die Annahme, dass »modern« nicht nur »ein wenig anders«, sondern auch »deutlich besser« bedeutet, sehr sorgfältig überprüfen – aber dazu werden wir später noch kommen. Heute spricht man zwar anders von Kindern – die Vorstellung, dass Kinder wie kleine Tiere sind, wandelte sich im 18. Jahrhundert –, doch die tatsächliche Einstellung der Erwachsenen hat sich vielleicht gar nicht so sehr verändert. Und zuletzt haben manche der Veränderungen vielleicht zu einer Verschlechterung im Erfahren des Kindseins geführt oder zumindest keine deutliche Verbesserung bewirkt. Mit anderen Worten: Das Kindsein im Mittelalter und der Frühen Neuzeit war auch nicht so schlecht, dass jede Veränderung automatisch einem Fortschritt gleichkam.

Die Diskussion über das Kindsein im Westen umfasst auch das koloniale Amerika. Quellen zeugen von erstaunlicher Härte und Strenge, zum Beispiel, wenn protestantische Pfarrer gegen die Erbsünde von Kindern wetterten und die Vorstellung vom Tod zu erzieherischen Zwecken einsetzten. Nicht nur in der Schule waren Kinder körperlicher Züchtigung ausgeliefert, sondern auch in der Kirche, wenn sie während eines langen Gottesdienstes einschliefen. Demgegenüber gibt es allerdings auch zahlreiche Anzeichen für Zuneigung und Kummer, und die Gemeinschaften trafen anscheinend Vorkehrungen gegen Misshandlungen. Kindsein bedeutete in Amerika jedoch in vielen Punkten etwas anderes als im Europa der Frühen Neuzeit – ein Umstand, der sich auch auf die Debatte über das Wesen des Kindseins in Europa auswirken kann. Da es in Amerika mehr Land zu bewirtschaften gab, bestand ein entsprechend größerer Bedarf an Arbeitskräften, genauer gesagt Kindern; folglich stieg die Geburtenrate im 17. und 18. Jahrhundert an. Die Sterbeziffer war, zum Teil wiederum wegen des größeren Nahrungsangebots, niedriger, obwohl sie wahrscheinlich bis zum späten 18. Jahrhundert in den dichter besiedelten Gegenden zunahm. Wegen der Notwendigkeit von Kinderarbeit, der niedrigeren Kindersterblichkeit und der offenen Grenze gingen amerikanische Familien vielleicht etwas sorgsamer mit ihren Kindern um als europäische Familien und hatten ein größeres Interesse daran, sie wirklich glücklich zu sehen – denn letztlich war das entscheidend, damit sie bei der Familie blieben. (Das Davonlaufen und die Entführung von Kindern wurde zu einem düsteren Element in der amerikanischen Populärkultur.) Dementsprechend scheint man in amerikanischen Familien mindestens ab dem späten 18. Jahrhundert erstaunlich offen für den Beitrag der Kinder zum Familienleben gewesen zu sein – man war bereit, Kindern zuzuhören und ihre Meinungen zu berücksichtigen. Diesen Eindruck bekamen zumindest viele europäische Beobachter; manchen von ihnen gefiel diese »Demokratie« innerhalb der amerikanischen Familie, andere dagegen fanden die Kinder unerträglich. Nach heutigen Maßstäben wurden sicherlich auch die amerikanischen Kinder dieser Zeit recht streng erzogen und zu Zurückhaltung und Gehorsam angehalten; doch neben beträchtlichen Übereinstimmungen entwickelten sich vielleicht schon sehr früh Abweichungen von den europäischen Traditionen.

Eine entscheidende Frage, auf die wir nur durch Vergleiche eine Antwort finden, fehlt bislang noch in der Debatte über den westlichen Umgang mit Kindern: Lassen sich am westlichen Kindsein des Mittelalters und der Frühen Neuzeit im Vergleich zu den Mustern in anderen bäuerlichen Gesellschaften besonders außergewöhnliche Merkmale feststellen? Die Debatte hat schließlich zum Teil einige grundlegende Unterschiede zwischen Kindern in einem bäuerlichen und Kindern in einem moderneren Umfeld aufgedeckt, was allerdings für den Vergleich verschiedener Gesellschaften derselben Epoche keine besondere Rolle spielt. Doch vielleicht stoßen wir auf einige typische Merkmale der westlichen Kultur, die es uns ermöglichen, das mittelalterliche und frühneuzeitliche Kindsein noch von einem zusätzlichen Blickwinkel aus zu betrachten.

Dabei verdienen vor allem zwei Merkmale der westlichen Kultur Beachtung. Eines davon ist natürlich der christliche Glaube. Die Darstellung der Geburt Jesu in der christlichen Kunst lässt vermuten, dass die Religion in vielerlei Hinsicht das Verständnis für Kinder förderte. In der Bibel finden sich viele Geschichten, in denen die religiöse Bedeutung des Kindes hervorgehoben wird, und Jesus selbst sagt: »Lasst die Kinder zu mir kommen.« Fraglos konnten sich auch Kinder für christliche Ideen begeistern, bisweilen mit extremen Folgen: Im Jahre 1212 warben zwei junge Leute, ein Teenager namens Stephan von Vendôme in Frankreich und Nikolaus von Köln in Deutschland, für einen Kinderkreuzzug; scharenweise wurden Kinder zur Rückeroberung des Heiligen Landes aufgerufen, das man wieder an die Muslime verloren hatte. Stephans Truppe gelangte bis zum Hafen von Marseille, wo sie in die Sklaverei verkauft wurde, während die von Nikolaus geführte Truppe zurückgeschickt wurde. Möglicherweise liegt diese ganze Episode der Geschichte vom Rattenfänger zugrunde.

Trotz aller Anziehungskraft und Verbindungen, die sich zwischen dem Christentum und Kindern aufzeigen lassen, darf man freilich den außergewöhnlichen Glauben an die Erbsünde nicht übersehen, der bei einer Religion, für die Glaube und Erlösung unabdingbare Voraussetzungen sind, theologisch nachvollziehbar ist; auch wenn er sich auf die Behandlung vieler Kinder nicht tatsächlich auswirkte, so war er doch vorhanden und bildete unweigerlich die Grundlage für einen kritischen Umgang mit dem Kindsein und seinen typischen Merkmalen. Da die Kinder bereits mit der Erbsünde auf die Welt kamen, würden sie, wie es nun einmal die menschliche Natur war, weitere Sünden auf sich laden. Diese Vorstellung führte zu besorgten Diskussionen über das Schicksal der Seele von Kindern, die im Säuglingsalter starben, und in diesem Punkt gab es nicht nur eine Meinung; sie erklärt sicher auch, warum der Taufe als erstem Schritt, die Kinder von ihrer bösen Natur zu erlösen, so große Bedeutung zukam; allerdings führte der Gedanke an die Erbsünde auch zu der mehr oder weniger gut gemeinten Überzeugung, man müsse Kindern gegenüber strenge Disziplin walten lassen, damit ihre schlechten Neigungen sie nicht vom rechten Weg abbrächten. (Daneben gab es auch noch viele abergläubische Vorstellungen über Kinder: War zum Beispiel die Mutter während der Schwangerschaft erschreckt worden oder hatte ein Säugling gar ein Muttermal, so handelte es sich bei dem Kind um eine Hexe.)

Mit großer Wahrscheinlichkeit verleiteten manche christliche Vorstellungen dazu, den Kindern aus erzieherischen Gründen Angst vor dem Tod oder vor der Verdammnis zu machen; dies führte nach Meinung mancher Historiker bei den Kindern zu typischen, tief sitzenden Ängsten. So wurde zum Beispiel in den Vereinigten Staaten bis ins 19. Jahrhundert in vielen gewöhnlichen Lesebüchern die Vergänglichkeit des Lebens und die Notwendigkeit, jederzeit auf den Tod vorbereitet zu sein, hervorgehoben. Mit anderen Worten verstärkten christliche Vorstellungen möglicherweise die Auswirkung eines der Merkmale, von denen das Kindsein in jeder Gesellschaft des Mittelalters und der Frühen Neuzeit ohnehin bestimmt war. Außerdem ist denkbar, dass der Protestantismus, bei dem der Vorsehung und der menschlichen Sündhaftigkeit noch größere Bedeutung zukommen, auf viele Kinder weiteren Druck ausübte, zumal innerhalb der Familie der Vater die Rolle des Richters und Aufsehers übernahm. Ohne nun die Erziehungsmethoden vergangener Zeiten verurteilen zu wollen, wovon Historiker ohnehin Abstand nehmen sollten, lässt sich doch mit einiger Gewissheit sagen, dass die Kindheit im Westen, im Vergleich zum Kindsein in anderen Kulturen, einige charakteristische erzieherische und psycholgische Merkmale aufwies, manche davon intensivierten sich vielleicht sogar im 17. und 18. Jahrhundert.

Das zweite Merkmal der westlichen Kultur, das das Kindsein betraf, liegt in der besonderen Beschaffenheit der europäischen Familie, wie sie sich ab dem Spätmittelalter entwickelte. Für dieses eher ungewöhnliche Familienmodell war es bezeichnend, dass die Angehörigen der unteren Schichten relativ spät heirateten – das heißt, in der großen Mehrheit der Bevölkerung heirateten Frauen gewöhnlich mit 26 Jahren, Männer mit 27. Eine nicht unbedeutende Minderheit, meist diejenigen, die kaum Aussichten auf wirtschaftlichen Erfolg hatten, heiratete überhaupt nicht. Wahrscheinlich wollte man (durch das Hinauszögern der Heirat) die Geburtenrate begrenzen, um den Besitz nicht unter zu vielen Personen aufteilen zu müssen. Dies wirkte sich nicht nur auf die bloße Zahl der Kinder aus: Statt Großfamilien standen nun Kernfamilien im Mittelpunkt; es kam seltener zu Kontakt zwischen Kindern und Großeltern, weil die Eltern häufig schon tot waren, wenn junge Erwachsene endlich heiraten konnten. Die Arbeit in der Familie verteilte sich auf den Mann, die Frau, die Kinder, die dazu bereits in der Lage waren, und vielleicht noch eine fremde Arbeitskraft; dadurch wuchs wahrscheinlich die Verantwortung der Frauen für die Arbeit, was zum Teil erklärt, warum Säuglinge so fest eingewickelt wurden und warum man eine Amme beschäftigte. Ist die größere Arbeitslast vielleicht auch der Grund, warum man in der westlichen Kultur den Körperkontakt zwischen Mutter und Kind eher einschränkte, während die Mütter in anderen Kulturkreisen, zum Beispiel in Afrika, die Kinder während der Arbeit bei sich trugen und diese körperliche Nähe genossen? In Europa und im kolonialen Amerika zeigt sogar der Zeitpunkt der Geburt – überdurchschnittlich viele Kinder kamen, wohl von den Eltern so beabsichtigt, im Februar und März zur Welt, damit sie die Frauen möglichst wenig bei der Arbeit störten –, wie wichtig die Arbeit war und wie wenig Zeit den Eltern folglich überhaupt für Kinder blieb.

Mit dieser Regelung riskierte man offensichtlich, dass die Spannung zwischen den Generationen noch größer wurde, als sie es sowieso schon war, sobald die Kinder das Ende der Jugend erreicht hatten. Wo Kinder erst dann heiraten konnten, wenn sie auch über Besitz verfügten und zu diesem meist erst nach dem Tod des Vaters kamen, war das Verhältnis zwischen Kindern und Vater mit großer Wahrscheinlichkeit sehr gespannt. In den amerikanischen Kolonien suchten manche Väter, dem vorzubeugen, indem sie schon zu Lebzeiten etwas Land abtraten (im Vergleich zu Europa gab es natürlich ungewöhnlich viel davon), aber selbst dort kam es zu vielen erbitterten Auseinandersetzungen und manchmal sogar zu Gewalt. Im Frankreich des 18. Jahrhunderts fielen vor allem ältere Väter Morden zum Opfer – begangen von Söhnen, die nicht länger auf ihr Erbe warten wollten. Selbst ein Bauer, dessen Vater eines natürlichen Todes starb, sagt noch mit Gleichmut, wenn nicht sogar mit Gehässigkeit: »Heute starb mein Vater. Ich ging zum Pflügen aufs Feld.«

Dieses in Europa übliche Familienmodell funktionierte letztlich nur, weil man das Sexualleben junger Leute überwachte. Die meisten Menschen konnten erst mehr als ein Jahrzehnt nach dem Eintreten der Geschlechtsreife heiraten. Zugleich sprachen sowohl religiöse Vorschriften als auch die Notwendigkeit, eine Belastung der Familie durch ungewollte Geburten zu verhindern, gegen den Geschlechtsverkehr vor der Ehe. Die Dorfgemeinschaft beobachtete das sexuelle Verhalten der Jugendlichen aufmerksam und ließ nicht zu, dass einzelne Paare zueinander fanden, bis wirklich die Aussicht auf Heirat bestand; war dies der Fall, so kam es durchaus zu Geschlechtsverkehr, so dass nicht wenige Frauen bereits vor der Hochzeit schwanger waren; die Kinder kamen dann allerdings erst einige Zeit nach der Hochzeit zur Welt. Naturlich gab es auch uneheliche Kinder, doch ihre Zahl war insgesamt relativ niedrig, sie lag bei zwei bis drei Prozent aller geborenen Kinder. Die Jugendlichen im Westen mussten also wegen der späten Heirat außergewöhnliche Einschränkungen hinnehmen und es ist durchaus aufschlussreich, der Frage nachzugehen, zu welchen Spannungen dies bei einzelnen Personen führte und welche Möglichkeiten man fand, um sich anderweitig auszuleben. Eine bestand darin, dass man es einem Paar häufig erlaubte, beieinanderzuliegen – jedoch bekleidet –, eine andere dagegen (über deren Häufigkeit wir nur Vermutungen anstellen können), Tiere für sexuelle Zwecke zu verwenden. Vor allem in den Städten kam es auch zu einem Anstieg der Prostitution.

Vergleiche lassen darauf schließen, dass man im Westen aufgrund des Zusammenwirkens religiöser Lehren und bestimmter Regelungen innerhalb der Familie auf ganz eigene Art mit kleinen Kindern und Jugendlichen umging. Natürlich gab es trotz der Unterschiede auch manche Gemeinsamkeiten mit anderen Kulturkreisen. So war zum Beispiel das Einwickeln der Kinder nicht nur im Westen verbreitet, auch wenn die Kinder dort, weil die Mütter durch die Arbeit abgelenkt waren, wohl häufiger allein waren. Ebenso wurden Kinder im Vorderen Orient sehr streng erzogen, obwohl man dort mehr darüber diskutierte als im Westen, und die Angst vor Sünde kannte man auch im Islam. Außerdem legte man fast überall auf den Gehorsam der Kinder Wert.

Zweifellos besteht jedoch ein großer Kontrast zwischen dem langen Zeitraum der Jugend im Westen und dem für den Vorderen Orient typischen Bestreben, ohne große Verzögerungen von der Kindheit zum Erwachsenenalter überzugehen – auch dann konnte die Großfamilie die Arbeit der jungen Erwachsenen noch kontrollieren. Das westliche Muster mag einige Vorteile gehabt haben, doch es führte daneben zu größerer Unzufriedenheit. Viele Unruhen in westeuropäischen Städten gehen wohl darauf zurück, dass man jungen Männern noch keine volle wirtschaftliche Eigenständigkeit zugestand.

Im Westen war der Umgang mit kleinen Kindern, da sich darin die Vorstellung von der Erbsünde widerspiegelte, wohl weniger nachgiebig als anderswo, ja man redete den Kindern sogar Schuldgefühle ein. Dazu kam vielleicht noch, dass die Mütter, angesichts der vielen Arbeit, die in den Kernfamilien anfiel, weniger Zeit für die Kinder hatten und ihnen weniger Aufmerksamkeit schenken konnten. Wirkten sich diese Besonderheiten auch auf die Gesellschaft als Ganzes aus? Es ist sicher aufschlussreich, wie wir im nächsten Kapitel noch sehen werden, dass eines der ersten Anliegen westlicher Reformer der Umgang mit kleinen Kindern war, vom Einwickeln bis hin zur Vorstellung von der Erbsünde. Dieses Anliegen war nicht das Ergebnis sorgfältig durchgeführter Vergleiche, vielmehr kann man davon ausgehen, dass sich ein Bewusstsein für manche Nachteile des damaligen westlichen Umgangs mit Kindern entwickelt hatte.

Tatsächlich begannen sich die für das Mittelalter und die frühe Neuzeit charakteristischen Merkmale des westlichen Kindseins ab dem späten 17. Jahrhundert zu wandeln, auch wenn sich viele ältere Sitten und Vorstellungen noch lange Zeit hielten. Dieser Wandel führte nach und nach zu Modifikationen mancher traditioneller christlicher Anschauungen, einschließlich der vielbeschworenen Erbsünde, sowie mancher Merkmale der europäischen Familie, wie zum Beispiel des sturen Festhaltens an der Ausübung sexueller Kontrolle. Letztlich sollte der veränderte Umgang mit Kindern nicht nur im Westen selbst, sondern, durch seinen Einfluss, auch in anderen Teilen der Welt Bedeutung erlangen; während des Großteils der Epoche, von der in diesem Kapitel die Rede war, ahmte der Westen eher andere nach, fand jedoch selbst – ausgenommen in Amerika, wohin bis zum 17. Jahrhundert eine Ausprägung des westlichen Kindseins exportiert worden war –, keinerlei Nachahmung.

Mit den größeren Veränderungen innerhalb der westlichen Erfahrung werden wir uns im nächsten Kapitel befassen, doch eines sei hier schon angemerkt. Erste Anstöße für den Wandel des westlichen Umgangs mit Kindern kamen aus intellektuellen Kreisen. Im späten 17. Jahrhundert behauptete John Locke, Kinder seien in keiner Weise von der Erbsünde verdorben, ihre Seele sei vielmehr eine *tabula rasa* und sie könnten durch sorgsame Erziehung Fortschritte machen. Im darauffolgenden Jahrhundert griffen viele Denker der Aufklärung dies auf, verdammten traditionelle christliche Vorstellungen wegen des Schadens, den Kinder (neben anderem Unheil) dadurch erlitten hätten, und forderten mehr Aufmerksamkeit für die Schulbildung. Andere Intellektuelle, wie Jean-Jacques Rousseau, setzten sich darüber hinaus mit großer Leidenschaft für die Anerkennung der Individualität von Kindern ein, für eine Erziehung, die dem Kind Wertschätzung entgegenbringt, und ein Schulsystem, das die Kreativität der Kinder fördert. Was waren die Ursachen für diesen bedeutenden Sinneswandel, der unleugbar noch weitere Veränderungen bewirkte, die Kinder unmittelbar betrafen – von einer individuelleren Namensgebung bis hin zu neuen Formen der Schulbildung für die breite Masse? Offensichtlich führte der wachsende Einfluss der Wissenschaft, die die traditionelle Religion in Frage stellte und deutlich vor Augen führte, dass Wissen über die Grenzen des christlichen Dogmas hinausgehen könne, zu einem Umdenken. Auch der zunehmende Reichtum vieler Europäer spielte eine Rolle; er erlaubte es ihnen, sich auf ganz andere Weise um Kinder zu kümmern – dies war spätestens bis zum Ende des 18. Jahrhunderts der Fall, als es unter anderem auch die ersten, eigens für Kinder gemachten Konsumgüter gab. Doch verbarg sich dahinter auch die Erkenntnis, dass manche Aspekte der westlichen Erziehungstradition nicht nur hart, sondern sogar kontraproduktiv waren, weil sie zu Spannungen zwischen Eltern und Kindern führten und die Talente der Kinder nicht optimal genutzt wurden? Es deutete eigentlich nichts darauf hin, dass sich der Westen mit seinen typischen Traditionen als Ausgangspunkt für die später weltweite Tendenz, Aspekte des Kindseins zu überdenken, besonders eignen würde; aber vielleicht gaben gerade die Unzulänglichkeiten der westlichen Tradition den Anstoß zu weiteren Veränderungen.

Selbst mit den nun folgenden Veränderungen bleibt das traditionelle westliche Kindsein historisch bedeutsam, zum Teil deshalb, weil es Gegenstand heftiger und letztlich aufschlussreicher Debatten war. Frühere Sitten starben im Prozess des Wandels nicht aus. Man gab Kinder länger in die Obhut einer Amme, als man angesichts der Kritik, die sich nun dagegen regte, erwartet hätte. Auch ältere Vorstellungen von Disziplin hielten sich noch. Der Historiker Philip Greven fand heraus, dass bestimmte Verhaltensmuster unter der Minderheit evangelikaler Christen in den Vereinigten Staaten eine klare Kontinuität aufweisen: Man hält strenge Disziplin noch immer für notwendig und auch die Beziehungen zwischen Eltern und Kindern sind nach wie vor von kaum verhaltener Wut geprägt. Eine weitere interessante Beobachtung: Als man in den westlichen Gesellschaften neue Möglichkeiten fand, Kinder überallhin mitzunehmen, behielt man beträchtliche körperliche Distanz bei, indem man die Kinder in Buggys oder Kinderwagen setzte; Bemühungen, Kinderwagen in afrikanischen Städten zu verkaufen, scheiterten im Großen und Ganzen, weil man es dort noch immer vorzog, die Kinder nahe am Körper zu tragen. Die Diskussion darüber, was es mit dem Kindsein im Westen auf sich hat, was daran besonders ist und welche komplexen Beziehungen zur Vergangenheit weiterhin bestehen, ist noch lange nicht abgeschlossen.

Weiterführende Lektüre

Philippe Ariès, *Geschichte der Kindheit* (2. Aufl., München 1975); Erik Erikson, *Der junge Mann Luther: eine psychoanalytische und historische Studie* (München 1958); Mary Hartman, *Households and the Making of History: a subversive view of the Western past* (New York 2004); Stephen Ozment, *Ancestors: the loving family in old Europe* (Cambridge, Massachusetts 2001); Linda Pollock, *Forgotten Children: parent–child relations from 1500 to 1900* (Cambridge 1983); David Hunt, *Parents and Children in History: the psychology of family life in early modern France* (New York 1972); Lawrence Stone, *The Family, Sex and Marriage in England 1500–1800* (New York 1977); Jean Delumeau, *Angst im Abendland: die Geschichte kollektiver Ängste im Europa des 14. bis 18. Jahrhunderts* (Hamburg 1989); Philip Greven, *Spare the Child: the religious roots of punishment and the psychological impact of abuse* (New York 1991); John Demos, *Past, Present and Personal: the family and life course in American history* (New York 1986).

KAPITEL 6

Faktoren des Wandels und das moderne Modell des Kindseins
Entwicklungen im Westen vom 18. Jahrhundert bis 1914

Historiker halten sich gewöhnlich mit Verallgemeinerungen zurück. Oft ziehen sie es vor, Beispiele zu nennen, die größere Zusammenhänge erkennen lassen, statt diese – auf die Gefahr hin, zu sehr zu vereinfachen –, explizit darzulegen. Des Weiteren beschränken sie sich meist auf bestimmte Orte und machen nur ungern Aussagen, die einen zu großen geographischen Raum betreffen. Wer sich mit der Globalgeschichte befasst, ist zwar nicht unbedingt ganz so vorsichtig wie der Rest der Fachwelt, sieht es jedoch verständlicherweise nicht gern, wenn in einer Diskussion der Westen zu sehr im Mittelpunkt steht; schließlich hat er es sich unter anderem zum Ziel gesetzt, ein ausgewogenes Verständnis der Vergangenheit zu vermitteln und dem Eindruck entgegenzuwirken, die Geschichte sei eine rein westliche Angelegenheit gewesen. Ein wichtiger Grund, warum man vom Standpunkt der Globalgeschichte aus das so genannte »Modernisierungsmodell« eher kritisierte, bestand darin, dass dem Westen in diesem Modell der vorderste Platz eingeräumt wurde und man (in den stark vereinfachten Darstellungen) davon ausging, dass der Rest der Welt dem Vorbild des Westens folgen würde; wäre dies nicht der Fall – so die weitere Argumentation –, dann stimme etwas nicht und man müsse eine Erklärung dafür finden.

Bei einer Beschreibung der jüngeren Globalgeschichte des Kindseins könnte zu viel Vorsicht jedoch in eine ganz falsche Richtung führen; also wagen wir uns lieber etwas weiter vor. Zu Beginn dieses Kapitels werden wir ein modernes Modell des Kindseins skizzieren, damit es uns nicht passiert, dass wir vor lauter Bäumen den Wald nicht sehen. Zwischen dem Kindsein in bäuerlichen Gesellschaften und dem für die moderne Zeit typischen Kindsein stehen drei große Veränderungen. Diese allein sind zwar nicht hinreichend, um alle Aspekte des Kindseins zu beschreiben, doch sie bringen unabhängig vom jeweiligen Ort mehrere Begleiterscheinungen mit sich. Darüber hinaus fanden diese Veränderungen zuerst in

Westeuropa und den Vereinigten Staaten statt. Andere Gesellschaften haben sie durch Nachahmung des Westens zum Teil übernommen, allerdings gibt es neben der bloßen Nachahmung auch noch andere Gründe für diese Dynamik. Man darf auch nicht vergessen, dass manche Gesellschaften sich noch im Prozess des Übergangs befinden. Wir haben es also mit einem modernen Modell zu tun, das noch nicht erstarrt ist, eventuell von manchen Gesellschaften sogar abgelehnt oder grundlegend verändert werden wird. Das soll nun aber nicht bedeuten, das an die moderne Zeit angepasste Kindsein ließe sich auf eine einfache Erscheinungsform reduzieren. Das moderne Modell zeitigte im Westen ganz andere Ergebnisse als anderswo. Den Westen wollen wir in diesem Kapitel betrachten, in den folgenden werden wir dann Vergleiche zwischen dem Westen und anderen Kulturkreisen anstellen.

Und schließlich versteht sich von selbst, dass das moderne Modell, obwohl es im Vergleich zu den Bedingungen in der Vergangenheit als »gut« erscheint – dies bedeutet letztlich nur, dass die meisten von uns so sehr daran gewöhnt sind, dass wir alternativen Modellen kaum etwas Positives abgewinnen können –, vielerlei Nachteile mit sich brachte. Manche davon kamen im Westen bereits im 19. Jahrhundert ans Licht, andere nehmen wir erst heute deutlich wahr. Weil das moderne Modell mit gravierenden Veränderungen verbunden war, rief es auch viele Ängste hervor, die teils selbst dort noch fortbestehen, wo das Modell etabliert zu sein scheint. Und nicht völlig zu Unrecht diskutiert man in einigen Gesellschaften nach wie vor darüber, ob das Modell – ganz unabhängig von der speziell westlichen Ausgestaltung – überhaupt angenommen werden soll. Das moderne Modell ist im Wesentlichen nicht sehr kompliziert, welcher Platz ihm in der Globalgeschichte zukommt, sollte jedoch nicht allzu vereinfacht dargestellt werden.

Das moderne Kindsein, wie es sich zuerst während des 18. und 19. Jahrhunderts im Westen entwickelte, ist von drei Grundgegebenheiten geprägt, die eng miteinander verbunden sind. Die erste und elementarste Veränderung besteht darin, dass nun immer mehr Kinder in die Schule gingen, statt zu arbeiten. Die Vorstellung, dass Kinder bereits sehr früh in der Familie mitarbeiten, im mittleren und späten Teenageralter dann für sich selbst sorgen und vielleicht auch positiv zur Bilanz der Familie beitragen sollten, war für die bäuerlichen Gesellschaften von zentraler Bedeutung gewesen. Im modernen Modell wich sie nun der Auffassung, dass kleine Kinder überhaupt nicht arbeiten, sondern lieber zur Schule gehen sollten; nach und nach erwuchs daraus die Ansicht, dies solle auch für Teenager gelten, hier wurde die Schule nun also ebenso zu einer Alternative zur Arbeit. Infolgedessen stellten Kinder – wie es viele Eltern auch bald erkannten – keinen wirtschaftlichen Vorteil mehr dar, sondern wurden zu einer reinen Belastung. Das Wesen und der Zweck des Kindseins mussten ernsthaft überdacht werden.

Dies wiederum begünstigte, zusammen mit der allgemeinen Tendenz zur Verstädterung, die die Beaufsichtigung der Kinder erschwerte, das zweite Merkmal des modernen Modells: die Entscheidung, die Größe der Familie so drastisch wie nie zuvor zu reduzieren. In bäuerlichen Familien hatte man normalerweise fünf bis sieben Kinder angestrebt, aber diese Zahl war nun, da Kinder mit Kosten verbunden waren (Geld für Nahrung, Kleidung und sogar für die Schulbildung), einfach nicht mehr tragbar. Es war nicht immer leicht, die Kinderzahl niedrig zu halten. In vielen Gesellschaften fanden komplexe Diskussionen darüber statt, welche Methoden moralisch vertretbar und praktikabel seien – Diskussionen, die derzeit, selbst in den Vereinigten Staaten, teils noch andauern. Auch für Erwachsene war es häufig schwierig, sich mit der neuen Situation zu arrangieren: Wie sollten die Verantwortlichkeiten innerhalb der Familie jetzt definiert werden, wo das Elternsein, zumindest an der Zahl der Kinder gemessen, weniger wichtig war? Unabhängig von den damit verbundenen Sorgen erwies sich der Prozess der Reduzierung der Geburtenrate als zentraler Bestandteil des modernen Modells für das Kindsein.

Der dritte wesentliche Wandel, den das moderne Modell mit sich brachte, bestand in einer drastischen Senkung der Kindersterblichkeit, die zuvor noch bei 30 bis 50 Prozent aller Kinder unter zwei Jahren gelegen hatte. Nicht überall sah der Zusammenhang mit der veränderten Geburtenrate gleich aus. Im Westen verringerte man zuerst die Geburtenrate, was zur Folge hatte, dass man sich intensiver um das Überleben der zur Welt gekommenen Kinder kümmerte, und dies wiederum erhöhte die Notwendigkeit der Geburtenkontrolle noch mehr. In den meisten anderen Erdteilen sank zuerst die Kindersterblichkeit, häufig als Ergebnis verbesserter hygienischer Bedingungen und staatlicher Gesundheitsmaßnahmen, was dazu führte, dass man, zum Teil um dies auszugleichen, die Geburtenrate unbedingt senken musste.

Wo auch immer sie eintraten, machten diese drei grundlegenden Veränderungen zusätzliche Anpassungen erforderlich. Wie zu erwarten, achtete man nun, neben den anderen Qualitäten, die ein Kind besitzen sollte, ganz besonders darauf, ob es intelligent war: Schulen und Prüfungen führten den Eltern vor Augen, dass messbare Intelligenz eine sehr positive Sache war.

Man trennte Kinder nun auch stärker nach Altersgruppen. In der Schule wurden sie meist bestimmten Klassen zugeteilt oder saßen innerhalb einer Klasse nach dem Alter geordnet. Außerdem wuchsen sie aufgrund der niedrigeren Geburtenrate nicht mehr mit so vielen Geschwistern auf, sie hatten also weniger Kontakt zu Kindern einer anderen Altersstufe, umso mehr jedoch zu gleichaltrigen Klassenkameraden. Diese Einteilung nach dem Alter beeinflusste auch die Vorstellungen, die Erwachsene sich von Kindern machten. Bis zum 20. Jahrhundert entstand zunächst im Westen, dann aber auch anderswo, ein großer Fundus von Fachwissen über die mit dem jeweiligen Alter einhergehenden Entwicklungsstufen sowie die jeweiligen kognitiven Fähigkeiten. Man ging dabei von altersspezifischen Mustern innerhalb und außerhalb der Schule aus und verschaffte ihnen Geltung (so mancher Kritiker würde jedoch eher behaupten, man maß ihnen zu große Bedeutung bei).

Auch die Beziehungen zwischen Erwachsenen und Kindern blieben vom modernen Modell nicht unberührt, obgleich sich dies auf ganz verschiedene Weise äußern konnte. Durch den Schulbesuch wurde die Beaufsichtigung der Kinder durch die Eltern eingeschränkt. Dies war für manche Eltern Grund zur Sorge, vor allem, wenn sie der Ansicht waren, dass die Schule eine andere soziale Schicht repräsentierte und andere ethnische oder religiöse Werte vertrat als die Familie. Dafür nahm jedoch der Kontakt zwischen Erwachsenen und kleinen Kindern aus einem einfachen Grund zu: Weil die Geburtenrate niedriger war und auch die Mädchen zur Schule gingen, waren weniger Kinder da, die auf ihre kleinen Geschwister im Vorschulalter aufpassen konnten. Also mussten sich entweder die Eltern (normalerweise die Mütter) um die Kinder kümmern oder man war auf fremde Hilfe, wie zum Beispiel auf ein Kindermädchen oder die Unterbringung in einer Tagesstätte, angewiesen. Und schließlich führte der Rückgang der Geburtenrate sowie der Kindersterblichkeit wahrscheinlich auch dazu, dass Eltern einzelnen Kindern (im Durchschnitt) größere Zuneigung entgegenbrachten. Allerdings lagen auch in bäuerlichen Gesellschaften die Kinder ihren Eltern am Herzen, man darf dies also nicht überbewerten. Weil aber eine Familie insgesamt weniger Kinder hatte und bei jedem Kind die Wahrscheinlichkeit, dass es starb, viel geringer war als vorher, stieg die emotionale Anteilnahme an einzelnen Kindern. Auch wenn die folgende Behauptung sowohl eine wirtschaftliche als auch eine emotionale Seite hat, so kann man doch sagen, dass die Neigung der Eltern, ihren Kindern gegenüber sehr nachsichtig zu sein und sie zu verwöhnen, in Gesellschaften mit geringer Geburtenrate eher zunimmt; Beweise dafür lassen sich zur Genüge finden, ob man nun den Westen ab dem späten 18. Jahrhundert betrachtet oder das China des frühen 21. Jahrhunderts.

Das moderne Modell des Kindseins hatte auch Auswirkungen auf die Geschlechterrollen. Diese waren allerdings so radikal, dass man sie oft lange Zeit nicht wahrhaben wollte. Die objektive Notwendigkeit, Unterscheidungen zwischen den Geschlechtern zu machen, verlor allmählich an Bedeutung. Da die Kinder seltener zur Arbeit herangezogen wurden – die ja gewöhnlich für Jungen und Mädchen unterschiedlich ausgesehen hatte – und man für Mädchen die künftige Rolle als Mutter – zumindest was die zu erwartende Kinderzahl anging – weniger stark hervorhob, musste man auch nicht unbedingt auf einem für Jungen und Mädchen grundlegend verschiedenen Erziehungsprogramm beharren. Außerdem konnten Mädchen und Jungen in der Schule gleich gut sein, auch wenn man dies nicht sofort erkannte; häufig waren die Mädchen sogar besser. In vielen Gesellschaften suchte man diese Veränderung lange Zeit zu verdecken, indem man zum Beispiel den Standpunkt vertrat, dass Jungen und Mädchen in verschiedenen Fächern unterrichtet werden sollten – keine technische Ausbildung für die Mädchen, dafür mehr Hauswirtschaftslehre, ja sogar eigene Lesebücher, wie es sie im späten 19. Jahrhundert in Frankreich gab; diese Bücher sollten ihnen ihre besondere Verantwortung für die Familie und ihre Aufgabe, den Mann zu unterstützen, vor Augen führen. Selbst dort, wo Mädchen und Jungen plötzlich gemeinsam unterrichtet wurden, wie zum Beispiel im Rahmen der Koedukation in Amerika in den 20er Jahren des 20. Jahrhunderts, fanden sich noch genug Möglichkeiten, den Unterschied zwischen den Geschlechtern während der Kindheit deutlich zu machen, beispielsweise durch getrennten Sport, unterschiedliche Kleidung, ja sogar durch unterschiedliche Farben (zu genau dieser Zeit führte man in der amerikanischen Konsumkultur Rosa für Mädchen Blau für Jungen ein). Dies ließ sich allerdings kaum mehr objektiv begründen und in den meisten Fällen schloss sich letztlich auch in der Praxis die Kluft.

Und schließlich führte das moderne Modell dazu, dass Kindheit und Erwachsenenalter im Vergleich zu den bäuerlichen Gesellschaften stärker voneinander getrennt waren. Die Kinder arbeiteten nicht mehr an der Seite

der Eltern, als die Arbeit sich (im Zuge der Industrialisierung) außer Haus
verlagerte und die Kinder in die Schule gingen. Zwischen der Kindheit und
dem Leben jenseits der Kindheit ließ sich nun nicht mehr so leicht eine
direkte Verbindung erkennen. Natürlich bereitete die Schule die Kinder auf
das Leben vor und vielen Leuten war dies durchaus bewusst; doch dieser
Zusammenhang konnte sehr abstrakt sein und tatsächlich verbrachten die
Kinder den größten Teil des Tages fern von der Welt der Erwachsenen – der
»wirklichen Welt«, wie man in Amerika nun bezeichnenderweise sagte.
Diese Trennung konnte sich auf die Haltung der Erwachsenen gegenüber
Kindern auswirken, die jetzt vielleicht als privilegiert erschienen, und sie
konnte es den Kindern erschweren, den Sinn in ihrem Leben zu finden, was
neuartigen Stress und Orientierungslosigkeit verursachte.

So sah also das moderne Modell aus: Schule, niedrigere Kindersterblichkeit, weniger Kinder in der Gesamtbevölkerung und in den einzelnen
Familien und daneben noch eine Reihe weiterer Konsequenzen. Im Folgenden soll betrachtet werden, wie sich dieses Modell im Westen entwickelte; dabei werden wir ganz besonders auf bestimmte westliche Vorstellungen achten, die zwar damit einhergingen, für das Modell an sich jedoch
nicht von grundlegender Bedeutung waren.

Das erste Merkmal, Schule statt Arbeit, lässt sich letztendlich darauf zurückführen, dass die Arbeit von Kindern im Zuge der Industrialisierung
häufig durch Maschinen ersetzt und nun vielerorts die Ansicht vertreten
wurde, ein gewisses Maß an Bildung sei unabdingbar für ein erfolgreiches
Leben als Erwachsener. Diese Tendenz war im Westen bereits durch frühere kulturelle Entwicklungen vorbereitet worden, die dann im späten
17. und 18. Jahrhundert Gestalt annahmen und noch vor dem deutlich
spürbaren Anstoß zur Veränderung zu einer neuen Vorstellung vom Kindsein geführt hatten. Anhand der großen Veränderungen des Kindseins lässt
sich sehr anschaulich zeigen, dass sich manchmal zuerst kulturelle Faktoren wandeln und allmählich auch Verhaltensänderungen bewirken, die
dann von anderen Entwicklungen, wie etwa der Mechanisierung, weitere
Impulse erhalten.

In zwei Punkten setzte ein Prozess des Umdenkens ein. Die wissenschaftliche Revolution und die Aufklärung hatten zur Folge, dass immer
mehr westliche Denker zu der Überzeugung gelangten, Kinder seien nicht
schon bei der Geburt »verdorben«, wie es die christliche, vor allem die
protestantische Doktrin von der Erbsünde besagte. Die Wissenschaft be-

wies, dass man sich von alten Vorstellungen trennen konnte und Kinder vernunftbegabt waren. John Locke vertrat die Ansicht, die Seele des Kindes sei bei der Geburt eine *tabula rasa*, das Kind sei lernfähig und seinem Wesen nach gut, oder zumindest neutral, wenn es nicht durch äußeren Einfluss verdorben würde. Diese Gedanken fanden weite Verbreitung und führten mehr und mehr zu der Vorstellung, die Kindheit solle dem Lernen gewidmet sein. An dieser neuartigen Ansicht entzündeten sich heftige Debatten und eine nicht unbedeutende Minderheit von Protestanten, vor allem in den Vereinigten Staaten, beharrte auch weiterhin auf der Erbsünde und der sich daraus ergebenden Notwendigkeit, Kinder streng zu erziehen und sogar zu bestrafen. Allmählich, im Verlauf von mehr als 100 Jahren, beeinflusste jedoch eine gemäßigtere Haltung das Denken der Mehrheit.

Die zweite Neuerung bestand darin, dass man die starke emotionale Bindung hervorhob, die eine erfolgreiche Familie, vor allem Mutter und Kinder, zusammenhalten sollte. Diese Betonung der Liebe innerhalb der Familie war etwas vollkommen Neues. Auf den Bildern angesehener Familien kam allmählich mehr Gefühl zum Ausdruck. Als Folge stellte man beim Tod eines Kindes seinen Kummer in zunehmendem Maß öffentlich zur Schau. Aufschlussreich ist auch, dass man nun die Meinung der Söhne und Töchter über ihre Verheiratung zu berücksichtigen begann und auch bereit war, die Hochzeit abzusagen, wenn ein älteres Kind sagte, es könne für den vorgesehenen Ehepartner keine Liebe empfinden.

Diese intellektuellen Entwicklungen lassen sich in Verbindung bringen mit anderen Veränderungen, die wir im 18. Jahrhundert im Westen fassen. Genannt sei zum Beispiel die Praxis der Namensgebung; immer weniger Familien auf dem Land gaben dem Kind erst dann einen Namen, wenn es über zwei Jahre alt war, und man verwendete auch den Namen eines verstorbenen Kindes nicht wieder. Dieser Wandel lässt auf die wachsende Zuneigung der Eltern zu den Kindern und auf die neue Anerkennung ihrer Individualität schließen. In vielen Teilen Europas verzichtete man nun darauf, die Kinder einzuwickeln und ließ ihnen stattdessen mehr Bewegungsfreiheit. Dies machte zwar die Beaufsichtigung der Kinder mühsamer, war für ihre Entwicklung aber gesünder. Es regte sich auch neue Kritik dagegen, Kinder einer Amme zu überlassen, wenngleich diese Sitte, wie wir bereits gesehen haben, in der Praxis nur langsam aus der Mode kam; Reformer forderten, dass die Mütter sich selbst um ihre Kinder kümmern und das mit dem Stillen durch eine Amme verbundene höhere Gesundheitsrisiko vermeiden sollten. Man riet den Eltern, bei der Erziehung weder Wut zu zeigen noch den Kindern Angst zu machen, aber natürlich veränderte sich das Verhalten nur allmählich und auch nicht vollständig. In Verbindung mit dem Wunsch, den Kindern Wissen zu vermitteln, machte man auch immer mehr Anschaffungen eigens für Kinder; zum ersten Mal erschienen Bücher, die speziell für Kinder geschrieben worden waren. Außerdem griffen immer mehr Eltern ein, wenn die Kinder einfach so spielten, und sahen es lieber, wenn sie sich sinnvoll beschäftigten. Prinzipiell erlangte auch die Jugend neue Beliebtheit: Immer mehr Erwachsene behaupteten, jünger zu sein, als sie tatsächlich waren – wenn sie denn überhaupt bezüglich ihres Alters schwindelten. Trotzdem wurden bestimmte Verhaltensregeln für Jugendliche komplizierter; da man in angesehenen Familien nun mehr Wert auf gepflegtes Benehmen legte, begann man auch, genau auf die Tischmanieren und die Haltung der Jugendlichen zu achten. Es wirkten also mehrere Veränderungen auf komplexe Weise zusammen; für die Kinder brachten sie nicht nur Positives mit sich.

Das Kindsein nahm nur allmählich seine moderne Gestalt an und gerade im Hinblick auf die Kinderarbeit blieb selbst 1914 noch einiges zu wünschen übrig. (Eines der Hauptargumente der Revisionisten, die den von Ariès angenommenen krassen Gegensatz zwischen Vergangenheit und Gegenwart anfochten, lautete, dass es bezüglich der Grundmerkmale des Kindseins eine gewisse Kontinuität gebe.) Als die Industrialisierung voranschritt und die Städte anwuchsen, fielen scharfsinnigen Beobachtern nicht die grundlegenden Veränderungen ins Auge, sondern vielmehr die neue Armut und Not. Viele Familien der Arbeiterschicht mussten ihre Kinder zu gefährlicher Arbeit in Fabriken schicken – die Erfahrung, arbeiten zu müssen, war zwar nicht unbekannt, doch das neue Umfeld wirkte verstörend. Nicht wenige Arbeiterfamilien, einschließlich einiger unverheirateter Frauen, die von ihren Arbeitgebern schwanger geworden waren, mussten ihre Kinder in Waisenhäuser und Kinderheime geben, wo sie im besten Fall hart arbeiten mussten und unter strenger moralischer Beaufsichtigung standen, im schlimmsten Fall misshandelt wurden. Viele Kinder lebten auf der Straße; nicht immer waren sie von ihren Eltern ausgesetzt worden, doch zweifellos befanden sie sich in einer gefährlichen Lage. Nicht wenige ließen sich zu kleineren Verbrechen hinreißen, wie sie von Charles Dickens in *Oliver Twist* beschrieben werden. Dennoch hielten diese Zustände, ohne leugnen zu wollen, dass viele schreckliche Dinge vorkamen, zumeist nicht lange an. Letztlich war es die Wende zur Schulerziehung, die das Kindsein im Großen und Ganzen umformte.

Vom späten 18. Jahrhundert an begann man, das bestehende Schulsystem zu erweitern und neu zu definieren. Es entstanden neue weiterführende Schulen zur Ausbildung der Elite, an der Grundschulausbildung für die Masse zeigten die Regierungen jedoch nur zögerlich Interesse; in Frankreich wurde 1833 ein Gesetz verabschiedet, das die Gründung von Schulen begünstigte, aber nicht vorschrieb. In den nordamerikanischen Bundesstaaten ging die Entwicklung schneller vor sich, bereits in den 30er Jahren des 19. Jahrhunderts führte man prinzipiell die Schulpflicht ein, allerdings nahmen noch immer viele Kinder nur sporadisch am Unterricht teil. Zwischen 1860 und 1880 wurde die Schulpflicht in der gesamten westlichen Welt eingeführt (die amerikanischen Südstaaten folgten diesem Beispiel jedoch erst nach 1900) und spätestens in den 90er Jahren des 19. Jahrhunderts konnte die große Mehrheit der Kinder schreiben und lesen. Für diesen Prozess waren nicht nur gesetzliche Bestimmungen ausschlaggebend, obwohl die Regierungen ganz entscheidend zur Förderung der Schulerziehung beitrugen, da sie sowohl für die Wirtschaft als auch für die Erfüllung der Rolle des Bürgers im modernen Sinn von Nutzen war. Ab den 60er Jahren des 19. Jahrhunderts erkannten in Frankreich auch bäuerliche Familien, dass ein wenig Bildung den Söhnen nicht schadete, denn nun, da man landwirtschaftliche Produkte an Großhändler verkaufte, schätzte man auch die Fähigkeit, lesen, schreiben und rechnen zu können; ein wenig später erschien es auch sinnvoll, die Töchter in die Schule zu schicken, da man hoffte, sie könnten die neuen Berufsmöglichkeiten nutzen und zum Beispiel Lehrerinnen werden. Neben der Schulpflicht wurden auch Gesetze verabschiedet, die die Kinderarbeit einschränkten, in erster Linie jedoch in den Fabriken; bis 1850 gab es in allen westlichen Gesellschaften Gesetze, wirkungsvolle Kontrollen fanden allerdings erst nach und nach statt. Jahrzehntelang gingen viele Kinder, vor allem in ländlichen Gebieten und in der Arbeiterschicht, in die Schule, arbeiteten daneben aber auch; doch die Tendenz war deutlich erkennbar und die Argumente, warum die Kindheit nicht der Arbeit, sondern dem Lernen gewidmet sein sollte, waren weitgehend anerkannt.

Allmählich schickten auch immer mehr Eltern der Mittelschicht, selbst der unteren Mittelschicht, ihre Kinder wenigstens für ein oder zwei Jahre auf eine weiterführende Schule. Ab den 40er Jahren des 19. Jahrhunderts entstanden in Amerika die ersten Highschools; in manchen europäischen Ländern führte man neben den Eliteschulen neue weiterführende Schulen ein, um der steigenden Nachfrage gerecht zu werden. Sowohl die Jugend als auch das Kindsein wurden neu definiert, wenngleich davon zunächst hauptsächlich die Mittelschicht betroffen war.

Während des größten Teils des 19. Jahrhunderts und darüber hinaus reduzierte man an immer mehr Orten die Geburtenrate. Die Mittelschicht und (in Amerika) die Grundbesitzer machten bereits in den 90er Jahren des 18. Jahrhunderts den Anfang. Die Arbeiterschicht und die Landbevölkerung folgten, besonders nach 1870, diesem Beispiel. In säkularen Gegenden, wie zum Beispiel in Frankreich oder in Kanada, ging dies schneller vonstatten als in Gegenden, die eher religiös geprägt waren. Dieser Prozess machte es erforderlich, noch einmal darüber nachzudenken, was Kind- und Elternsein eigentlich bedeuteten – Denkanstöße, die mitunter durchaus Anlass zur Beunruhigung gaben; außerdem waren die Unzuverlässigkeit und die Fragwürdigkeit der Verhütungsmethoden dem Prozess nicht gerade förderlich und viele Familien verließen sich lange Zeit in erster Linie auf sexuelle Enthaltsamkeit. Spätestens bis zum frühen 20. Jahrhundert waren sehr große Familien, vor allem in den Städten und unter der alteingesessenen Bevölkerung, jedoch schon eher eine Seltenheit. Zugegebenermaßen lässt sich noch um 1900 unter denjenigen, die vom Land in die Städte abwanderten, oder unter Einwanderern aus Süd- und Osteuropa, eine hohe Geburtenrate verzeichnen, aber die Menschen passten sich, oft sehr schnell, ihrer neuen Umgebung an.

Als letztes Mosaiksteinchen kam, im Westen wesentlich abrupter als anderswo, die Senkung der Kindersterblichkeit hinzu. Spätestens Mitte des 19. Jahrhunderts begann man, seinen Kummer über den Tod von Kindern auch nach außen hin zu zeigen und gab immer öfter den Eltern, insbesondere den Müttern, die Schuld am Tod der Kinder. Die Zeit war reif für neue Maßnahmen, die anfangs jedoch ohne großen Erfolg blieben. In nach wie vor kinderreichen armen Familien setzte man sogar darauf, dass einige Kinder sterben würden; ein deutscher Hilfsarbeiter beschreibt, wie seine überlastete Frau in der kleinen Wohnung auf- und abgeht und dabei immer wieder sagt: »Wenn sie nur sterben würden.« Ab 1880 erzielte man durch verbesserte Hygiene während der Geburt, Untersuchungen während der Schwangerschaft und städtische Einrichtungen, die Milch und Säuglingsnahrung zur Verfügung stellten, deutliche Ergebnisse. Während der folgenden 40 Jahre sank auf beiden Seiten des Atlantiks die Kindersterblichkeit von 25 bis 30 Prozent auf unter 5 Prozent. (Auch die Tatsache, dass man Kinder nun seltener von einer Amme stillen ließ, spielte bei dieser Entwicklung eine entscheidende Rolle.) Dadurch waren im Grunde die

Voraussetzungen für ein modernes Kindsein erfüllt, auch wenn sich noch weitere Verbesserungen ergeben sollten. Und damit wiederum war das moderne Modell des Kindseins bis zum frühen 20. Jahrhundert, trotz weiterhin bestehender regionaler und sozialer Unterschiede, in der ganzen westlichen Welt eingeführt.

Diese Veränderungen wurden noch von mehreren anderen Entwicklungen begleitet, die zwar generell zum modernen Modell passten, jedoch eher für den Westen typisch sind; in anderen Teilen der Welt konnten sie mit dem Modell einhergehen, mussten es aber nicht. Mehrere dieser Begleiterscheinungen sind nicht nur deswegen interessant, weil sie sich mit der allgemeinen Tendenz zur Übernahme des Modells in Beziehung setzen lassen, sondern auch deshalb, weil sie einen Kontrast zu früheren westlichen Traditionen darstellen, einschließlich christlicher Vorstellungen und der Spannungen, die mit der Jugend und der Arbeit verbunden waren. Es muss, zumindest prinzipiell, eine radikale Änderung der Weltanschauung erfolgt sein, weil sich diese modernen Tendenzen ganz gezielt gegen manche der Muster richteten, die zuvor die westliche Kultur bestimmt hatten.

Ein auffälliges Merkmal war die Idealisierung des Kindes, die auf intellektuelle Strömungen des 18. Jahrhunderts zurückzuführen ist. In der von der Mittelklasse rezipierten Literatur wurden Kinder als niedliche Unschuldsengel dargestellt, die voller Liebe waren und wiederum geliebt zu werden verdienten. Diese Vorstellung fand Verbreitung durch Geschichten und Abbildungen. Die Mutter erlangte neues Ansehen in der Familie als jener Mittelpunkt, von dem alle Liebe ausging; doch auch Geschwister sollten einander in Zuneigung verbunden sein, und selbst die Väter, die nun ja außer Haus arbeiteten, erfreuten sich am Familienleben. Auch wenn man diese neue Tendenz in vielen Familien sicherlich nicht ganz so wörtlich nahm, zeigen Tagebücher und Romane wie zum Beispiel *Betty und ihre Schwestern*, wie sehr sich manche Familien darum bemühten, dieses Ideal Wirklichkeit werden zu lassen. In diesem Modell war für Wut innerhalb der Familie kein Platz mehr, doch Kummer war ein beinahe willkommener Bestandteil der neuen Metaphorik. In der Mittelschicht und unter angesehenen Handwerkern bestimmte der Gedanke des Beisammenseins tatsächlich die Freizeit innerhalb der Familie. Von den 30er Jahren des 19. Jahrhunderts an wurde das Klavier als Mittelpunkt des gemeinsamen Singens in der Familie zu einem unverzichtbaren Möbelstück; auch die Vorstellung von Familienurlauben wurde immer populärer. Das

Feiern von Kindergeburtstagen, ein weiterer neuer Brauch, drückte die Zuneigung unter den Familienmitgliedern und die Anerkennung der Individualität von Kindern aus.

Die Vorstellung von der Herzensunschuld der Kinder hatte noch weitere Folgen. Die Verantwortung der Eltern, vor allem der Mütter, die Kinder vor schädlichen Einflüssen und Krankheiten zu bewahren, nahm zu. Viele Frauen bemühten sich sehr, ihren Kindern gegenüber ein sonniges Gemüt an den Tag zu legen. Für die Kinder selbst, besonders für Mädchen, wurde es in der Mittelschicht schwieriger, Unzufriedenheit zum Ausdruck zu bringen – in einem von Liebe erfüllten Heim sollte es schließlich keine Zwietracht geben. In den 60er Jahren des 19. Jahrhunderts ließ sich unter einer kleinen Zahl von Mädchen, vor allem Mädchen aus der Mittelschicht, eine neue Essstörung feststellen. Die moderne Krankheit *anorexia nervosa*, bei der das (häufig von liebenden Müttern zubereitete) Essen wieder erbrochen wird, war vielleicht eine indirekte Reaktion auf die erdrückende Liebe der Eltern, die man nicht direkt mit Worten ausdrücken durfte. Diese Krankheit nahm freilich später, als auch noch Schlankheitsvorstellungen hinzukamen, weiter zu. Auch wenn Jungen ein wenig mehr Freiheit hatten, man ihnen erlaubte, sich mit Freunden bei raueren Spielen auszutoben und sogar zu verhindern suchte, dass sie verweichlichten oder, wie ein neuer Ausdruck lautete, zu »Waschlappen« wurden, waren auch sie mit neuen Regeln konfrontiert, darunter den Einschränkungen, die ihnen strenge Manieren und die möglichst vollständige Beherrschung des Körpers auferlegten.

Sexualität ließ sich nur schlecht mit der gängigen Metaphorik der Herzensunschuld vereinen und stellte ein echtes Problem dar. Die Kinder der Mittelklasse, vor allem die Jungen, konnten nicht sehr jung heiraten, weil sie zuerst ihre Ausbildung beenden und sich beruflich etablieren mussten, bevor sie die Verantwortung für eine Familie übernehmen konnten. Gleichzeitig war es von größter Wichtigkeit, eine Familie nicht mit zu vielen Kindern zu belasten, natürlich schon gar nicht mit unehelichen. Die neue, große Bestürzung über Masturbation macht deutlich, dass das Thema Sexualität und Kinder mehr und mehr für Beunruhigung sorgte, und in der Praxis war sie auch für einige Erziehungsmaßnahmen verantwortlich. Im Extremfall wurden ein paar Kinder wegen unverbesserlichen Masturbierens in eine Anstalt eingeliefert, da man glaubte, diese Praxis verursache körperliche und seelische Störungen. Natürlich erwartete man, dass Kinder anziehend waren, und gerade die Mädchen erhielten mannigfache Unterweisung in der Kunst, schön auszusehen; schließlich sollten nun, da man theoretisch aus Liebe heiratete, die Männer dazu ermutigt werden, ihnen den Hof zu machen. Diese neuen westlichen Normen erforderten einen komplizierten Balanceakt: Sex galt als Tabu, doch aufreizendes Flirten war bis zu einem gewissen Grad sogar erwünscht. Diese Kombination war für manche Kinder, ja sogar für manche Erwachsene, sehr verwirrend.

Abgesehen von der Betonung der Herzensunschuld und den komplizierten Signalen, dass man sexuelle Bedürfnisse einzuschränken habe, kam es im 19. Jahrhundert noch zu einer weiteren entscheidenden Neuerung im Umgang mit Kindern: der Einführung des Konzepts der Adoleszenz. Dieser Begriff war bereits in den 30er Jahren des 19. Jahrhunderts aufgekommen, setzte sich aber erst im späteren 19. Jahrhundert durch, nachdem er von Kinderpsychologen wie dem Amerikaner G. Stanley Hall anerkannt worden war. Die Adoleszenz bezeichnete einen ganz speziellen Abschnitt der Kindheit, der vorher nicht eigens definiert gewesen, sondern unter die allgemeinere Kategorie Jugend gefallen war. Dieses Konzept, das zu dieser Zeit hauptsächlich für die Mittelschicht galt, ergab sich aus mehreren entscheidenden Veränderungen in der Erfahrung des Kindseins und den Vorstellungen vom Kindsein. Zunächst einmal bezeichnete die Adoleszenz die längere Zeit der Abhängigkeit derjenigen Kinder, die nun statt zur Arbeit auf weiterführende Schulen geschickt wurden. Sie brachte den zunehmenden Unterschied zwischen Teenagern und Erwachsenen zum Ausdruck. Außerdem bezeichnete sie die Zeit, in der junge Leute sexuell heranreiften, ihnen aber keine Möglichkeit gegeben war, ihre Sexualität auf akzeptable Weise auszuleben. Aufgrund der besseren Ernährung, des Kontakts zu einem größeren Personenkreis und den Verlockungen des Stadtlebens wuchsen Kinder in der westlichen Welt immer früher zur Geschlechtsreife heran: Während sie in Amerika im 18. Jahrhundert gewöhnlich mit 16 eintrat, setzte sie ab 1860 mindestens zwei Jahre früher ein. Diese nicht zu übersehende Veränderung machte es schwieriger, sexuelle Kontrolle auszuüben, die ja für die Wahrung der Werte der Mittelschicht unabdingbar war, und die Idee der Adoleszenz trug dazu bei, genau diese Spannung zum Ausdruck zu bringen. In einem noch allgemeineren Sinn definierte man mit der Adoleszenz auch eine für viele Kinder emotional verwirrende Lebensphase und half den Eltern zu verstehen, wieso nun die Beziehung zu ihren Kindern, trotz liebevoller Erziehung, für einige Zeit etwas problematisch wurde.

Das Konzept der Adoleszenz verursachte eine größere soziale Veränderung, die jedoch zwei Seiten hatte. Gerade weil sie sich so sehr von Erwachsenen unterschieden und weil man hoffte, man könne die kindliche Unschuld bewahren oder wiederherstellen, war es notwendig, dass Heranwachsende bei Gesetzesverstößen sowohl von der Polizei als auch von den Gerichten auf eigene Art behandelt wurden; mit jugendlichen Straftätern wollte man nicht wie mit erwachsenen Verbrechern umgehen. In jeder westlichen Gesellschaft setzten Reformer ab dem späten 19. Jahrhundert besondere Regelungen für jugendliche Straftäter durch, mit eigenen Gerichten und Strafeinrichtungen – so genannten Besserungsanstalten. Gleichzeitig wurden jedoch die Gesetze, die das Verhalten Jugendlicher bestimmten, dramatisch verschärft. Verhaltensweisen wie Randalieren, die in früheren Zeiten, als man darauf vertraute, dass die Jugend die Normen der Gemeinschaft als solches nicht in Frage stellen würde, geduldet worden waren, galten jetzt im anonymeren Umfeld der immer größer werdenden Städte als illegal. Ebenso verhielt es sich natürlich mit offenen sexuellen Aktivitäten, und besonders streng ging man mit jungen weiblichen Straftätern um. Man kämpfte um ein Alkoholverbot für Heranwachsende und, mehrere Jahrzehnte lang, auch um ein Rauchverbot. Für viele ältere Kinder wurde es immer schwieriger, den Anforderungen der Gesellschaft gerecht zu werden. Es entstanden verschiedene neue Institutionen, wie zum Beispiel die Pfadfinderbewegung, die den Jugendlichen dabei helfen sollten, die schwierige Übergangsphase zum Erwachsenendasein zu meistern, ohne dabei auf ungesunde oder gar illegale Methoden zu verfallen. Zugleich macht die (häufig übertriebene) Angst vor einem Ansteigen der Jugendkriminalität deutlich, mit welch zwiespältigen Gefühlen man die Adoleszenz im Westen während des 19. Jahrhunderts (und auch später noch) betrachtete.

Manche der Spannungen im neuen Umgang mit dem Kindsein, und auch in der neuen Situation, in der die Kinder sich fanden, wurden von der Klassenzugehörigkeit und geschlechtsspezifischen Faktoren noch verstärkt. Respektable Angehörige der Mittelschicht gingen davon aus, dass es ihnen gelingen würde, ihre eigenen Heranwachsenden im Zaum zu halten, aber in die Einwanderer oder die Arbeiterschicht setzten sie kein allzu großes Vertrauen. Als sich eine genauere Vorstellung davon ausbildete, was verantwortungsbewusste Eltern ausmacht, nahm auch die Überzeugung zu, dass viele Eltern dem nicht gewachsen seien. Die Klassenunterschiede erklären zum Teil, warum man auf Überwachung vertraute und noch zu einer Reihe anderer Maßnahmen griff, um gegen Eltern der Arbeiterschicht vorzugehen, einschließlich der moralisierenden Belehrung besonders anfälliger Gruppen wie zum Beispiel unverheirateter Mütter. Jugendliche aus der Arbeiterschicht entwickelten tatsächlich Interesse an Freizeitbeschäftigungen – zum Beispiel an den neuen Vergnügungsparks –, die die Mittelschicht missbilligte, und auch vorehelicher Geschlechtsverkehr wurde in der Arbeiterschicht manchmal geduldet, solange die Schwangerschaft auch zur Heirat führte. Das Anwachsen der Zahl der unehelichen Kinder unter Teenagern und jungen Erwachsenen im frühen 19. Jahrhundert rief die Mittelschicht zu neuer Wachsamkeit auf. An den gegensätzlichen Meinungen bezüglich der Moral von Kindern zeigt sich das Zusammenwirken der Normen der Mittelschicht und der krassen sozialen Unterschiede in den westlichen Gesellschaften des 19. Jahrhunderts.

Ein weiteres Thema, das für Meinungsverschiedenheiten sorgte, waren die Geschlechterrollen. Man war der Ansicht, Jungen und Mädchen seien sehr verschieden, und so sah man für sie natürlich auch verschiedene Rollen vor – die eines fleißigen Arbeiters oder Geschäftsmannes auf der einen und die der Ehefrau und Mutter auf der anderen Seite. Während die neue Metaphorik die Herzensunschuld aller Kinder (es sei denn derjenigen, die von schlechten Eltern verdorben worden waren) betonte, galten Mädchen als besonders unschuldig; man glaubte, Wut liege ihrem Wesen fern und sie seien weniger von sexuellen Begierden geplagt als Jungen. Diese Normvorstellungen erlegten Mädchen große Einschränkungen auf, auch wenn viele von ihnen den an sie gestellten Erwartungen gerecht wurden; ein Versagen, vor allem im sexuellen Bereich, wurde streng geahndet. Jungen aus angesehenen Familien sahen sich mit Schwierigkeiten ganz eigener Art konfrontiert. Man erwartete von ihnen, dass sie sich zu Hause sanftmütig verhielten, aber außerhalb des Heims tatkräftig handelten. Sie sollten sich während des Werbens um ein Mädchen an die sexuellen Einschränkungen halten (dennoch gab es hier, selbst in der Mittelschicht, einige Verstöße), aber sie sollten auch erkennen, dass Männer von Natur aus sexuelle Aggressoren seien. Manche fast schon erwachsenen Schüler konnten diesen Druck durch sexuelle Beziehungen zu Mädchen aus den unteren Schichten oder zu Prostituierten abbauen und genossen so ein Doppelleben, das den Mädchen der Mittelschicht vorenthalten war. Eine stark nach Geschlechtern getrennte Kindheit ist ein weiteres Erbe des typisch westlichen Verständnisses des modernen Kindseins. Während diese Trennung im 20. Jahrhundert immer unbedeutender wurde, hatte sie doch weiterhin

Auswirkungen auf den Westen selbst und auch auf die westliche Beurteilung des Kindseins in anderen Gesellschaften.

In den westlichen Gesellschaften des 19. Jahrhunderts gestaltete man das moderne Modell des Kindseins noch weiter aus und stellte gleichzeitig beinahe unerfüllbare Erwartungen an Kinder, woraus sich viele neue Einschränkungen ergaben. Am deutlichsten waren davon die Kinder der weniger angesehenen Schichten betroffen, die man mit Hilfe neuer Gesetze und moralisierender Appelle unter Kontrolle zu halten suchte, während man zugleich erklärte, warum es nicht so leicht sei, die kindliche Unschuld zu bewahren. Doch auch an die Kinder der Mittelschicht legte man anspruchsvolle Maßstäbe an. Gegen Ende des 19. Jahrhunderts behauptete der Wiener Psychologe Sigmund Freud im Wesentlichen, dass diese neuen Normen den natürlichen Neigungen von Kindern widersprächen und später frustrierte, sogar geisteskranke Erwachsene hervorbrächten. Im Allgemeinen sollte das Konzept der Adoleszenz dazu dienen, eine problematische Phase zu erklären, ohne dass man sich dabei von der Idealvorstellung von der Kindheit verabschieden musste.

Nicht alle diese Merkmale spielten für die demographische Entwicklung und die Einführung der Schulpflicht eine große Rolle, auch wenn sie zur damaligen Zeit äußerst wichtig zu sein schienen. Manche davon gingen im 20. Jahrhundert wieder verloren, während das moderne Modell des Kindseins weiterentwickelt wurde. Viele wurden von anderen Gesellschaften, die selbst an einer Erscheinungsform des modernen Kindseins arbeiteten, ignoriert oder modifiziert – auch wenn der Einfluss und die Einmischung des Westens so gewichtig waren, dass sich nur sehr schwer Wesentliches von Unwesentlichem unterscheiden ließ.

Weiterführende Lektüre

Zwei der ersten Veröffentlichungen über die grundlegenden Veränderungen: John Gillis, *Geschichte der Jugend: Tradition und Wandel im Verhältnis der Altersgruppen und Generationen in Europa von der 2. Hälfte des 18. Jahrhunderts bis zur Gegenwart* (Weinheim 1980); ders. und Philip Greven, *Protestant Temperament: patterns of childrearing, religious experience and the self in early America* (New York 1977); vgl. auch: Colin Heywood, *Childhood in Nineteenth-Century France: work, health and education among the »classes populaires«* (Cambridge 1988); Lee Shai Weissbach, *Child Labor Reform in Nineteenth-Century France* (Baton Rouge 1989); Joseph Kett, *Rites of Passage: adolescence in America, 1790 – present* (New York 1977); Stephen Humphries, *Hooligans or*

Rebels? An oral history of working-class childhood and youth 1889–1939 (Oxford 1981); J. Robert Wegs, *Growing Up Working Class: continuity and change among Viennese youth, 1890–1938* (University Park, Pennsylvania 1989); Rachel Fuchs, *Abandoned Children; foundlings and child welfare in nineteenth-century France* (Albany 1984); Peter N. Stearns, *American Cool: creating a twentieth-century emotional style* (New York 1998); Mary Jo Maynes, *Schooling in Western Europe, a social history* (Albany 1985); Ein neuerer Überblick: Paula Fass und Mary Ann Mason (Hg.), *Childhood in America* (New York 2000). Über demographischen Wandel: Ansley Coales und Susan Watkins (Hg.), *The Decline of Fertility in Europe* (Princeton, New Jersey 1986); Michael Haines, *Fertility and Occupation: population patterns in industrialization* (New York 1989); und Wally Seccombe, *Weathering the Storm: working-class families from the industrial revolution to the fertility decline* (London 1993). Eine bedeutende neuere Untersuchung: Steven Mintz, *Huck's Raft: a history of American childhood* (Cambridge, Massachusetts 2004).

KAPITEL 7

Entwicklungen neben dem modernen Modell

Unter dem Joch des Kolonialismus

Während in der westlichen Gesellschaft im 18. und 19. Jahrhundert das moderne Modell des Kindseins Gestalt anzunehmen begann, waren Kinder in vielen Teilen der Welt von Veränderungen ganz anderer Art betroffen. Diese waren nicht immer so augenfällig, wie diejenigen, die die moderne Neudefinition des Kindseins bedingte, führten jedoch in vielen Punkten auf dramatische Weise zu gegenteiligen Ergebnissen: Kindern wurde eher mehr als weniger Arbeit zugemutet, die Geburtenrate war häufig sehr hoch und auch die Sterbeziffer und die Zahl der Krankheiten übertrafen zweifellos die des Westens.

Drei miteinander zusammenhängende Entwicklungen, denen in der Globalgeschichte eine zentrale Bedeutung zukommt, brachten ab dem 16. Jahrhundert für viele Kinder weitreichende Folgen mit sich. Bei der Ersten handelt es sich um die enorme Ausdehnung des Sklavenhandels von Afrika auf den amerikanischen Kontinent und um das Phänomen der Sklaverei an sich. Die zweite Entwicklung besteht in der zunehmenden Kolonialisierung, vor allem Nord- und Südamerikas, durch die Europäer. Die dritte spiegelt sich, ganz generell, in der Steigerung der Produktion, um der durch den weltweiten Handel wachsenden Nachfrage gerecht zu werden.

Alle drei Entwicklungen wirkten sich auf Kinder aus, allerdings nur selten positiv. Manchmal wurden als Folge lediglich die Grundmerkmale des Kindseins im bäuerlichen Umfeld für die unteren Schichten deutlicher oder umfassender wirksam – dass Kinder hart arbeiteten, war ja, um gleich das offensichtlichste Beispiel herauszugreifen, nichts Neues; doch nun mussten sie manchmal sogar noch härter arbeiten als zuvor. Außerdem ergaben sich auch einige Konsequenzen, die zu neuen Herausforderungen für das Kindheitsverständnis und für die Kinder selbst zu neuen Demütigungen führten.

In diesem Kapitel werden wir Beispiele aus mehreren Regionen auswählen, uns aber besonders auf die über den Atlantik abgewickelte Sklaverei und die Entstehung neuer Formen des Kindseins in Lateinamerika konzentrieren, wo die Kinder europäischen, afrikanischen und einheimischen Einflüssen ausgesetzt waren, die sich auch allgemein in der Kultur niederschlugen.

Einige Historiker haben vor kurzem behauptet, vom 16. bis zum 19. Jahrhundert habe sich auf der ganzen Welt der Druck, härter arbeiten zu müssen, erhöht. Da an vielen Orten die Bevölkerungszahl angestiegen war, habe man mehr arbeiten müssen, um den Unterhalt der Menschen zu gewährleisten. Der wachsende Exportmarkt habe einen Anreiz geboten für Händler und Plantagenbesitzer, die wiederum zusätzliche Arbeitskräfte benötigten. Folglich hätten die Menschen auch im hohen Alter noch viel arbeiten und Erwachsene generell mehr produzieren müssen – und auch der Bedarf an Kinderarbeit sei drastisch gestiegen. Diese Argumentation ist plausibel, lässt sich jedoch ohne verlässliche Statistiken kaum beweisen. Klar ist allerdings, dass verschiedene Systeme, wie die transatlantische Sklaverei, die Arbeitsverhältnisse von Kindern, und daneben noch einiges andere, veränderten. Manche Auswirkungen waren bis 1900 spürbar, an einigen Orten sogar noch länger.

Im Jahr 1756 wurde Olaudah Equiano im Alter von elf Jahren aus seinem Dorf in Nigeria entführt und versklavt. Als jüngstes Kind der Familie war er von seiner Mutter verwöhnt worden, hatte sich in mehreren Sportarten geübt und auch kriegerische Fertigkeiten erworben. Die Gemeinschaft, in der er lebte, war sich der Gefahr von Entführungen durchaus bewusst und ließ die Kinder normalerweise beaufsichtigen, wenn sie spielten. Dennoch hatten sich zwei Männer und eine Frau Zugang verschafft, während Equianos Eltern auf dem Feld arbeiteten, und griffen sich ihn und seine Schwester. Beide Kinder waren von Angst und Schmerz erfüllt und »unser einziger Trost war es, einander die ganze Nacht fest in den Armen zu halten und uns gegenseitig mit unseren Tränen zu baden«. Kurz darauf trennten die Entführer sie voneinander. »Doch ach! Bald wurde uns auch der schwache Trost, miteinander zu weinen, geraubt«, wie Equiano sagt. Schließlich wurde der Junge mit verschiedenen anderen Gefangenen, deren Sprachen er kaum verstand, auf ein Sklavenschiff verladen, wo er unter anderem fürchtete, die weißen Matrosen würden ihn auffressen. Da er das Essen verweigerte, peitschte man ihn so lange, bis er gefügig war; zuletzt brachte man ihn zum Arbeiten auf eine Plantage in Barbados. Dort wurde er erneut Zeuge der tragischen Trennung von Kindern, diesmal durch Verkauf – »und es war herzerweichend, ihr Weinen beim schmerzvollen Abschied zu sehen«. »Warum müssen Eltern ihre Kinder, Brüder ihre Schwestern, Männer ihre Frauen verlieren? Wahrhaftig, dies ist eine neue Verfeinerung der Grausamkeit, die mit keinem Vorteil, der aus ihr erwächst, entschuldbar wäre, nur die Qual verschlimmert und sogar das Elend der Sklaverei noch mit weiteren Greueln vergrößert.«

Sklaverei hatte es in der Globalgeschichte natürlich auch vorher schon gegeben und für Kinder war damit immer potentiell ein Trauma verbunden gewesen. Erwachsene Sklaven waren aufgrund ihrer Arbeitskraft und ihrer Zeugungsfähigkeit sehr begehrt. Ohne Frage waren der neue Sklavenhandel und die Sklaverei in Amerika jedoch schlimmer als die meisten traditionellen Ausprägungen der Sklaverei. In muslimischen Gesellschaften war es zum Beispiel verboten, eine Sklavin von ihren Kindern zu trennen, und man schützte Sklavinnen, die ein Kind von einem freien Mann hatten. Meistens waren dort auch die Aufgaben, die Kinder zu erledigen hatten, leichter als im neuen, den Atlantik übergreifenden Wirtschaftsraum. In der amerikanischen Form der Sklaverei wurden Kinder, die man wie Equiano aus Afrika hertransportierte, mit einer wesentlich fremderen Kultur konfrontiert als gewöhnlich, auch wenn natürlich die Sklavenkinder der späteren Generationen eine Entwurzelung dieses Ausmaßes nicht mehr durchmachen mussten.

Zweierlei Erfahrungen prägten das Leben der Sklaven in Amerika: Zum einen galten für sie die Grundmerkmale des Kindseins der unteren Schichten, freilich in verstärkter Form, zum anderen sahen sie sich mit Problemen konfrontiert, die für sie gänzlich neuartig waren, wie wir weiter unten sehen werden. Die meisten afrikanischen Eltern hatten ohnehin Gehorsam von ihren Kindern erwartet und in ihrer Erziehung erhielten sich noch jahrzehntelang viele afrikanische Sitten, wie zum Beispiel, dass anstelle der Eltern Verwandte den Kindern einen Namen gaben. Ein weißer Beobachter sagt: »Nur ganz selten hört man aus dem Mund eines Kindes respektlose Worte gegen die Eltern.« Häufig passten ältere Sklaven auf die Kinder auf, während die Eltern arbeiteten – auch dies war nichts Neues. Und natürlich spielte auch die Arbeit an sich eine wichtige Rolle: Man erwartete, dass Sklavenkinder sehr früh zu arbeiten anfingen – »sobald wir auf den Beinen stehen konnten«, wie es ein Sklave in seinen Erinnerungen ausdrückt. Kleine Kinder sammelten Feuerholz; ab dem Alter von zehn Jahren arbeiteten Kinder auf den Feldern. Manche, vor allem Jungen, erlernten ein Handwerk. Daneben blieb auch etwas Zeit für Spiele und Feste in der Gemeinschaft.

Zu den grausameren Seiten der Sklaverei gehörte natürlich die Möglichkeit, durch Verkauf von der Familie getrennt zu werden – ganz gleich, ob ein Kind oder ein Elternteil verkauft wurde. In den Augen der Sklavenbesitzer stellten die Kinder schlicht und einfach Gegenstände dar, die einen gewissen Geldwert repräsentierten: »Ihr ältester Sohn ist 1250 Dollar in bar wert und die bekomme ich auch.« Die Angst vor der Trennung war sogar noch verbreiteter und größer als die Zahl der tatsächlichen Fälle, obwohl mit der Abschaffung des transatlantischen Sklavenhandels 1808 der Handel mit jungen Sklaven, die von den an der Küste gelegenen Staaten in den tiefen Süden oder den Westen der USA verkauft wurden, beträchtlich anstieg. Des Weiteren machten die Kinder die Erfahrung, dass sie sich den Weißen gegenüber in einer erniedrigenden Situation befanden. Es kam vor, dass sie als ganz kleine Kinder mit weißen Kindern spielten, doch bald lernten die Letzteren, sich wie Herren zu gebärden und verlangten, dass die Sklavenkinder den »jungen Gebietern« gehorchten. Weiße äußerten sich oft abfällig über das schäbige und schmutzige Aussehen der Sklavenkinder, das natürlich von der Armut und der Arbeit herrührte. Kinder, die ihre Grenzen überschritten, wurden meist hart bestraft. Ein Sklavenbesitzer spricht davon, ein »widerspenstiges« Mädchen, eine »sehr gefährliche Person« zu verkaufen. Häufig setzte es Peitschenhiebe. Die Sklaven bemühten sich sehr, ihren Kindern Respekt beizubringen. Den Jungen schärfte man ein, sie sollten »den Körper nach vorne beugen, dabei den Kopf gesenkt halten, das Gewicht auf den linken Fuß verlagern, mit dem rechten einen Kratzfuß machen und dabei sagen: ›Wie geht es dem jungen Herrn und der jungen Herrin?‹«. Selbst Sklavenbesitzer, die ein wenig Mitgefühl für ihre Sklaven empfanden und sie alle als Kinder ansahen, die zwar anstrengend, doch unabhängig vom Alter liebenswert waren, nahmen eine herablassende Haltung ein, die ihre eigenen Sprösslinge geradezu kopieren mussten. Und schließlich hatten Sklaven überall unter Einschränkungen zu leiden: Die meisten Besitzer widersetzten sich lange Zeit selbst einer minimalen Ausbildung für die Kinder. Dies ist besonders auffällig in einer Zeit, in der man in anderen Bereichen der Gesellschaft die Ausbildung von Kindern für sehr wichtig hielt; außerdem kamen damals viele Sklaven (wie Equiano) aus Afrika, wo die Familien eine bestimmte Ausbildung für notwendig erachtet hatten. Grausamkeit, nicht zu übersehende Verachtung und relativ große Entbehrungen bestimmten auf dem amerikanischen Kontinent für viele Menschen das Kindsein. Bis 1859 waren 56 Prozent aller Sklaven in den Vereinigten Staaten jünger als 20 und ihre Kindheitserfahrungen gruben sich tief in ihr Bewusstsein ein, ja prägten lange nach der Emanzipation noch das Bewusstsein späterer afro-amerikanischer Kinder.

Vom 17. bis weit ins 19. Jahrhundert kam es zu verschiedenen neuen Migrationsbewegungen; während die Erfahrung der Migration sicherlich nicht neu war, hatte doch ihre moderne Ausprägung verschiedene Auswirkungen auf Kinder. Manche Heranwachsende gingen allein in die Fremde, doch normalerweise wurden sie von der Familie unterstützt, die sie entweder wegschickte oder an einem neuen Ort empfing, oder beides. Selbst wenn sie mit der Familie reisten, fanden sich die Kinder oft in der Rolle des Vermittlers zwischen ihren Eltern und der neuen Heimat. Häufig lernten sie, um ein offensichtliches und wohl bekanntes Beispiel zum Thema Immigration zu nennen, die neue Sprache viel besser, als es ihren Eltern je gelang. Diese Funktion als Vermittler eröffnete den Kindern neue Möglichkeiten, brachte sie aber auch in Konflikt mit den Wertvorstellungen der Eltern und führte nicht selten zu Identitätskrisen.

Nicht wenige Kinder wurden, ohne dass ihnen dabei große Entscheidungsfreiheit zugekommen wäre, zur Migration gedrängt. Während des 18. und 19. Jahrhunderts schickten viele europäische Wohltätigkeitsorganisationen Kinder in die Kolonien, weil ihr Unterhalt zu Hause kaum gewährleistet werden konnte. Häufig verpflichtete man die Jugendlichen zur Kontraktarbeit und sie mussten dann in der neuen Heimat mehrere Jahre lang arbeiten, bevor sie ein unabhängiges Leben als Erwachsene führen konnten. Im späteren 19. Jahrhundert machten viele Asiaten diese Erfahrung, die an Orte wie Hawaii oder auf die Westindischen Inseln gebracht wurden, als man die Suche nach verfügbaren Arbeitskräften auf neue Gegenden ausweitete. Auch Erwachsene waren davon betroffen, doch die Beteiligung von Kindern war ein zentrales Merkmal, schließlich herrschte in bäuerlichen Gesellschaften die Auffassung, Kinderarbeit sei etwas ganz Normales. Und während Lehrverhältnisse für Kinder normalerweise ausgehandelt wurden – jedoch häufig von den Eltern oder einem Waisenhaus, nicht von den Kindern selbst –, wurden manche Kinder regelrecht zur Arbeit in die Fremde verkauft.

Auch von anderen Formen der Migration waren Kinder betroffen. Es kam häufig vor, dass europäische Männer, die in ferne Länder reisten, Kinder mit dortigen Frauen hatten, die sie dann in der Regel verließen, wenn sie wieder nach Hause zurückkehrten. In Kanada zahlte die Hudson's Bay Company solchen Kindern kleine Geldsummen aus. (Dass man uneheliche Kinder von eingeborenen Frauen verleugnete, war in protestantischen Ländern, vor allem Großbritannien, üblich; in katholischen Ländern, wie Frankreich oder Spanien, war die Sache komplizierter.) Da überdurchschnittlich viele Männer in ein fremdes Land gingen (nicht wenige davon unfreiwillig), gab es in Europa und Afrika immer mehr Familien, die allein von der Mutter geführt wurden. Wenn jedoch die Mütter die Väter begleiteten, gab man die Kinder oft in die Obhut weiblicher Verwandter.

Die Auswirkungen der Migration – auf die Migranten selbst und auf die Gesellschaften, die sie aufnahmen – verbanden sich oft mit den allgemeineren Folgen des europäischen Kolonialismus, wie es am Beispiel Lateinamerikas deutlich wird. Als die Spanier und die Portugiesen Lateinamerika ab dem späten 15. Jahrhundert kolonialisierten, beeinflussten sie auch das Kindsein in vielerlei Hinsicht. Der große Bedarf an Arbeitskräften führte offensichtlich dazu, dass man vermehrt Kinder einspannte – wieder haben wir es mit einem Grundmerkmal bäuerlicher Gesellschaften zu tun, aber jetzt wurde es ganz anders wahrgenommen. Betrachtet man die Haltungen, die die Kolonialherren den Einheimischen allgemein entgegenbrachten, so fällt auf, dass sie häufig auch von dem Gedanken beseelt waren, man müsse das Kindsein reformieren, um die Untertanen in den Kolonien zu zivilisierten Menschen zu machen (natürlich entsprechend den Maßstäben der Eroberer). Durch sexuelle Beziehungen zwischen Europäern und Einheimischen, zu denen es nicht selten unfreiwillig kam, entstand eine Kultur, in der sehr viele Kinder, zumindest de facto, illegitim waren; dies wiederum erforderte soziale Regelungen, die es erlaubten, sich die Kinder zu Nutze zu machen und sich um sie zu kümmern. Die dafür gefundenen Lösungen ernteten jedoch häufig nur noch mehr Missbilligung von Seiten der kolonialen Führungsschicht.

Dass ein Bedarf an Arbeitskräften vorhanden war, steht außer Frage und natürlich setzte man auf den Zuckerplantagen in Brasilien oder auf den Westindischen Inseln auch Kindersklaven ein. Viele eingeborene amerikanische Kinder wurden zusammen mit ihren Eltern dazu gezwungen, auf lateinamerikanischen Plantagen zu arbeiten, insbesondere auf den Encomiendas (sehr große Landgüter, die den Konquistadoren von der spanischen Krone mitsamt den darin lebenden Eingeborenen übertragen worden waren), wo das Ausmaß der Zwangsarbeit außerordentlich groß war. Schon vor der Eroberung durch die Europäer mussten Kinder der Pflicht zur Arbeit Folge leisten, doch nun kam als neues Element Zwang hinzu und die Arbeit wurde nicht mehr für die Gemeinschaft, sondern für die europäischen Herren ausgeführt.

Weil die Inkas und die Azteken schon lange in einer bäuerlichen Wirtschaftsform gelebt hatten, unterschied sich ihr Kindheitsverständnis gar nicht so sehr von dem der Europäer. Auch sie legten nicht nur großen Wert auf Arbeit, sondern auch auf Gehorsam. Die Azteken kannten eine ganze Reihe von Bestrafungen für Kinder ab dem Alter von ungefähr acht Jahren, darunter Schläge und, als extremes Beispiel, das Einatmen des Rauchs von brennenden Chilischoten (was in etwa der Wirkung von Pfefferspray gleichkommt; die Kinder konnten daran sogar sterben). Auch bei ihnen spielte die Unterscheidung zwischen den Geschlechtern eine große Rolle. Trotz der Übereinstimmungen hatten die Europäer häufig jedoch nur Verachtung für die Sitten der Ureinwohner übrig. Oft waren ihnen die indianischen Kinder zu schlecht erzogen und ihre eigenen Vorstellungen vertrugen sich nicht mit denen der Indianer, wonach Kinder mehr Verpflichtungen gegenüber der ganzen Gemeinschaft als gegenüber der Familie hatten. Die europäischen Führer, allen voran die Missionare, bemühten sich sehr darum, traditionellen Praktiken, wie zum Beispiel dem Kinderopfer bei religiösen Ritualen, Einhalt zu gebieten. Auch mischten sie sich in lokales Brauchtum ein, indem sie einer kleinen Zahl einheimischer Kinder eine christlich geprägte Erziehung aufzwangen.

Am bemerkenswertesten ist jedoch, dass der Kolonialismus in Lateinamerika eine ungewöhnlich hohe Zahl unehelicher Kinder zur Folge hatte und dies wiederum blieb für diese Gesellschaft lange Zeit bezeichnend. Es lassen sich mehrere Gründe dafür anführen, warum es während der Kolonialzeit so viele illegitime Kinder gab. Selbstverständlich hatten viele europäische Männer sexuelle Beziehungen mit einheimischen Frauen, erkannten jedoch selten die daraus hervorgehenden Kinder offiziell an. Doch auch in den unteren Schichten kam es – zum Beispiel zwischen Mestizos, Mischlingen, und indianischen oder afrikanischen Frauen – häufig zu sexuellem Kontakt ohne vorherige Eheschließung, mit dem Ergebnis, dass auch hier viele Kinder unehelich zur Welt kamen und es viele Familien ohne Väter gab. Die Zahl aller unehelich geborenen Kinder war beträchtlich. In einer Gemeinde im brasilianischen São Paulo waren, hauptsächlich aufgrund sexueller Beziehungen zwischen verschiedenen ethnischen Gruppen, in den 40er Jahren des 18. Jahrhunderts 23 Prozent aller Kinder illegitim. Im 19. Jahrhundert stieg der Prozentsatz sogar weiter an – in manchen Fällen auf 30 oder gar 50 Prozent.

Für die Kinder selbst ergaben sich daraus ganz unterschiedliche Folgen. Manche Väter pflegten einen liebevollen Kontakt zu den Kindern, selbst wenn sie sie nicht offiziell anerkannten. Ein Plantagenbesitzer bestimmte in seinem letzten Willen, was sein unehelicher Sohn erhalten sollte: »einen Baldachin des Bettes, in dem ich schlafe und [...] vier meiner Hemden und vier weiße Hosen« – Geschenke, die wahre, persönliche Zuneigung ausdrückten. Andere Väter ignorierten die Kinder dagegen völlig. Alleinerziehende Mütter erhielten häufig große Unterstützung von anderen Familien; manche davon nahmen die Kinder sogar bei sich auf. Gewöhnlich stillte man nicht selbst, sondern übertrug dies einer Amme – auffälligerweise jedoch nicht in der Oberschicht, wo man, ganz anders als in Europa, erwartete, dass die Mutter sich selbst um ihr Kind kümmerte. Sehr viele Kinder in Lateinamerika wurden »herumgereicht«, das heißt, sie wurden zu Familien geschickt, die selber keine Kinder hatten oder eine zusätzliche Hilfe gebrauchen konnten; solche Familien profitierten häufig sehr von der Arbeit eines Kindes. Das Leben der Kinder war denn auch hauptsächlich von der Arbeit geprägt. Manchmal war sie mit extrem harter Bestrafung verbunden, in manchen Fällen sogar mit äußerster Grausamkeit. Andere Erwachsene gingen mit ihren »Kinderarbeitern« jedoch freundlicher um, behandelten sie im Wesentlichen wie Familienmitglieder und sorgten in ihrem Testament für sie vor. Seltsamerweise erlaubten die lateinamerikanischen Gesetze keine offizielle Adoption (dies änderte sich erst später im 20. Jahrhundert), aber de facto kam sie häufig vor. In einer chilenischen Stadt lebten um 1880 17 Prozent aller Kinder in Haushalten, die von Erwachsenen geführt wurden, die nicht ihre leiblichen Eltern waren. Nachschub an Kindern zum »Herumreichen« lieferten große Waisenhäuser: Dort wurden häufig Säuglinge aufgenommen und gestillt und später, wenn die Kinder fünf oder sechs Jahre alt waren, zum Arbeiten in andere Familien gegeben. Nach der Abschaffung der Sklaverei nutzten brasilianische Plantagenbesitzer noch einige Zeit lang die Arbeit von Waisenkindern, was letztlich nur die Sklaverei ersetzte.

Die lateinamerikanische Mittel- und Oberschicht missbilligte die Lebensweise der Kinder der Unterschicht sehr (auch wenn Männer der Oberschicht häufig mit Dienstmädchen oder anderen Angehörigen der Unterschicht Kinder hatten). Für diese Leute galten ganz und gar die europäischen Normen der Kindererziehung und diese sahen nun einmal konventionelle Familien mit Vater und Mutter vor. Folglich bezeichnete man die uneheliche Geburt als »infam« und behauptete, sie hinterlasse ein »anstößiges und

ENTWICKLUNGEN NEBEN DEM MODERNEN MODELL

schändliches Mal«. Nur aus Familien mit Vater und Mutter konnten Kinder hervorgehen, die »gebildeter waren, ihren Eltern Respekt entgegenbrachten und fleißig arbeiteten«. Ab dem späteren 19. Jahrhundert, als man die europäischen Maßstäbe gar als ausschlaggebend für den Grad der Zivilisiertheit ansah, nahm die Empörung weiter zu. So pries ein chilenischer Politiker 1928 Europa wegen des dortigen Familienlebens, das sich von dem der Unterschicht in seinem eigenen Land abhob, »in dem«, so seine Worte, »Unehelichkeit die Norm ist, die Bevölkerung auf einer viel primitiveren Stufe steht […] und Rückständigkeit vorherrscht«. Man war besonders um die Gesundheit besorgt und nahm an, dass die Kinder der Unterschicht »Infektionen verbreiten, die die Bevölkerung zugrunde richten«.

Die Oberschichten und Regierungen Lateinamerikas passten ihre Regeln und Normen ab dem 19. Jahrhundert, zumindest was ihre eigenen Familien und ihre eigenen Vorstellungen anging, eindeutig dem modernen Modell des Kindseins an. Immer mehr Kinder gingen zur Schule. In den Gesetzen wurden jugendliche Straftäter nun besonders berücksichtigt. Man initiierte Kampagnen zum Kampf gegen die hohe Rate der Kindersterblichkeit und auch der Kindstötung. Dennoch blieben die Traditionen und Bedingungen bestehen, die eine ganz andere Ausprägung des Kindseins bestimmten: eines Kindseins, das, inmitten kaum definierter, oft jedoch effizienter Familienstrukturen, von der Arbeit beherrscht war. Das koloniale Erbe Lateinamerikas bedingte zwei völlig verschiedene Erscheinungsformen des Kindseins, von denen eine jede auf ihre eigene Weise funktionierte: Eine war an den modernen Vorstellungen orientiert, wie sie von den Europäern vorgegeben worden waren, die andere basierte im Wesentlichen auf den Maßstäben bäuerlicher Gesellschaften, wenn auch mit einigen besonderen Merkmalen, die auf den Kolonialismus zurückzuführen sind. Der Einfluss dieses Musters lässt sich selbst heute noch in vielen lateinamerikanischen Ländern erkennen.

Der Kolonialismus nahm nicht überall die gleichen Formen an wie in Lateinamerika. Doch stets spielte die Haltung der Kolonialherren eine Rolle, dass Eingeborene wie Kinder und die eingeborenen Kinder ganz besonders problematisch seien. Überall entstanden durch sexuelle Beziehungen zwischen Europäern und Einheimischen neue »Kategorien« von Kindern – wenn auch die Zahl der unehelichen Kinder nicht immer gleich hoch war. Allerorts gab es Kinderarbeit und es kam vor, dass Kinder den Kolonialherren selbst zur Arbeit zur Verfügung standen, entweder im

Haushalt oder auf den Feldern. Ab 1900 entwickelte sich überall ein krasser Gegensatz zwischen den Bemühungen, neue Einrichtungen für Kinder, wie zum Beispiel Schulen, zu schaffen – sei es nun von Seiten der Europäer oder einheimischer Reformer – und den tatsächlichen Bedingungen, unter denen die Mehrheit der Bevölkerung lebte.

Entwicklungen, die sich aus der Sklaverei, dem Kolonialismus und den neuen wirtschaftlichen Beziehungen ergaben, führten auch zu neuen Formen der Kinderarbeit und zu neuen Haltungen bestimmten Kindern gegenüber. Diese Entwicklungen fanden zur selben Zeit statt, wie die Ausprägung des modernen Modells des Kindseins. Und hier sehen wir nun eine entscheidende Ursache für die großen sozialen Unterschiede innerhalb bestimmter Gesellschaften, wie zum Beispiel in Lateinamerika, aber auch auf der ganzen Welt. Beide Modelle spielten eine bedeutende Rolle, doch am wichtigsten war ihre Unvereinbarkeit. Mit den Folgen hat die Weltgemeinschaft selbst im frühen 21. Jahrhundert noch zu kämpfen.

Kolonialismus und Sklaverei waren nicht die einzigen Faktoren, die das Kindsein in der frühen Neuzeit und dem 19. Jahrhundert außerhalb des Westens beeinflussten. Das Kindsein in China spiegelte, auch wenn es durchaus Veränderungen durchlaufen hatte, weiterhin viele Strukturen wider, die ihren Ursprung in der Antike oder im Mittelalter hatten und selbstverständlich in vielem mit dem modernen Modell kontrastierten. Am auffälligsten ist dabei die nach wie vor große Betonung des Gehorsams und harter Arbeit. In der Zeit zwischen 1600 und 1900, als in China immer mehr Städte entstanden, mussten Kinder wohl tatsächlich mehr arbeiten und man legte größeren Wert darauf, dass sie handwerkliche Fertigkeiten erlernten. Hier bestehen also Ähnlichkeiten zu den Entwicklungen in anderen Teilen der Welt. Während manche Kinder sich etwas Freiraum schufen und nicht alle Eltern gleich streng waren, schränkten viele Familien die Kinder beträchtlich ein, ja versuchten sogar, ihnen, zugunsten der Arbeit oder einer strengen Schulerziehung, das Spielen zu verbieten. Harte Bestrafungen waren an der Tagesordnung. Als vorbildlich galten nach wie vor Kinder, die im Wesentlichen die Eigenschaften Erwachsener zeigten. Ein Kind wurde dafür gelobt, dass es »fast den Ernst eines Erwachsenen hat«, während von einem anderen, das später ein angesehener Gelehrter wurde, gesagt wurde, dass es »mit ernstem, gesetztem Charakter zur Welt kam und sich nie am Spiel beteiligte«. Erst spät im 19. Jahrhundert gab es Anzeichen von Veränderungen. Die Regierung begann, neue Formen des Schulunterrichts in Betracht zu ziehen, einige Jugendliche und junge Erwachsene wurden ins Ausland geschickt, und auch Missionare brachten Veränderungen mit ins Land, zum Beispiel neue Kritik am Zusammenschnüren der Füße bei Mädchen. Manche Erwachsene fanden ein vielleicht neuartiges Vergnügen daran, Kindern neue, phantasievolle Anregungen zu geben. Doch genau wie in Lateinamerika dominierten noch immer die Grundgegebenheiten des Kindseins in bäuerlichen Gesellschaften, die hauptsächlich dadurch bestimmt wurden, dass Kinder immer mehr arbeiten mussten.

Weiterführende Lektüre

Ernest Bartell und Alejandro O'Donnell (Hg.), *The Child in Latin America* (Notre Dame, Indiana 2001) (mit Schwerpunkt auf der Gegenwart, aber mit einigen historischen Bezügen); Tobias Hecht (Hg.), *Minor Omissions: children in Latin American history and society* (Madison 2002); Dirk Hoerder, *Cultures in Contact: world migrations in the second millennium* (Durham, North Carolina 2002); Wilma King, *Stolen Childhood: slave youth in nineteenth-century America* (Bloomington 1991); Ping-chen Hsiung, *A Tender Voyage: children and childhood in late imperial China* (Stanford, California 2005).

Quelle der »Equiano«-Zitate: Paul Edwards (Hg.), *Merkwürdige Lebensgeschichte des Sklaven Olaudah Equiano, von ihm selbst veröffentlicht im Jahre 1789* (dt. Übersetzung von Brigitte Wünnenberg, Frankfurt 1990).

KAPITEL 8

Modernes Kindsein in Asien
Japan macht sich das neue Modell zu eigen

1984 gab die japanische Regierung eine Studie über den abnehmenden Gebrauch von Essstäbchen unter Schulkindern in Auftrag. Die Vorliebe für Messer und Gabel verbreitete sich rasant unter Kindern, die schneller essen und sich außerdem noch mehr an internationale Vorbilder anpassen wollten. Die Regierung aber hoffte, die Rolle der Tradition für die Vorstellung eines zugleich modernen und doch japanischen Kindseins stärken zu können. Dies ist vielleicht kein Ereignis von großer historischer Tragweite, in jedem Fall aber ein aufschlussreiches Lehrstück über das Wechselspiel von Fortschrittsgeist und Widerständen in einer der dynamischsten Gesellschaften der jüngeren Globalgeschichte.

Japans rasche Anpassung an den beispiellosen Druck des Westens ab den 60er Jahren des 19. Jahrhunderts war eine bemerkenswerte Entwicklung auf der internationalen Bühne. 1853 und 1854 liefen britische und amerikanische Kriegsschiffe in der Bucht von Edo ein und man verlangte, dass Japan seine Isolation aufgebe und sich dem Handel mit dem Westen öffne. Es folgte eine über zehn Jahre lang andauernde Auseinandersetzung, als japanische Politiker unter weiterer Einmischung des Westens darüber debattierten, wie man reagieren solle; währenddessen stürzte das Land mehrere Male nahezu in einen Bürgerkrieg. 1868 fiel jedoch eine Entscheidung und man entschloss sich zu umfassenden Reformen. Die Bedeutung dieser Ereignisse ist bekannt; nun bleibt noch zu ergänzen, welche Rolle eine nicht unwesentliche Neudefinition des Kindseins bei diesem Prozess spielte.

Bei ihren Besuchen Westeuropas und Amerikas erkannten die japanischen Reformer schnell die wesentlichen Merkmale des modernen Modells, allen voran die Schulbildung. Darauf waren sie nicht ganz unvorbereitet gewesen, denn Japan hatte bereits im frühen 19. Jahrhundert das konfuzianische und buddhistische Schulsystem ausgeweitet und konnte sich, gleich nach dem Westen, der weltweit niedrigsten Analphabetismusrate rühmen. Mehr als 30 000 Privatschulen waren zwischen 1800 und 1868 gegründet worden, so dass eine große Zahl der Bürger eine Grundschulerziehung genoss. Dennoch stellten das Bekenntnis zur Schulbildung für die Masse und das dafür erforderliche neue Engagement der Regierung einen großen Wandel dar, der erstaunlich viele weitere Veränderungen nach sich zog. Das Beispiel Japan lässt darauf schließen, wie viele sekundäre Folgen mit dem modernen Modell verbunden waren, zumindest wenn es, häufig mit großem Eifer, direkt vom Westen übernommen wurde.

Dennoch wurde das Kindsein in Japan nicht westlich. Politiker bemühten sich nach Kräften, ein echtes modernes Modell zu entwerfen, bei dem das Kindsein auch weiterhin von spezifisch japanischen Wertvorstellungen geprägt war – sei es auf traditionelle Weise oder mit Hilfe neuer Konstrukte, wie zum Beispiel einer ganz eigenen Form des Nationalismus. Auch hierin ist Japan ein äußerst lehrreiches Beispiel, das uns zur Vorsicht mahnt gegen eine allzu naive Übertragung unserer Vorstellung von Modernisierung auf andere Gesellschaften.

Und zuletzt stellte sich bereits in den 20er Jahren des 20. Jahrhunderts, spätestens aber nach dem Zweiten Weltkrieg heraus, dass Japan das Kindsein in anderen Teilen der Welt zu beeinflussen vermochte, besonders durch den Export von Konsumgütern. Die Schnelligkeit, mit der man die neuen Möglichkeiten wahrnahm, an Kinder zu verkaufen, ist ein faszinierendes Kapitel in der Geschichte von Japans erfolgreicher Anpassung und sollte letztlich obendrein zu einem bedeutenden Element der Globalisierung des Kindseins werden. Auch die von Japan ausgehenden Veränderungen erschweren jegliche Bemühung, die moderne Globalgeschichte des Kindseins aus rein westlicher Sicht zu beschreiben.

Schon bevor man das moderne Modell in Erwägung zog, hatte sich das Kindsein in Japan im Wandel befunden. Im frühen 19. Jahrhundert ging eine größer werdende Minderheit von Kindern, wenngleich überwiegend Jungen, zur Schule. Konfuzianische und buddhistische Privatschulen erfreuten sich wachsender Beliebtheit. Diese Entwicklungen erleichterten es Japan zweifellos, sich nach dem Beginn der Reformzeit 1868 auf eine umfassendere Umstellung auf eine ausbildungsorientierte Kindheit vorzubereiten. In anderer Hinsicht herrschten jedoch zum großen Teil noch immer die Bedingungen einer bäuerlichen Gesellschaft vor. Die meisten Kinder begannen sehr früh zu arbeiten. Es hatte sich noch kein ausgereiftes Konzept der Kindheit als eigenständige Lebensphase entwickelt, was zum Beispiel daran deutlich wird, dass man über erwachsene und jugendliche Delinquenten dieselben Strafen verhängte. Die dominierenden konfuzianischen Prinzipien betonten Hierarchie und Disziplin.

Während der 60er Jahre des 19. Jahrhunderts nahm die Debatte über eine Reform des Schulsystems an Hitzigkeit zu. Durch Auslandsreisen, die von der Regierung finanziert worden waren, gelangten Berichte über die Vorzüge der westlichen Erziehung nach Japan; viele der Reisenden sollten später zur Entstehung des Kultusministeriums beitragen. Besonderes Augenmerk richtete man auf die Notwendigkeit, mehr naturwissenschaftliche Fächer einzuführen und mit der konfuzianischen Gewohnheit zu brechen, die Wissen eher aus der Tradition als aus den neueren Errungenschaften schöpfte. Diese Diskussionen wurden mit großem Bedacht geführt, denn niemand befürwortete eine vollständige Verwestlichung; ein Politiker sagte 1868: »Man muss fremde Gelehrsamkeit in den Dienst Japans stellen.«

Als das Ministerium 1871 gegründet und dann im folgenden Jahr ein ehrgeiziges, neues Schulgesetz verabschiedet wurde, machten sich mehrere große Veränderungen bemerkbar. Erstens gewannen natürlich die Naturwissenschaften, die modernen Fremdsprachen (allen voran Englisch) und noch weitere, vorher unbekannte Fächer an Einfluss. Selbst in Familien, die ihren Kindern schon lange eine Schulbildung zukommen ließen, hatte dies zur Folge, dass die Kinder nun viele Dinge lernten, von denen ihre Eltern nichts wussten, und auch manche Fächer, die man lange Zeit geschätzt hatte, vernachlässigt wurden – eine interessante Entwicklung in einer Gesellschaft, deren Ordnung lange Zeit von einer Hierarchie des Alters bestimmt wurde. Man zog, vor allem in den 70er Jahren des 19. Jahrhunderts, eifrig eine große Zahl ausländischer Bücher und Fachleute zu Rate. Zweitens stand nun allen qualifizierten Bürgern unabhängig von ihrer sozialen Stellung die Möglichkeit einer Ausbildung auf allen Ebenen offen – »das Lernen darf nicht länger als Privileg der Oberschicht betrachtet werden«. Die dritte und für das Kindsein in Japan insgesamt wichtigste Veränderung bestand darin, dass nun der Grundschulbesuch verpflichtend wurde – man hatte es sich zum Ziel gesetzt, 54 000 Grundschulen zu eröffnen, die unter staatlicher Kontrolle stehen sollten. Damit wurde, zu einem erstaunlich frühen Zeitpunkt während des Reformprozesses und in ebenso erstaunlichem Umfang, das eingeführt, was man als die Quintessenz des modernen Kindseins bezeichnen könnte – die feste Überzeugung, dass Schule und Lernen die Hauptverpflichtung des Kindes sein sollten. Reformpolitiker behaupteten unumwunden: »Wenn das gemeine Volk arm und ungebildet ist, kann das Land seinen Reichtum und seine Macht nicht ausschöpfen.« Ganz klar standen bei dieser Veränderung weniger die Belange von Kindern, sondern weitreichendere soziale Ziele im Vordergrund, doch dies war bis zu einem gewissen Grad im Westen vorher ebenso schon der Fall gewesen und änderte nichts an den massiven Auswirkungen, die die Schulerziehung auf Kinder aller sozialen Schichten zeitigte.

Entscheidend war, dass diese Maßnahmen nicht nur für Jungen, sondern auch für Mädchen galten – eine weitere bemerkenswerte Neuerung in einer Gesellschaft, in der man große Unterschiede zwischen den Geschlechtern gemacht hatte, und unabhängig davon auch eine bedeutende Veränderung des Kindseins an sich. Dass nun auch die Schulbildung für Mädchen in den Blickpunkt rückte, entsprang dem Wunsch, den Westen nachzuahmen, wo sich zumindest eine minimale Ausbildung für Mädchen schnell durchsetzte. Doch verbarg sich dahinter auch die Überzeugung, in einer modernen Gesellschaft müsse eine Mutter über eine gewisse Bildung verfügen, um ihre Kinder richtig aufziehen zu können. Anders ausgedrückt, selbst wenn noch immer die Ausbildung der Jungen im Mittelpunkt des Interesses stand, erschien doch ein bestimmter Bildungsgrad für Mütter unverzichtbar.

Es ist nicht verwunderlich, dass der Wandel in der Realität langsamer und zögerlicher vonstatten ging, als es die frühen Absichtserklärungen vermuten ließen. Bis 1900 war – in einer Gesellschaft, in der noch immer große Armut herrschte – nur die Hälfte der benötigten Grundschulen eröffnet worden. Eine interessantere, wenngleich kaum überraschende Entwicklung bestand darin, dass sich angesichts der dennoch rasanten Geschwindigkeit, mit der die Veränderungen vorangetrieben wurden, beträchtlicher Widerstand in der Bevölkerung regte. Viele Bauern glaubten, die Schulen seien letztlich nichts anderes als eine Methode zur Aushebung von Soldaten, und rebellierten – in einigen Fällen im wahrsten Sinne des Wortes – gegen diese Ausweitung der staatlichen Kontrolle über Kinder. Es sollte noch einige Zeit dauern, bis japanische Bauern, wie die Bauern im Westen, erkannten, dass es mit praktischen Vorteilen verbunden war, Kindern grundlegende Kenntnisse im Lesen, Schreiben und Rechnen zu vermitteln; so bot sich unter anderem die Chance, sozial aufzusteigen – indem man zum Beispiel den Beruf eines Lehrers ergriff. Auch gegen zu große Freiheiten für Mädchen setzte man sich zur Wehr und ab den späten 70er Jahren des 19. Jahrhunderts legte man wieder mehr Wert auf häusliche Fertigkeiten, wie zum Beispiel Nähen, so dass dadurch die Bedeutung der Geschlechterrollen während der Kindheit zum Teil neue Bestätigung erfuhr, selbst innerhalb der reformierten Schulbildung.

Spätestens 1900 besuchten, trotz verschiedener Einschränkungen, so gut wie alle japanischen Kinder Grundschulen (die manchmal überfüllt waren) und lernten schreiben und lesen, und damit hatte das Kindsein eine völlig neue Ausrichtung erhalten. Japan setzte zudem ein ungewöhnlich langes Schuljahr mit 200 Schultagen durch, ein deutliches Zeichen dafür, wie ernst es dem Land mit der neuen Definition eines Kindseins ohne Arbeit war; für eine Gesellschaft mit begrenzten Mitteln war dies bemerkenswert. Die Heranwachsenden waren zu diesem Zeitpunkt von dieser Veränderung jedoch in viel geringerem Ausmaß betroffen; nicht wenige Kinder wurden, selbst wenn sie im Grundschulalter waren, zumindest zeitweise, noch immer zur Arbeit geschickt und insgesamt stellten sie 15 Prozent der Fabrikarbeiter. Noch mehr Abweichungen gab es für Kinder, die älter als zwölf Jahre alt waren. Sicherlich besuchten immer mehr junge Leute weiterführende Schulen oder Universitäten und selbst für Frauen gab es Chancen; aber man konzentrierte sich darauf, einzelne begabte Kinder auszuwählen, denen man das technische Fachwissen vermitteln konnte, das für eine Gesellschaft, die sich gerade im Industrialisierungsprozess befand, vonnöten war – zum Beispiel auf (Jungen vorbehaltenen) Gebieten wie dem Ingenieurwesen, die einen rapiden Aufschwung nahmen. Das Leben der meisten Teenager war noch jahrzehntelang von der Arbeit geprägt. Dass man sich auf junge Arbeitskräfte, insbesondere Frauen, stützte, wurde sogar zu einem zentralen Element des japanischen Industrialisierungsprozesses. Da das Land günstig herzustellende Exportgüter brauchte, um die teuren, importierten Ausrüstungsgegenstände und Brennstoffe bezahlen zu können, und da keine nennenswerten Rohstoffe für den Export vorhanden waren, erhöhte Japan sehr schnell seine Produktion an Seidenstoffen und übernahm darin die Weltführung von China. In ausbeuterischen Betrieben, wo manuell produziert wurde, warb man besonders gern junge Mädchen vom Land an; häufig kaufte man sie den Familien praktisch ab. Die sich daraus ergebenden Bedingungen – lange Arbeitszeiten, das Verbot, den Betrieb zu verlassen, niedriger Lohn – stellten auch eine Veränderung dar, allerdings nicht im Sinne einer grundlegenden Neudefinition der späteren Kindheit. Ab den 30er Jahren des 20. Jahrhunderts stieg jedoch die Zahl der Kinder, die eine weiterführende Schule besuchten, rapide an.

Auf lange Sicht bestand die bezeichnendste Anpassung, die Japan während des Umstellungsprozesses auf das moderne Modell vornahm, in dem erfolgreichen Versuch, die Schulerziehung mit Prinzipien zu verbinden, die sich von denen unterschieden, die man im Westen wahrnahm, und besonders die gesellschaftliche Einordnung und den von den Kindern erwarteten Gehorsam als Kontrast zu den individualistischeren Tendenzen in Europa und den Vereinigten Staaten zu betonen. (Auch die westlichen Behörden versuchten, den Individualismus einzuschränken, indem sie die Loyalität gegenüber der Nation hervorhoben, doch sie legten größeres Gewicht auf die Leistung des Einzelnen als auf das Gruppenverhalten in der Schulklasse.) Konservative Gegenreaktionen auf zu großen westlichen Einfluss gipfelten 1879 in einer Erklärung des Kaisers. Eine darauf folgende Denkschrift an die Lehrer betonte: »Loyalität gegenüber dem Kaiserhaus, Liebe zum Land, Respekt gegenüber den Eltern und Vorgesetzten, Freundestreue […] darin besteht der erhabene Pfad der menschlichen Sittlichkeit.« Auch die weiterführenden Schulen wurden dazu angehalten, »Loyalität, Respekt gegen die Eltern, Ehr- und Pflichtgefühl, Tugenden, die jahrhundertelang kultiviert worden waren«, wieder zu vermitteln. Das Vertrauen auf die Wissenschaft und auf neue Erkenntnisse sei auf dem Gebiet der Technik durchaus angebracht, doch solle es durch diese traditionellen Moralvorstellungen ausgeglichen werden. Aus dieser Sicht betonte man für Mädchen wieder stärker eine geschlechtsspezifische Erziehung, durch die vermittelt werden sollte, wie man »eine gute Ehefrau und kluge Mutter« wird; dies propagierte man selbst für die Mädchen der Oberschicht, die höhere Schulen besuchten – sogar als sich auch jenseits der Grundschulerziehung mehr und mehr Möglichkeiten auftaten. Selbst in den Naturwissenschaften legte man in Japan, zumindest in den ersten Schuljahren, nach wie vor großen Wert auf Auswendiglernen: Die Schüler sprachen dem Lehrer nach und ganz allgemein war die Schule noch immer von einem hochdifferenzierten System von Vorschriften und Verhaltensregeln geprägt. Auch hier schuf man in Japan eine Kultur unter Kindern, die zwar nicht weniger modern war als die des Westens, aber doch ganz eigene Merkmale aufwies. Wichtig war des Weiteren, dass man die Entstehung enger Bindungen unter den Schülern förderte, die den Gruppenzusammenhalt stärkten; noch im späten 20. Jahrhundert zeichnete dieses Charakteristikum die japanische Schulbildung während der ersten Jahre aus und hatte sogar Vorrang vor dem Gehorsam gegen Erwachsene. Da die Gruppe einen so hohen Stellenwert hatte, bot es sich den japanischen Lehrern geradezu an, Schüler vor allem dadurch zu disziplinieren, dass man sie vor der Klasse bloßstellte, selbst dann noch, als man im Westen, und vor allem in den Vereinigten Staaten, aus Sorge um das Selbstwertgefühl der Schüler von dieser Methode allmählich abkam. Im frühen 20. Jahrhundert wurden japanische Schüler, die mit Mathematik Probleme hatten, noch immer ihren Klassenkameraden vorgeführt – eine Praxis, die zu diesem Zeitpunkt in den Vereinigten Staaten zum Schutz der Privatsphäre sogar per Gesetz verboten war. Ganz abgesehen von anderen möglichen Nachteilen zeitigte das Vorgehen Japans weiterhin größere Erfolge bei der Förderung akademischer Leistungen.

Sowohl wegen ihrer alten als auch neuen Qualitäten erlangte die Schulerziehung als Schlüssel zu einer späteren Karriere in der japanischen Gesellschaft größere Bedeutung als im Westen. Wie in Westeuropa, und im Kontrast zu Amerika, spielten im japanischen Schulsystem Auswahlprüfungen, die der Minderheit erfolgreicher Schüler letztlich den Weg zu den Universitäten öffneten, eine entscheidende Rolle. Eltern, denen am Erfolg ihrer Kinder besonders gelegen war, nahmen noch eine zusätzliche Verpflichtung den Kindern gegenüber auf sich, indem sie selbst hart arbeiteten, um die akademischen Leistungen der Kinder zu fördern; dazu gehörte auch, dass sie es ihnen ermöglichten, sich inmitten des Ernsts und der Intensität der Prüfungsvorbereitungen zu vergnügen und auszutoben.

Die Schulerziehung brachte noch weitere Veränderungen mit sich, viele davon rückten Japan völlig unerwartet näher an die westliche Ausprägung des modernen Modells heran. Zwei dieser Veränderungen muten kaum überraschend an. Während des 19. Jahrhunderts begann die Geburtenrate, rasch zu sinken infolge der Tatsache, dass Familien nun weniger mit der unterstützenden Arbeit kleiner Kinder rechnen konnten und die Kosten, unter anderem für die Vorbereitung der Kinder auf die Schule, anstiegen. Diese Tendenz zeichnete sich bereits mit dem Bau neuer Schulen noch vor 1868 ab und verstärkte sich dann zunehmend. Während der 30er Jahre des 20. Jahrhunderts blieb die Geburtenrate höher als im Westen, wenn sie auch weiter fiel; ab den 50er Jahren ging die Veränderung in Japan sogar noch schneller vor sich und die Geburtenrate sank von 2,7 Kindern pro Frau im Jahr 1950 auf nur 1,4 Kinder pro Frau im Jahr 1995; damit lag sie weit unter dem Wert, der erforderlich war, um die Bevölkerungszahl stabil zu halten. Während desselben Zeitraums gelang es auch, mit Hilfe gesundheitspolitischer Maßnahmen von Seiten des Staates – ein weiterer Punkt, in dem man dem Westen schon früh nachzueifern bestrebt war – die seit jeher bestehende Kindersterblichkeit drastisch zu reduzieren. 1920 war sie auf 16 Prozent gesunken, 1939 auf zehn Prozent. Die Schwelle von fünf Prozent, an der sich der Westen bereits 1920 bewegte, erreichte Japan 1950. Damit war der Prozess noch nicht abgeschlossen, 1995 lag die Kindersterblichkeit bei 0,04 Prozent, einem der weltweit niedrigsten Prozentsätze. Aufgrund dieser recht schnell vor sich gehenden, die Kinder betreffenden demographischen Veränderungen wurde das einzelne Kind, wie zuvor schon im Westen, in der Familie zu einem wertvolleren »Gut«.

Weitere Anpassungen folgten. Vor dem späten 19. Jahrhundert konnte Japan noch keine sehr genaue Definition der Kindheit im Sinne eines eigenständigen Lebensabschnittes oder als gesellschaftliches Konzept vorweisen. Es hatte zwar ein beträchtliches Netz von traditionellen Schulen gegeben, doch dies wurde lediglich als Institution wahrgenommen, bedeutete aber keine Anerkennung der Kindheit als eigene Lebensphase. Abgesehen von den Privatschulen gab es keine eigenen Einrichtungen für Kinder, auch keine öffentlichen – jugendliche Straftäter wurden in den Gefängnissen zum Beispiel bei den Erwachsenen untergebracht. Sogar als sich die Schulreformen durchsetzten, erwähnten führende Mitglieder der Regierung die Kinder selbst fast gar nicht – nationale Ziele waren von größerer Bedeutung. Doch die Auswirkungen einer dem Lernen gewidmeten Kindheit und weiterer Kontakt mit dem Westen führten dazu, dass eine deutlichere Vorstellung von der Kindheit Gestalt anzunehmen begann.

Bereits 1874 äußerte sich ein Reformer, Mitsukuri Shuhei, dahingehend, dass man kleine Kinder im Rahmen der Vorbereitung auf eine erfolgreiche Ausbildung beschützen müsse; seine Worte erinnern verblüffend an die früherer westlicher Denker zum selben Thema: »Vom Säuglingsalter bis zum Alter von sechs oder sieben ist der Geist eines Kindes rein und makellos und sein Charakter so weiß und unverdorben wie eine vollkommene Perle. Da alles, was dann seine Augen und Ohren berührt, Gutes wie Schlechtes, einen tiefen Eindruck hinterlässt, der sich bis zum Tod nicht wieder auslöschen lässt, bietet sich in diesem Alter die beste Gelegenheit, das Wesen des Kindes zu disziplinieren und ihm gutes Benehmen beizubringen. Es wird gebildet und tugendhaft sein, wenn die Lehrmethoden angemessen sind, jedoch dumm und bigott, wenn sie schlecht sind.«

Ähnliche Gedanken ermutigten die Reformer zu der Argumentation, dass die Eltern eine besondere Verantwortung hätten, sich um ihre unschuldigen Kinder zu kümmern und sie zu »erleuchten« – doch wüssten die meisten Eltern, zumindest in Anbetracht der japanischen Traditionen, nicht, wie dies am besten zu bewerkstelligen sei. Lehrer und Experten auf dem Gebiet der Pädagogik waren nicht nur für die Erziehung der Kinder unerlässlich, sondern auch für die Vermittlung der richtigen Kinderpflege im Allgemeinen. Genau wie im Westen, und zum Teil auch nach westlichem Vorbild, erschienen nun zahlreiche Handbücher zur Kindererziehung und sonstige Gebrauchsliteratur. Die neuen Vorstellungen gewannen an Einfluss, da in Japan die Verstädterung rapide voranschritt und viele Eltern nun nicht mehr in einer Großfamilie lebten, die früher in den Dörfern bei der Beaufsichtigung und Pflege der Kinder mitgeholfen hatte. Häufig mussten Mann und Frau außerhalb des Hauses arbeiten, so dass die Beaufsichtigung der Kinder noch problematischer wurde. Die Sorge um Kinder, die ganz allein in den Städten umherstreiften und ohne Aufsicht das Stadtleben kosteten, trug sicher dazu bei, dass neue Konzepte zur Beaufsichtigung der Kinder entworfen wurden. Das Kindsein wurde zu einem immer häufiger diskutierten Thema, sei es nun in der Populär- oder Fachliteratur. Eine Reihe neuer Zeitschriften, wie zum Beispiel das *Magazin für die Familie*, zielte darauf, die neuen Vorstellungen von Kindern zu vermitteln; außerdem rief man die Eltern auf, sich aufmerksam um ihre Kinder zu kümmern, und vertrat des Weiteren die moderne Überzeugung, auch Japan solle Kinder nicht als Problem, sondern vielmehr als Bereicherung sehen.

Viele Reformer konzentrierten ihre Bemühungen auf die Armen, denen so oft die Mittel fehlten, sich richtig um ihre geliebten Kinder zu kümmern. Diese Beobachtung trug zur Entstehung der ersten Tagesstätten in Japan bei – finanziert wurden sie manchmal von christlichen Missionen. 1912 gab es landesweit 15 solcher Einrichtungen, vor allem in den größten Städten, doch bereits 1926 war ihre Zahl auf 273 angestiegen. In diesen Institutionen wurde nicht nur medizinische Versorgung angeboten, sondern arme Familien erhielten auch Ratschläge, was sie für die Gesundheit ihrer Kinder tun konnten, und sogar psychologische Unterstützung. Häufig machten die Angestellten der Tagesstätten mit ganzen Familien Ausflüge an Orte wie den Stadtpark, in der Hoffnung, sie von der »grenzenlosen Freude, die aus dem Beisammensein der Familie entspringt«, zu überzeugen.

Weitere Entwicklungen, die sich aus der unverhohlenen Sorge um Kinder ergaben, und bei denen auch das Beispiel des Westens eine Rolle

MODERNES KINDSEIN IN ASIEN

spielte, bestanden in der Gründung eigener Jugendgerichte und Besserungsanstalten für Straftäter; auch hier entzog man die Kinder dem undifferenzierten Kontakt mit Erwachsenen – selbst wenn es sich um Jugendliche handelte, die sich etwas zu Schulden hatten kommen lassen. Die Regierung beschloss 1900 per Gesetz die Eröffnung einer Besserungsanstalt in jedem Bezirk. Andere Gesetze verboten 1911 die Anstellung von Kindern unter zwölf Jahren in Fabriken – ein entscheidender Schritt, der im Verlauf des japanischen Industrialisierungsprozesses wesentlich früher erfolgte als in den meisten westlichen Ländern. Im Rahmen weiterer Bemühungen zum Schutz von Kindern wurde unter anderem ein Rauchverbot für Kinder erlassen, das mehrere Jahrzehnte lang Gültigkeit besaß. Staatliche sowie private Organisationen trieben die Entstehung von Waisenhäusern, Kindergärten, Kinderkliniken und Berufsberatungsstellen für Jugendliche voran. 1920 machten Programme für Kinder 60 Prozent des Haushalts des Innenministeriums aus. Im Grunde führte derselbe Impuls dazu, dass für die Mittelschicht immer mehr Spielsachen speziell für Kinder hergestellt wurden – dazu gemacht, dass »Kinder ganz ungezwungen die eigenen Neigungen entdecken und der Neugier freien Lauf lassen« konnten; gleichzeitig schuf eine »Spielplatz-Bewegung« neue öffentliche Orte für Kinder. Ein 1917 von Kinderpsychologen gestalteter Spielplatz enthielt einen Zoo, ein Planschbecken, einen Garten mit Pflanzen, Wippen und Schaukeln und ein Gelände zum Sumo-Ringen.

In den 20er Jahren des 20. Jahrhunderts wurde Japan aufgrund des Zusammenwirkens der neuartigen Wahrnehmung von Kindern und der weltweiten wirtschaftlichen Möglichkeiten sogar zu einem der größten Exporteure von Spielwaren. Während der frühen Phase der Reform hatten die Japaner Spielzeug aus Europa importiert, doch als das Augenmerk westlicher Hersteller ganz auf den Ersten Weltkrieg ausgerichtet war, eröffnete sich die Chance, sich ebenfalls am Weltmarkt zu beteiligen. Während des Krieges verdreifachte sich die Zahl des japanischen Spielzeugexports und 1920 verdreifachte sie sich erneut. Zu diesem Zeitpunkt meldete sich die westliche Konkurrenz zurück, wodurch auf die japanische Industrie neuer Druck zur Innovation ausgeübt wurde; daneben forderten Reformer mehr Raum für Phantasie, um die angeblich landestypische Neigung zur bloßen Nachahmung und zum sturen Auswendiglernen auszugleichen. Eine Firma, die in diese Richtung voranging, war Nintendo, gegründet 1889. Eine Besonderheit des japanischen Vorgehens bestand darin, dass man sich ganz bewusst darauf einließ, Kinder wie Kinder zu behandeln und nicht wie kleine Erwachsene. Darin unterschieden sich japanische von westeuropäischen Spielzeugherstellern und gleichzeitig spiegelten sich darin Ähnlichkeiten zu den amerikanischen Bemühungen um größere Innovation wider. Europäische Spielwaren, wie zum Beispiel Spielzeugsoldaten, waren zwar gut gemacht, beliebt und einflussreich, dienten aber dazu, Kinder auf die Tätigkeiten von Erwachsenen vorzubereiten, darunter auch auf den Krieg. Von den 20er Jahren des 20. Jahrhunderts an ging Japan viel direkter auf Kinder als Konsumenten zu und sprach ihre Phantasie an. So entstanden zum Beispiel 1924 zu einem beliebten Comicbuch, Die *Abenteuer von Sei-Chan*, Folgeprodukte wie Spielkarten oder Hüte. Auch Puppen wurden den Figuren in Comics nachempfunden. Spielzeug, das auf kommerziellen phantastischen Erzählungen beruhte, entsprach allerdings kaum den Erwartungen Erwachsener. Dennoch wurde dieser Trend natürlich weiter verfolgt, sobald die japanische Spielzeugindustrie nach dem Zweiten Weltkrieg wieder aufblühte; dadurch erlangte die Nation eine führende Stellung im weltweiten Exportmarkt und war entscheidend daran beteiligt, den Geschmack von Kindern zu formen. Es fiel Japan nicht schwer, neben den Vereinigten Staaten seine marktführende Position unter den Gestaltern phantasievoller (manche würden sagen massenweise produzierter) Spielsachen sowie weiterer Artikel für Kinder zu halten, selbst dann nicht, als sich die Produktion an Orte verlagerte, wo die Herstellung billiger war, wie zum Beispiel China.

Die dramatischen Veränderungen, die Japan in neuerer Zeit durchgemacht hat, bedürfen, nicht nur was das Kindsein angeht, gründlicher Untersuchung. Es kam zu tief greifenden Veränderungen, als Japaner aller Schichten sich innerhalb weniger Jahrzehnte – also viel schneller, als es im Westen geschehen war – zu einem neuen Verständnis des Kindseins bekannten, bei dem die Schulerziehung und die Gesundheit der Kinder im Mittelpunkt standen, während allgemein die Geburtenrate sank. Wir haben gesehen, dass die japanische Geburtenrate in den 50er Jahren des 20. Jahrhunderts durch stärkere staatliche Förderung das Niveau des Westens erreicht hatte, auch wenn häufiger Abtreibungen vorgenommen wurden als im Westen. Ebenso wichtig ist die Tatsache, dass man, genau wie im Westen, mit der Einführung des modernen Modells das Konzept Kindsein in vielen weiteren Punkten überdachte, was zur Gründung verschiedener neuer Einrichtungen und zur Anwendung neuer Praktiken führte. Nachdem Japan viele Merkmale aus dem Westen übernommen und integriert hatte, vermochte es auch über seine Grenzen hinaus Einfluss auszuüben. Dennoch hatte sich aus der Veränderung keine gänzlich westliche Version des Kindseins entwickelt. Die Eigenschaften, die man in Kindern suchte und förderte, waren noch immer von ganz eigenen Wertvorstellungen geprägt.

Man darf auch nicht übersehen, dass Japan, zum Teil als Ergebnis differenzierter Nachahmung, zum Teil aufgrund innerer Impulse, manche Aspekte des Kindseins ausprägte, die denen der Vereinigten Staaten und andere wiederum, die denen Westeuropas näher standen. Das Lehr- und Prüfungssystem, das bereits vor dem Besuch einer Universität auf hohe akademische Maßstäbe und genaue Leistungskontrollen Wert legte, ähnelte den in Frankreich und Deutschland bestehenden Systemen, von denen es abgeleitet war. Doch der Wunsch, während der Grundschulzeit das schulische Weiterkommen aller Kinder zu fördern, und auch die bereits erwähnte Tatsache, dass bei der kommerziellen Herstellung von Spielsachen das Kind im Mittelpunkt stand, erinnern eher an Amerika. Diese komplexe Kombination verstärkt freilich den Eindruck der Eigenständigkeit Japans.

Diese Komplexität äußert sich darüber hinaus darin, dass in Japan sowohl in bestimmten Bevölkerungsgruppen als auch in der politischen Führungsriege eine lebhafte Debatte über das Kindsein geführt wurde und noch wird und dass kontinuierlich weitere Veränderungen stattfinden. Merkmale wie das Auswendiglernen und die Einordnung in die Gruppe kontrastierten zwar in gewisser Weise mit den Schwerpunkten im Westen, doch damals wie heute förderten viele japanische Reformer größere Individualität und Kreativität.

Mit der Besetzung Japans durch die Amerikaner 1945 bis 1952 drangen unweigerlich weitere äußere Einflüsse ins Land, die das Kindsein in Japan veränderten. Man schränkte in den Schulen den Nationalismus und vor allem die Verehrung des Kaisers ein und förderte die Individualität stärker. Als soziale Unterschiede zunehmend verschwammen, entstanden innerhalb kurzer Zeit mehr weiterführende Schulen und Universitäten. Nun, im Jahre 1947, betrug die gesetzlich vorgeschriebene Schulzeit neun Jahre (dies entsprach dem Besuch der unteren Klassen der weiterführenden Schulen). Aber auch die Debatten gingen weiter, als Konservative in den 60er Jahren gegen die von den Amerikanern vertretenen individualistischen Vorstellungen von der Rolle des Bürgers Sturm liefen und von einer Neuerweckung des »ethischen Bewusstseins« sprachen. Eine weitere Welle von Reformen in den 80er Jahren richtete sich gegen die übermäßige Betonung des sturen Auswendiglernens und setzte sich für geistige Flexibilität und den Mut zur Innovation ein, ohne die Japans Erfolg in der Weltwirtschaft, vor allem im Informationszeitalter, nicht gewährleistet werden könne. Das Ministerium verwendete Phrasen wie »von Uniformität und Homogenität zu größerer Vielfalt und Entscheidungsfreiheit« und sprach von der Notwendigkeit, »die Persönlichkeit, Fähigkeiten und Begabungen des Einzelnen zu erkennen und zu fördern«. Gleichzeitig zog Japan Kinder heran, die im internationalen akademischen Wettbewerb außerordentlich gut abschnitten, und es verwundert nicht, dass einige Nationalisten behaupteten, nun habe der Rest der Welt Aufholbedarf. Das Thema Erziehung zur Moral blieb auf der Tagesordnung, man sprach von »angemessenem Nationalgefühl« und der »einzigartigen Kultur und Tradition Japans«; mit den Worten eines Konservativen: »Man muss die Kinder die Tradition lehren, ob sie wollen oder nicht.« Hier, wie auf anderen Gebieten, setzte auch Japan Maßstäbe für das moderne Kindsein; man war mit denselben Kernproblemen konfrontiert wie viele andere Gesellschaften auch, doch bediente man sich in Japan eines ganz anderen Vokabulars und setzte sich mit mehreren ganz eigenen Themen auseinander.

Weiterführende Lektüre

Brian Platt, *Japanese Childhood, Modern Childhood*, in: *Journal of Social History* 38 (2005); Gary Cross und Gregory Smits, *Japan, the U. S., and the Globalization of Children's Consumer Culture*, in: *Journal of Social History* 38 (2005); Kathleen Uno, *Passages to Modernity: childhood and social reform in early twentieth century Japan* (Honolulu 1999); Herbert Passin, *Education and Society in Japan* (New York 1965); Mark Lincicome, *Principles, Praxis and the Politics of Educational Reform in Meiji Japan* (Honolulu 1995); Joseph Tobin (Hg.), *Re-Made in Japan: everyday life and consumer taste in a changing society* (New Haven, Connecticut 1992); Michael Stephens, *Japan and Education* (New York 1991); Donald Roden, *Schooldays in Imperial Japan: a study of the culture of a student elite* (Berkeley 1980); über einen führenden Reformer: Helen Hopper, *Fukuzawa Yukichi: from samurai to capitalist* (New York 2004); Peter N. Stearns, *Schools and Students in Industrial Society: Japan and the West 1870–1940* (Boston 1998); John Traphagan und John Knight (Hg.), *Demographic Change and the Family in Japan's Aging Society* (Albany 2003).

MODERNES KINDSEIN IN ASIEN

KAPITEL 9

Kindsein und die kommunistischen Revolutionen

Die Fallbeispiele Russland und China

Auch im 20. Jahrhundert setzte sich die Ausbreitung des modernen Modells mit seinen Varianten in weiteren Teilen der Welt fort, obgleich eine globale Aufnahme der Neuerung durch das Erbe des Kolonialismus, durch wirtschaftliche Abhängigkeiten, ja sogar durch die schon etwas länger zurückliegende Erfahrung der Sklaverei erschwert wurde. Der Westen und Japan hatten immer noch genug mit der Umsetzung dieser nach wie vor neuen Muster zu tun. In lateinamerikanischen Städten bemühte man sich, mehr Kindern eine Schulausbildung zukommen zu lassen, doch soziale Unterschiede sorgten für Schwierigkeiten. In der ersten Hälfte des 20. Jahrhunderts war die wichtigste Triebkraft der Veränderung jedoch der Ausbruch politischer und sozialer Revolutionen, die das Bild dieses Jahrhunderts wesentlich prägten.

An vielen Punkten der Globalgeschichte des 20. Jahrhunderts stehen bedeutende Revolutionen und die wichtigsten – in Russland, China, Kuba und Vietnam – ereigneten sich unter kommunistischer Ägide. Alle Revolutionen des 20. Jahrhunderts richteten sich gegen den Einfluss des Westens, und die kommunistischen Führer beabsichtigten, ganz andere Strukturen einzuführen als die des bourgeoisen, vom Kapitalismus dominierten Westens. Im Großen und Ganzen waren die Revolutionen jedoch den wesentlichen Elementen des modernen Modells förderlich, ja stellten sogar ein wichtiges Mittel zu seiner Verbreitung während des 20. Jahrhunderts dar. Die Untersuchung Russlands und Chinas (mit ihrer riesigen Bevölkerung) ist eine besondere Herausforderung, da man dabei die Grundmerkmale der Neuzeit, besondere Traditionen, die die Veränderungen unbeschadet überstanden, aber auch die bewusste Gestaltung eines spezifisch kommunistischen Kindseins, herausarbeiten muss.

In Russland und China hatten bereits vor den Revolutionen einige zögerliche Reformen des Kindseins stattgefunden; dies erklärt zum Teil, warum den Revolutionären, bei all ihrem eifrigen Bemühen um eine systematische Veränderung, das moderne Muster als folgerichtig erschien, vor allem was die Schulbildung anging. Die Führer glaubten, man könne die Schulerziehung in den Dienst der kommunistischen Sache stellen und waren außerdem der Meinung, dass sie nicht von spezifisch westlichen Vorbildern geprägt sein müsse. Die kommunistischen Regime führten in ihrem Umgang mit Kindern auch noch andere Neuerungen ein (zum Beispiel Jugendorganisationen), die die Veränderungen in ihrer Wirkung verstärkten. Man darf zudem nicht vergessen, dass schon die Einführung des modernen Modells in einer Gesellschaft wie der chinesischen, mit ihren lange bestehenden Traditionen bezüglich des Kindseins, oft mit Faktoren verbunden war, die sich von denen, die im Westen wirksam waren, stark unterschieden. Dadurch konnten sich ganz eigene Konflikte und Möglichkeiten ergeben, die durch den Impetus der Revolution noch eine Steigerung erfuhren.

Folglich haben wir es auch hier mit einem Szenario des Wandels zu tun, das sich in vielem mit den Erfahrungen im Westen und in Japan deckt, darüber hinaus aber von lokalen Traditionen und der revolutionären Aufbruchsstimmung geprägt war. An den Revolutionen waren sehr viele Jugendliche und junge Erwachsene beteiligt, die bereit waren, Gewalt anzuwenden, um in Gesellschaften, in denen junge Leute noch immer einen hohen Prozentsatz der Bevölkerung ausmachten, etablierte Strukturen zu beseitigen. In Verbindung mit einer Ideologie, die bestrebt war, »neue« Menschen nach kommunistischen Wertvorstellungen hervorzubringen, und der nicht zu leugnenden Wirkkraft des modernen Modells sorgte diese Tatsache für radikale Veränderungen. Dabei vermischten sich vertraute moderne Muster mit den besonderen Bedingungen eines neuen Zeitalters der Revolution.

Vor der Revolution von 1917 hatte die Kommunistische Partei in Russland noch keine speziellen Jugendgruppen ins Leben gerufen, was zum größten Teil natürlich daran lag, dass die Partei als solche heimlich agieren musste. Außerdem hatte sich im zaristischen Russland, abgesehen von einer langsamen Erweiterung der Schulerziehung, auch kein besonderes Interesse am Kindsein und an Kindern entwickelt – vor dem 20. Jahrhundert gab es in Russland praktisch keine wissenschaftliche Forschung über Kinder. In einem Land, dessen Bevölkerung hauptsächlich vom Ackerbau lebte, herrschten im Großen und Ganzen die Grundgegebenheiten der bäuerlichen Gesellschaft, und mit Kindern ging man meist nicht sehr zimperlich um.

Unmittelbar nach dem Aufstand von 1917, als die kommunistischen Revolutionäre noch darum kämpften, an die Macht zu kommen und sie dann auch zu behalten, erfuhren Kinder jedoch neue Aufmerksamkeit. So wurde zum Beispiel schon 1918 eine Jugendorganisation, der Komsomol, gegründet. Ein Jahr zuvor hatte ein neues Gesetz die Arbeit für Kinder und Jugendliche unter 14 Jahren verboten (auch wenn die Einhaltung des Gesetzes nicht ausreichend überwacht wurde). 1919 folgte ein Erlass zur Behebung des Analphabetismus, und während manche dieser Maßnahmen Propagandazwecken dienen sollten, begann das Regime schon früh, neue Schulen, einschließlich eines Netzes von Vorschulen und Kindergärten, zu gründen (ein entscheidendes Problem bei der Erforschung des Kommunismus in Russland besteht darin, dass man gerne damit prahlte, wie sehr man sich für Kinder einsetzte, um sowohl bei der eigenen Bevölkerung als auch im Ausland Punkte zu machen, sich dabei aber nicht immer streng an die Wahrheit hielt). Man bemühte sich auch früh um eine Verbesserung der Gesundheit von Kindern und um die Abschaffung der körperlichen Züchtigung – Letzteres stellt einen wirklich bemerkenswerten Versuch dar, die gängigen Strukturen, von denen Schule und Gesellschaft in den Zeiten vor der Revolution geprägt waren, umzukehren. Angesichts der vielen Probleme, mit denen man während der ersten Jahre der Revolution konfrontiert war, und der tatsächlichen Armut der russischen Gesellschaft, war das Engagement für Kinder insgesamt beachtlich.

Woher kommt – wenn wir die Propaganda einmal beiseite lassen – dieses ernsthafte Interesse? Die Schulbildung war schon im zaristischen Russland erweitert worden, also erschien es wahrscheinlich als logisch, darauf aufzubauen – wenngleich man eine ganz neue Richtung einschlug. Das Regime musste auch mehrere Jahre lang gegen Zustände kämpfen, die das Leben der Kinder bedrohten: Die Folgen des Ersten Weltkrieges, der Revolutionsjahre und des Bürgerkrieges, wie Unterernährung und weit verbreitete Hungersnöte, erhöhten die Kindersterblichkeit drastisch. Die Sterblichkeitsziffer unter kleinen Kindern, die vor 1914 bei ungefähr 30 Prozent gelegen hatte, schnellte 1921 auf mindestens 50 Prozent hoch (manchen Schätzungen zufolge starben sogar 90 Prozent aller Neugeborenen). Hinter der neuen Sorge um Kinder standen zum Teil also ernstzunehmende Probleme. Außerdem erhoffte sich das neue Regime, trotz seiner Verachtung für den größten Teil der restlichen Welt, durchaus internationale Anerkennung und genau aus diesem Grund bestand ein gewisser Anreiz, sich weiter auf das moderne Modell einzulassen. Vor allen Dingen war der

Kommunismus als Ideologie jedoch von dem Glauben erfüllt, dass Kinder gut, unschuldig und lernfähig auf die Welt kämen; Probleme mit Kindern seien das Ergebnis unzulänglicher sozialer Verhältnisse, der Armut und der Ungleichheit in der Gesellschaft. Folglich müsse das neue Russland auf dem Fundament größerer Bemühungen zum Schutz und zur Erziehung von Kindern aufgebaut werden. Diese Überzeugung, die im Wesentlichen auf dieselbe Ideologie der Aufklärung zurückging, die auch im Westen die ersten Schritte in Richtung des modernen Modells gelenkt hatte, wirkte sich sehr stark auf die Ziele und die Prinzipien der Revolution aus. Sie führte zum einen zu einer Annäherung an das moderne Modell, zum anderen zu der gemeinsamen Bemühung, Kinder hervorzubringen, die nicht den gängigen Vorstellungen des Westens entsprachen, den man als vom Kapitalismus völlig verdorben ansah.

Aus dem kommunistischen Glauben an die Unschuld der Kinder, aber auch aus der Überzeugung von der Schlechtigkeit des Kindseins unter dem Kapitalismus und von der Unzulänglichkeit der Zustände in Russland vor der Revolution ergaben sich mehrere interessante Folgen. So glaubten die Ideologen der Revolution, sie wüssten viel besser als die Eltern, was Kinder brauchen. Diese Ansicht teilten auch westliche Fachleute, aber in Russland steckte dahinter noch größere »Leidenschaft«: Um die Situation der Kinder zu verbessern, musste man den Eltern den richtigen Weg weisen und ihren Einfluss auf die Kinder einschränken. Die Revolutionäre glaubten sogar, dass gut ausgebildete kommunistische Kinder die Aufgabe übernehmen sollten, ihre rückständigen Eltern in manchen entscheidenden Punkten zu unterweisen. Der Staat musste bei der Aufzucht der Kinder eine aktive Rolle übernehmen – wie allgemein im modernen Modell geschah dies natürlich durch die Gründung von Schulen, doch auch durch das Angebot zusätzlicher Aktivitäten. »Kinder müssen vom Staat großgezogen werden«, behauptete ein Führungsmitglied der Partei; und während der Familie in der Praxis weiterhin außerordentliche Bedeutung zukam, spielte auch der Staat eine entscheidende Rolle. Der Glaube an die kindliche Unschuld und eine kommunistische Mission zugunsten der Kinder mag die leidenschaftliche Propaganda zum Teil erklären: Der Gedanke, Kinder besser zu machen, war von so grundlegender Bedeutung für das Ideal der Revolution, dass es nahezu unmöglich war, grundsätzliche Probleme öffentlich einzuräumen (es sei denn, man konnte überkommene Vorstellungen aus den Zeiten vor der Revolution, wie die Religion, dafür verantwortlich machen). Folglich wurden Themen wie Jugendkriminalität zum größten Teil verschwiegen.

Die Umstrukturierung des Kindseins unter dem Kommunismus war von vier Merkmalen geprägt: dem modernen Modell mit seinen gewöhnlichen Facetten, eine davon jedoch hitzig diskutiert, zweitens, der spezifisch kommunistischen Gesellschaftsform, die das moderne Modell ergänzte, drittens, der Kontinuität früherer Verhältnisse in Russland, die trotz beträchtlichen Widerstands der Führung fortdauerten, und zuletzt einigen weiteren Veränderungen, vor allem solchen, die zu einer stärker konsumorientierten Kindheit hinführten, wie sie (trotz ebenso heftigen offiziellen Widerstands) ab den 50er Jahren des 20. Jahrhunderts allmählich Gestalt annahm.

Wie wir bereits gesehen haben, entschloss sich das Regime, zumindest im Prinzip, sehr schnell zur Ausweitung der schulischen Bildung und zur Verbesserung der Gesundheit von Kindern, einschließlich der Bemühung, die Kindersterblichkeit zu reduzieren. Der Fortschritt bei der Schulbildung war wirklich bemerkenswert, obwohl die revolutionäre Führung weiterhin mit eingeschränkten Mitteln zu kämpfen hatte; er zeugt von großem Engagement. Grundschulen verbreiteten sich schnell in einer Gesellschaft, in der der Anteil der Menschen, die lesen und schreiben konnten, 1914 nur 28 Prozent betragen hatte. Bald darauf folgte die Gründung weiterführender Schulen und Universitäten. Zwischen 1929 und 1939 verdoppelte sich die Schülerzahl der Grundschulen, doch die der Mittelschulen stieg um das Achtfache und die der anderen weiterführenden Schulen sogar um das Elffache. Die Studentenzahlen an den Universitäten hatten sich bis 1939 verfünffacht und bis 1951 noch einmal mehr als verdoppelt, auf 1,3 Millionen. Die Regierung investierte auch ausgiebig in die Forschung auf dem Gebiet der Pädagogik, da sie nach neuen Lehrmethoden suchte, die sich mit den kommunistischen Zielen in Einklang bringen ließen und die Schüler und Studenten zu Höchstleistungen im Lernen antreiben würden. Es herrschte tatsächlich die, wenn auch vielleicht naive, Hoffnung, dass das Lernen in einem sozialistischen Staat Spaß machen und spontan sein könne. Für gute Schüler und Studenten schrieb man Preise aus. Vor allem in den Städten arbeiteten Familien, die erkannt hatten, wie wichtig die Schulerziehung für die Zukunftschancen ihrer Kinder war, zunehmend auf den schulischen Erfolg der Kinder hin. Damit hatte ein tatsächlicher Wandel stattgefunden: Die Schule dominierte nun das Leben der Kinder.

Viele Aspekte dieser Entwicklung entsprechen der typischen Übernahme des modernen Modells, doch gab es auch bezeichnende Abweichungen. Das Regime verlangte von den Schulen, gegen die Überreste des alten Regimes zu kämpfen und den Weg für eine bessere zukünftige Gesellschaft zu ebnen; also griff man mit großem Eifer die Religion an (Stichwort »Aberglaube«) und lehrte die Prinzipien des Marxismus, legte daneben aber auch großen Wert auf die Naturwissenschaften. Das begeisterte Engagement für den Marxismus führte bisweilen dazu, dass auch Schüler, die noch sehr klein waren, viele Texte auswendig lernen mussten; wahrscheinlich verstanden sie jedoch nur sehr wenig von dem, was ihnen da eingetrichtert wurde. Spätestens in den 50er Jahren nahm man größere Rücksicht auf das Alter der Schüler und sparte den Marxismus mindestens für die späteren Grundschuljahre auf. Am auffälligsten ist jedoch der ehrgeizige Versuch, mehr Kindergärten und Vorschulen zu errichten, um möglichst früh auf die Kinder einzuwirken und den Einfluss der Eltern zu reduzieren. Dieses Programm trug auch der hohen Zahl der Mütter, die in der Sowjetunion arbeiteten, und der sich daraus ergebenden Notwendigkeit einer anderweitigen Beaufsichtigung der Kinder Rechnung. Tatsächlich entstanden innerhalb kurzer Zeit viele Kindergärten, auch wenn die Bemühungen manchmal durch beschränkte Mittel gebremst wurden; bis 1929 hatten zehn Prozent der relevanten Altersgruppe offiziell Kindergartenplätze, obwohl auch andere Einrichtungen einen gewissen Beitrag zum Programm leisteten. Familien auf dem Land akzeptierten Kindergärten nur langsam, wenn überhaupt, und bevorzugten die konventionelle Beaufsichtigung der Kinder durch Verwandte; was diesen Punkt angeht, verlief der Prozess des Wandels auf dem Land also zögerlicher.

Die Anstrengungen zur Verringerung der Kindersterblichkeit waren beeindruckend, wenngleich manche Ereignisse, darunter der Einmarsch der Deutschen im Zweiten Weltkrieg, zu Rückschlägen führen konnten. In einem Erlass von 1918 wurden neue Ziele formuliert, da angeblich zu viele Kinder »infolge der Unwissenheit und der Verantwortungslosigkeit der unterdrückten Bevölkerung sowie der Stagnation und der Gleichgültigkeit der [zaristischen] Klassengesellschaft« gestorben waren. Die Regierung richtete schnell mehr Krankenhäuser ein, verbesserte die Schwangerschaftsvorsorge und versuchte außerdem, die Zahl der Kinderärzte zu erhöhen. Mehr und mehr gingen Krankenhäuser von sich aus auf die Eltern, vor allem die Mütter, zu, schickten ihnen Mahnungen, und Ärzte machten sogar Hausbesuche, wenn man die Kinder nicht zu Untersuchungen brachte – man griff also wesentlich stärker in die Privatsphäre ein als im Westen. Der Staat gab auch eine Reihe von Handbüchern mit Ratschlägen heraus; wieder stand dahinter die Annahme, man könne sich nicht völlig auf die Eltern verlassen – schon früh sagte ein Fachmann: »Die Familien bedürfen bei der Kindererziehung zusätzlicher Anleitung.« Ein anderer Experte wiederum behauptete, als es um grundlegende Wohnungs- und Ernährungsstandards ging: »Selbst hierin sind die meisten Eltern nicht gut.« In den Schulen und auch anderswo wurde großer Wert auf Hygiene gelegt, ein weiteres Merkmal, das sich ähnlich auch im Westen und in Japan findet. Bis 1960 war die Kindersterblichkeit im Vergleich zu 1918 um 900 Prozent auf 3,8 Prozent aller Neugeborenen gesunken und 1989 lag der Prozentsatz bei 2,5. Diese Ziffern blieben etwas höher als im Westen und spiegelten den insgesamt niedrigeren Lebensstandard sowie die Unzulänglichkeit mancher medizinischer Einrichtungen wider. Dennoch war die Veränderung drastisch und was dieses entscheidende Charakteristikum angeht, hatte sich die Sowjetunion zum modernen Modell bekannt.

Angesichts der Tatsache, dass immer mehr Kinder in die Schule gingen, statt zu arbeiten (zumindest für das Auskommen der Familie), angesichts des Rückgangs der Kindersterblichkeit und mancher Probleme, wie der endemischen Wohnungsnot und den Schwierigkeiten bei der Versorgung und Beaufsichtigung der Kinder, mag es kaum verwundern, dass sich in der Sowjetunion allmählich ebenfalls die Tendenz zur Senkung der Geburtenrate (die dritte neuzeitliche Veränderung) abzeichnete. Auch die Kritik an der Religion führte, wenngleich unbeabsichtigt, dazu, dass manche traditionelle Hemmschwellen bezüglich der Geburtenkontrolle abgebaut wurden; auffallend ist, dass die Geburtenrate bei den religiösen Minderheiten in der Sowjetunion, vor allem den Muslimen, überdurchschnittlich hoch blieb. Die Regierungspolitik schwankte jedoch. Während der 20er Jahre des 20. Jahrhunderts diskutierte man offen über die Reduzierung der Geburtenrate und experimentierte mit verschiedenen Methoden. Aber Stalin führte offiziell wieder eine Politik ein, die eine hohe Geburtenrate befürwortete, da er aus wirtschaftlichen und militärischen Gründen einen Bevölkerungszuwachs anstrebte. 1936 verbot der Staat die Abtreibung. Dennoch ging die Geburtenrate, zum Teil aufgrund illegaler Abtreibungen, weiter zurück; in diesem Punkt handelten russische Familien und Frauen stillschweigend gegen die Ziele der Regierung. Anfang der 50er Jahre änderte der Staat, da man die negativen Auswirkungen illegaler Abtreibungen erkannt hatte, seine Politik; in den 80er Jahren hatte die Mehrheit der russischen Frauen mindestens eine Abtreibung hinter sich. Die

Sowjetunion wurde, mit einigen auffallenden internen Abweichungen, zu einer Gesellschaft mit einer niedrigen Geburtenrate. Daraus folgte im Allgemeinen, dass die Eltern sich mehr um einzelne Kinder kümmerten und sie auch in der Schule unterstützten; damit war eine weitere Ähnlichkeit zu den modernen Verhältnissen in Japan und im Westen gegeben.

Mindestens genauso interessant wie die grundsätzliche Übernahme des modernen Modells ist die spezifisch kommunistische Ausgestaltung des modernen Kindseins. Die marxistische Indoktrination und die propagandistischen Behauptungen über sowjetische Kinder waren ziemlich durchsichtig, doch spielten sie eine wichtige Rolle. Die Sowjetunion unterstützte eifrig internationale Menschenrechtsbewegungen für Kinder, zumindest zum Teil, um hervorzuheben, wie vorbildlich sie selbst war. So machten sich sowjetische Sprecher, wenn sie auf das große Leid hinwiesen, das viele Kinder während des Zweiten Weltkrieges hatten durchmachen müssen, dieses Thema zunutze, um angebliche westliche Bemühungen zur Stärkung des Militärs anzugreifen: »Wir müssen alle, die Kinder lieben, auf die Auswirkungen des Wettrüstens aufmerksam machen.«

Für die sowjetischen Kinder hingegen waren andere Entwicklungen von größerer Bedeutung, zum Beispiel die Entstehung eines umfangreichen Netzwerks an Jugendgruppen, die gegründet worden waren, um die Schule zu ergänzen, den Einfluss der Kommunistischen Partei auf Kinder zu erhöhen und gleichzeitig die unabhängige Kontrolle durch die Eltern einzuschränken. Das Aufkommen von Jugendgruppen, das in Westeuropa und den Vereinigten Staaten mit Programmen wie den Pfadfindern seinen Anfang genommen hatte, war ganz allgemein eine wichtige Entwicklung in der jüngeren Globalgeschichte. Ziel war es, jungen Leuten Disziplin beizubringen und sie für die Gesellschaft nützlich zu machen. Faschistische Regierungen bedienten sich Gruppen wie der Hitlerjugend zur Indoktrination und zum paramilitärischen Training. Das sowjetische System führte diese grundsätzliche Tendenz jedoch wesentlich weiter.

Ab dem Alter von etwa neun Jahren waren fast alle Kinder Mitglieder einer Pionierorganisation; hier wurde eine Vielzahl von Aktivitäten angeboten – Tanzstunden, Sporterziehung, Sommerlager – und auch gemeinnützige Arbeitseinsätze geplant. Viele, die mit 14 Jahren die Ausbildung bei den jungen Pionieren durchlaufen hatten, traten dann in den Komsomol (die kommunistische Jugendorganisation) ein, wo die Kontrolle durch die Partei weniger verdeckt und die direkte politische Indoktrination intensiver war.

In Jugendgruppen, Schulen und offiziellen Empfehlungen wies man auf den Ernst des Kindseins und seine Ausrichtung auf die Gemeinschaft hin. Noch immer erwartete man von Kindern, dass sie ein wenig Arbeit verrichteten; die Schulen organisierten verschiedene, an das jeweilige Alter angepasste Arbeitsprojekte und die Jugendgruppen verließen sich bei der Ernte, der Betreuung von Veteranen, der Herstellung von Spielzeug und unzähligen anderen Tätigkeiten ganz selbstverständlich auf die Dienste von Kindern. Ziel war es, den Staat – und nicht die Familie – auf eine Weise zu unterstützen, die sich mit dem eigentlichen Erziehungsauftrag vereinbaren ließ, und den Kindern zugleich nützliche Fertigkeiten und ein Gefühl dafür zu vermitteln, dass »Arbeit adelt«. Während die Jugendgruppen auch Freizeitaktivitäten anboten und es den Kindern, wenn sie in der Schule zu »sozialer Arbeit« aufgerufen wurden, gelang, mehr Gewicht auf die soziale Komponente als auf die Arbeit selbst zu legen, hatte der Staat kein großes Interesse daran, dass Kinder spielten, sondern eher daran, dass man sie auf das Leben als Erwachsene vorbereitete. Darin spiegelten sich sowohl kommunistische Überzeugungen als auch das einflussreiche Erbe der bäuerlichen Tradition wider – beides sorgte für bemerkenswerte Abweichungen vom modernen Modell. 1984 führte ein Schulgesetz Ehrlichkeit, Mut und ähnliche Tugenden als an Kindern wünschenswerte Charaktereigenschaften auf; darüber hinaus sollten sie aber auch »hohe Ansprüche aneinander stellen«, denn dies sei eine Pflicht gegenüber dem Gemeinwohl – eine Kombination, die man in westlichen Handbüchern derselben Zeit vergeblich suchen würde. Die Jugendorganisationen hatten eine stark moralistische Ausrichtung, auch darin zeigen sich der Ernst des Kindseins und die soziale Verantwortung von Kindern. In einer Jugendgruppe rügte man ein Mädchen, das gedroht hatte, wegzugehen, um seinen geschiedenen Vater zu suchen: »Galena gehört aber zum Komsomol, sie sollte also den Mut und die Ehrlichkeit besitzen, ihren Kameraden zu sagen, was für ein Leben sie führen möchte.« Auch durch die intensive Einbindung von Kindern in Tanzakademien und Trainingseinrichtungen für Sportler suchte man, sie für politische Zwecke zu nutzen und ihnen den Ernst Erwachsener beizubringen.

Das sowjetische System spielte des Weiteren mit der Idee, die alte Unterscheidung zwischen den Geschlechtern zu ändern, schließlich vertrat man offiziell die Überzeugung, dass Mann und Frau in einer kommunistischen Gesellschaft gleichgestellt sein sollten. Auf verschiedene Weise wurde die Degradierung der Frau angeprangert. Doch mit der Schuluniform betonte man eher die Unterschiede; so war die der Mädchen auf den weiterführenden Schulen sehr weiblich geschnitten. Auch der Staat selbst hob bald die familiären Pflichten der Frau, einschließlich der Mutterschaft, hervor. Und sogar die Kinder griffen sexistische Verhaltensmuster auf; so sagte zum Beispiel ein Junge auf die Bitte, doch ein bisschen netter zu den Mädchen zu sein: »Lenin war aber ein Junge.« Die Ausweitung der Schulerziehung reduzierte zweifellos die Unterscheidungen zwischen den Geschlechtern, doch eine vollständige Umwälzung fand nicht statt.

Das kommunistisch geprägte Kindsein hatte jedoch nicht nur positive Seiten. Viele Kinder wurden, zum Teil infolge von Kriegen und Chaos, Opfer von Missbrauch oder litten an Armut; es gab viele herumirrende Kinder und Waisen. Auch die Scheidungsrate stieg an, ebenso die Zahl der Kinder, die in einem von der Frau alleine geführten Haushalt lebten. Jugendkriminalität und, ab den 80er Jahren, Drogenmissbrauch stellten fraglos ein großes Problem dar, auch wenn das Ausmaß von offizieller Seite geheim gehalten wurde. Das kommunistische System scheiterte zudem mit dem Versuch, den Eltern die Kontrolle über ihre Kinder abzunehmen und die gewohnten Freizeitbeschäftigungen zu unterbinden. Russische Kinder spielten weiterhin die alten Spiele, sie ließen sich die alten Geschichten erzählen, die zum Teil voller Aberglauben waren. Die Eltern gingen noch immer mit ihnen ins Puppentheater und in den Zirkus, zwei sehr beliebte Attraktionen. Viele Erwachsene bewahrten glückliche Erinnerungen an Familienausflüge in den Wald oder aufs Land. Schon die offiziellen Kampagnen machen deutlich, wie hartnäckig sich Feste hielten, die man im Familienkreis mit Kindern feierte. So zeigte zum Beispiel eine große Aktion gegen Weihnachtsbäume – »wir müssen gegen die alte Lebensweise kämpfen« –, wie langlebig ältere Bräuche waren.

Schließlich regte sich ab den 50er Jahren in ganz neuer Form Widerstand, vor allem von Seiten der Heranwachsenden, die sich nicht so sehr gegen das moderne Modell richteten, sondern eher gegen die kommunistische Ausgestaltung, ganz besonders gegen den unangemessenen Ernst, die Moralpredigten und die immer starrer werdende Bürokratie der Komsomol-Bewegung. Dieser Widerstand in den eigenen Reihen wurde jedoch nicht von allen gleichermaßen gebilligt. Bereits 1955 verkündete ein Mitglied des Komsomol: »Wir haben einen kompromisslosen Kampf gegen diese Müßiggänger aufgenommen, die wertlose ausländische ›Moden‹ nachahmen.« Konsumorientierte Jugendliche hätten »keinerlei Beziehung zu dem vielfältigen, erfüllenden und schönen Leben der Arbeit und zur

Romantik, die unsere sowjetische Jugend lebt«. Unter jungen Leuten nahm trotz des Widerstands der Regierung das Interesse an westlicher Musik, Kleidung, wie zum Beispiel der Blue Jeans, und anderen frühen Anzeichen einer weltweiten Jugendkultur zu, während die Kontrolle durch das kommunistische System vom Tode Stalins bis zum Zusammenbruch 1991 etwas nachließ.

Die Russische Revolution brachte auch eine Revolution des Kindseins mit sich, obwohl selbstverständlich nicht alle Traditionen abgeschafft werden konnten. Der Zweck des Kindseins und die Tätigkeiten der Kinder änderten sich grundlegend. Als das sowjetische System schließlich zusammenbrach, schien es keinen Zweifel daran zu geben, dass das moderne Modell seinen Einfluss beibehalten würde. Das tatsächliche Problem bestand im plötzlichen Verschwinden der kommunistischen Organisationen und Lehren, die sich so sehr auf das sowjetische Kindsein ausgewirkt hatten. Auch wenn viele Kinder das System nicht völlig akzeptiert hatten, war nun nicht ganz eindeutig, welche Alternativen zur Verfügung stehen würden.

Als die chinesischen Kommunisten 1949 die vollständige Kontrolle über das Festland übernahmen, waren sie sogar noch entschlossener als ihre sowjetischen Genossen zuvor, eine Gesellschaft aufzubauen, die sich von westlichen Vorbildern radikal unterscheiden sollte. Sie hatten zudem noch mit der einflussreichen konfuzianischen Tradition und deren Auswirkungen auf das Kindsein zu kämpfen. Vor diesem Hintergrund überrascht es kaum, dass das Regime immer wieder bemerkenswerte Experimente durchführte, die zum Beispiel die Schule und die Rolle der Jugend im größeren Umfeld der Gesellschaft betrafen. Selbst der Impuls, große Familien als Quelle wirtschaftlicher und militärischer Stärke zu fördern, war stärker als in der Sowjetunion; dies lag zum Teil daran, dass man das Gefühl hatte, sich gegen den Rest der Welt behaupten zu müssen, zum Teil spiegelte sich darin aber auch die traditionelle Vorstellung wider, dass eine große Zahl von Kindern nützlich sei. Auf lange Sicht arbeitete das Regime jedoch auf die Hauptmerkmale des modernen Modells hin, zuletzt auch mit Hilfe einer besonders radikalen Politik der Geburtenkontrolle. Die Gründung von Jugendgruppen und die Betonung des Diensts an der Gemeinschaft erinnern an die von den Sowjets entwickelten Besonderheiten.

Die auf Kinder zielende Politik basierte auf zwei Annahmen, die sich ähnlich bei den Sowjets finden: erstens, der optimistische Glaube, Kinder seien unschuldig und könnten bei richtiger Anleitung Fortschritte machen, und zweitens, die tiefe Überzeugung, dass frühere Praktiken im Umgang mit Kindern, einschließlich der konfuzianischen Traditionen und der umfassenden Kontrolle durch die Eltern, durch und durch fehlerhaft und auch für die gravierendsten Probleme in der Vergangenheit Chinas verantwortlich gewesen seien. Folglich müsse man den Einfluss der Familie zugunsten einer angemessenen Ausbildung einschränken.

Das Thema Schulreform war in China nicht neu. Ungefähr ab 1900 hatten chinesische Reformer und westliche Missionare hart daran gearbeitet, modernere Schulen zu schaffen, die nicht von der konfuzianischen Vorstellung, dass man Kindern Konformität beibringen müsse, geprägt, sondern offener für naturwissenschaftliche Fächer und kritisches Denken im Allgemeinen sein sollten. Kommunistische Experten, die sich zum Teil auf die russische Forschung stützten, betonten, man müsse individuelle Charaktereigenschaften erkennen und die Kreativität fördern. Wie sehr sich dies tatsächlich auf den Unterricht auswirkte, sei dahingestellt. Unabhängigen Studien zufolge waren chinesische Lehrer auch weiterhin der Ansicht, dass Kinder in jeder Altersgruppe die anerkannten Normen erfüllen sollten; dabei lag der Schwerpunkt eher auf den Normen als auf der individuellen Entwicklung. Während der ersten Schuljahre wandte man, zum Teil, um individuelle Impulse einzudämmen, häufig die Strategie an, die Kinder einstimmig etwas aufsagen zu lassen, was darauf hindeutet, dass mehr als nur ein paar Anklänge an den Konfuzianismus geblieben waren. Außerdem bedeutete die marxistische Indoktrination mit ihrem sturen Auswendiglernen für Kinder einen weiteren Schritt in Richtung Konformität. Man erzählte den Kindern von kommunistischen Helden, angefangen beim Großen Vorsitzenden Mao, und lehrte sie, ihr Leben dem Kampf für den Kommunismus zu widmen. Doch wie bekannte jemand in einem Interview, als man ihn zu seiner Schulzeit befragte: »Um ehrlich zu sein, wussten wir damals überhaupt noch nicht, was Kommunismus ist.«

Der Schulbesuch als solcher wurde jedoch bedeutend gefördert. Während der 50er Jahre verdreifachte sich die Zahl der Grundschulkinder auf 90 Millionen – eine riesige Investition in einer noch immer armen Nation. Der Prozentsatz, um den die Schülerzahlen der weiterführenden Schulen stiegen, lag sogar noch höher. Dieser Wachstumsprozess ist selbst heute noch nicht abgeschlossen. 2003 legte sich die Regierung darauf fest, 15 Prozent der entsprechenden Altersgruppe an Universitäten auszubilden – dieser Prozentsatz ist zwar niedriger als der in Japan oder im Westen, aber angesichts der Größe der Bevölkerung ist dies eine gewaltige Aufgabe, die zu einem massiven Bauboom neuer Universitäten führte. Für die Kinder selbst und ihre Eltern verlagerte sich der Schwerpunkt von der Arbeit auf die Schulausbildung.

Wie in der Sowjetunion bemühte man sich auch sehr um die Errichtung von Vorschulen und Kindergärten, um den Eltern, die immer häufiger beide außerhalb des Hauses arbeiteten, eine Betreuungsmöglichkeit anzubieten und um die Chance zur Indoktrination zu nutzen. Dieselben Ziele verfolgte man mit verschiedenen Jugendgruppen. Noch während des Revolutionskampfes hatten die Kommunisten die so genannten Kleinen Roten Garden ins Leben gerufen und Kinder als Wachposten und für andere Aufgaben eingesetzt. Dieser Gruppe gehörten in der Regel Grundschüler an; darüber hinaus gab es dann die so genannten Jungen Pioniere und den Chinesischen Kommunistischen Jugendverband. Man übte großen Druck aus, um die Kinder zum Eintritt zu bewegen. Die jungen Pioniere trugen nach einiger Zeit ein besonderes rotes Halstuch, und wenn ein Kind in der sechsten Klasse noch ohne dieses Tuch herumlief, wurde es von seinen Kameraden häufig geschnitten.

Mit der Schule und den Jugendgruppen ging die Verpflichtung zu arbeiten einher; auch hier sollte dadurch zum einen die staatliche Planwirtschaft durch Mithilfe bei der Produktion maßgeblich unterstützt, zum anderen sollten den Kindern die richtigen Werte vermittelt werden. Mittelschüler verbrachten häufig einen ganzen Monat in den schulischen Werkstätten und stellten elektrische Bauteile für Autos und Lastwagen her; oft schickte man sie zur Arbeit auch aufs Land. Manche Kinder wurden erstaunlicherweise als Straßenpatrouillen eingesetzt, um Erwachsene davon abzuhalten, in der Öffentlichkeit herumzuspucken: Dies stimmte mit der starken Betonung der Hygiene in den Schulen überein, doch noch bedeutender ist, dass dadurch der Konfuzianismus auf den Kopf gestellt wurde, indem man Erwachsene, die sich nicht ordentlich benahmen, durch Kinder überwachen ließ. Während der Kulturrevolution von 1966 bis 1969 wandte sich Mao Zedong aus Sorge darüber, dass zu viele Kinder bürgerliche Werte übernahmen, fast gegen die Schulerziehung an sich. Millionen von Schülern und Studenten wurden aufs Land geschickt, um dort Arbeiten zu verrichten. Auf Dauer ließen sich diese Bestrebungen allerdings nicht in die Tat umsetzen und in den 70er Jahren legte man wieder großen Wert auf schulische Leistungen. Während der Kulturrevolution bediente man sich auch kommunistischer Jugendbanden zur Einschüchterung Erwachsener – zum Beispiel von Lehrern, die noch der Tradition verbunden waren – und kehrte damit ganz bewusst die konfuzianische Hierarchie um. Die Jugendlichen selbst fanden hierin manchmal die Möglichkeit, gegen die ihnen auferlegte Disziplin und den Wettbewerb innerhalb des Schulsystems zu rebellieren.

Abgesehen von der Schulerziehung bemühte sich das neue Regime ferner sehr darum, die Gesundheit von Kindern zu verbessern. In den einzelnen Stadtvierteln wurden Kliniken gegründet, während auf dem Land »barfüßige Ärzte« die moderne Medizin mit traditioneller Heilkunde kombinierten und die medizinische Versorgung, einschließlich der Impfung gegen die wichtigsten Kinderkrankheiten, gewährleisteten. Von den 50er Jahren an sank die Kindersterblichkeit sehr schnell; ausgehend von jährlich durchschnittlich 18 Prozent zwischen 1955 und 1960 war die Kindersterblichkeit 2003 auf 3,7 Prozent gesunken.

Der Parteivorsitzende Mao stellte das letzte Element des modernen Modells, den Rückgang der Geburtenrate, in Frage und behauptete in den 50er Jahren, eine hohe Geburtenrate stelle für China einen Gewinn dar, da das Land dadurch mit genügend Arbeitskräften versorgt werde; außerdem griff er westliche Bevölkerungsexperten an, die Länder wie China dazu aufforderten, sich einzuschränken. Ab den 60er Jahren setzte jedoch die Wende zur Geburtenkontrolle ein. Dabei spielte die staatliche Politik eine wichtige Rolle, aber ebenso entscheidend waren die Reaktion der Eltern, die nun ja nicht mehr mit dem Beitrag der Kinder zum Auskommen der Familie rechnen konnten, und der Druck, außerhalb des Hauses arbeiten zu müssen. Ab Mitte der 60er Jahre verteilten die Kliniken und die »barfüßigen Ärzte« Verhütungsmittel, darunter Pille und Spirale, und führten Abtreibungen durch. Vor allem in den Städten sank die Geburtenrate rapide – in manchen Vierteln wurde alle zwei Jahre ein Rückgang um 50 Prozent registriert. In den 80er Jahren, nach Maos Tod, verschärfte das Regime diese Politik noch mehr, verbot die Heirat unter 25 Jahren und belegte Paare, die mehr als ein Kind hatten, mit einer Geldstrafe. Darin zeigten sich unübersehbar die Macht des Staates sowie die Abkehr von den chinesischen Sitten, was die Kinder betraf.

In der Praxis verband man revolutionäre Neuerungen mit ausgewählten Traditionen – doch nicht alle Neuerungen entsprachen wirklich den kommunistischen Vorgaben. Sowohl die Eltern als auch die Kinder wurden darauf hingewiesen, dass man die Familie nicht allzu wichtig nehmen dürfe und dass den Kindern »das Wohl der Menschen und die Interessen des Staates« am Herzen liegen sollten. Mit besonderen Maßnahmen richtete man sich gegen den Einfluss der Eltern: Ein Gesetz zur Eheschließung von 1950 zum Beispiel erlaubte jungen Leuten, sich den Partner ohne die Zustimmung der Eltern zu wählen. Doch der Einfluss der Familie blieb stark. Während in den 70er Jahren bis zu 30 Prozent der chinesischen Kinder, vor allem in den Städten, im Kindergarten waren, befand sich der größere Teil in der Obhut der Großeltern. Die Tradition bestimmte auch die Reaktionen auf die neue Bevölkerungspolitik: Nachdem nur noch ein Kind pro Familie erlaubt war, kehrten viele Leute auf dem Land zweifellos zur Praxis der Kindstötung weiblicher Babys zurück (damit das »einzige Kind« ein Junge war); und in den Waisenhäusern betrug das Verhältnis von Mädchen zu Jungen 9:1. Folglich gab es einen beträchtlichen Überschuss an Männern. Diese »Ein-Kind«-Politik führte dazu, dass man sich dem Kind ganz anders widmete und es mit Geschenken verwöhnte; in mancherlei Hinsicht entstanden stärkere Bindungen zwischen Eltern und Kind – eine gängige Entwicklung innerhalb des modernen Modells, aber nicht unbedingt Ziel der Kommunisten. Im Jahr 2000 meldeten die Schulbehörden, dass die so genannten »4-2-1-Gruppen« erheblichen Druck ausübten, damit die geliebten Einzelkinder gut behandelt würden. Die Zahl 4 steht für die Großeltern, denen gemeinsam mit den Eltern (2) am Erfolg des Kindes (1) gelegen war und die zusammen auch die Schulen zu einer neuen Politik zwangen.

Mit der Aufnahme einer marktwirtschaftlich orientierten Politik durch das kommunistische Regime im Jahr 1978 und dem sich daraus ergebenden Wirtschaftswachstum begann das Kindsein in den chinesischen Städten, sich in weiteren Punkten mit dem Kindsein in vielen anderen Gesellschaften zu decken. Manche der Experimente mit gemeinnütziger Arbeit wurden allmählich aufgegeben; stattdessen hob man eher den schulischen Erfolg und die Vorbereitung auf ein Universitätsstudium hervor. (Die Nachfrage nach Studienplätzen überstieg sogar das Angebot.) Es entwickelte sich sowohl unter den Kindern als auch unter den Eltern ein neues Interesse an Konsumgütern. In den 80er Jahren kamen zum Beispiel importierte Babyartikel, einschließlich Spielwaren, Windeln und, für die älteren Mädchen, Kosmetikartikel, in Mode. Viele chinesische Kinder in den Städten hatten nun Anteil an einer globalen Jugendkultur.

Der Beitrag, den der Kommunismus zur Veränderung des Kindseins im 20. Jahrhundert leistete, war von großer Bedeutung. Überall, wo er sich durchsetzte, kam es bald darauf auch zu einem Wandel in den Vorstellungen vom Kindsein und in den auf Kinder ausgerichteten Regierungsinitiativen. Das Beispiel des Kommunismus übte darüber hinaus in anderen Teilen der Welt Einfluss aus und führte zur Übernahme mancher Merkmale des Modells. Die besonderen Prioritäten, die der Kommunismus selbst setzte, waren erstaunlich und spielten für Kinder über ein halbes Jahrhundert lang eine wesentliche Rolle: Sie engagierten sich in Jugendgruppen und eigneten sich politische Bildung an. Als sich der Kommunismus nach der Mitte der 80er Jahre – selbst in China mit seiner Hinwendung zur Marktwirtschaft – auf dem Rückzug befand, wurde das Fortbestehen dieser Schwerpunkte in Frage gestellt und damit auch die möglichen Erscheinungsformen eines nicht von westlichen Vorstellungen bestimmten modernen Kindseins.

Weiterführende Lektüre

Zur Sowjetunion und den neueren Entwicklungen in Russland: Clementine Creuziger, *Childhood in Russia: representation and reality* (Lanham, Maryland 1996); eine hervorragende Studie bietet: Lisa Kirschenbaum, *Small Comrades: revolutionizing childhood in Soviet Russia, 1917–1932* (New York 2001); Deana Levin, *Leisure and Pleasure of Soviet Children* (London 1966); Dorothea Meek, *Soviet Youth: some achievements and problems* (London 1957); Landon Pearson, *Children of Glasnost: growing up Soviet* (Seattle 1990); James Riordan (Hg.), *Soviet Youth Culture* (Bloomington 1989); N. Vishneva-Sarafanova, *The Privileged Generation: children in the Soviet Union* (Moskau 1984) und Kitty Weaver, *Bushels of Rubels: Soviet youth in transition* (Westport, Connecticut 1992).

Zu China: Edward Stuart Kirby (Hg.), *Youth in China* (Hong Kong 1966); Anita Chan, *Children of Mao: personality development and political activism in the Red Guard generation* (Seattle 1985); Jon Saari, *Legacies of Childhood: growing up in a time of crisis, 1890–1920* (Cambridge, Massachusetts 1990); William Kessen (Hg.), *Kindheit in China* (München 1976); Sing Lau (Hg.), *Growing Up the Chinese Way: chinese child and adolescent development* (Hong Kong 1996); Thomas Bernstein, *Up to the Mountains and Down to the Villages: the transfer of youth from urban to rural China* (New Haven, Connecticut 1977); Luo Xu, *Searching for Life's Meaning: changes and tensions in the worldviews of Chinese youth in the 1980s* (Ann Arbor 2002); Beverly Hooper, *Youth in China* (Harmondsworth, United Kingdom 1985); Ann-Ping Chin, *Children of China: voices from recent years* (Ithaca, New York 1988).

KAPITEL 10

Kindsein in den Wohlstandsgesellschaften des 20. und 21. Jahrhunderts

Kinder zwischen Schule und Konsum

Während des 20. Jahrhunderts veränderte sich das Kindsein in den modernen Industriegesellschaften grundlegend. Dabei waren zwei Muster vorherrschend, die einander natürlich auch wechselseitig beeinflussten. Erstens wurden in den Vereinigten Staaten, in Japan und Westeuropa die bereits beschriebenen Merkmale des modernen Kindseins noch umfassender umgesetzt. Das heißt, man engagierte sich stärker für die Schulbildung und reduzierte zumindest die traditionellen Formen der Kinderarbeit. Auch konnte die Kindersterblichkeitsrate nun endgültig zufriedenstellend gesenkt werden – ein Ziel, das man ja bereits seit dem 19. Jahrhundert verfolgt hatte. Und außerdem gelang es, von ein paar Ausnahmen einmal abgesehen, die Zahl der Geburten nochmals zu reduzieren (in diesem Punkt fand Japan, vor allem in der Zeit nach dem Zweiten Weltkrieg, durch staatliche Förderung den Anschluss; zunächst spielten dort Abtreibungen eine große Rolle, dann setzte man andere Methoden der Geburtenkontrolle ein). Obgleich die zugrunde liegenden Prinzipien schon früher aufgestellt worden waren, brachte ihre konsequentere Umsetzung deutliche Veränderungen mit sich.

Zweitens nahm in den modernen Industriegesellschaften der Umgang mit Kindern weitere neue Formen an; die traditionellen Erziehungsmethoden wurden noch einmal überdacht und Kinder rückten auch als Konsumenten in den Mittelpunkt des Interesses – obgleich dies auch Besorgnis hervorrief. In den Vereinigten Staaten setzten derartige Entwicklungen bereits in den 20er Jahren des 20. Jahrhunderts ein; in Westeuropa machten sich dagegen die wirklich folgenreichen Veränderungen erst ab den späten 50er Jahren bemerkbar.

Während des gesamten Veränderungsprozesses verschoben sich manche der Schwerpunkte, die, unabhängig von den Grundmerkmalen des modernen Modells, den westlichen Umgang mit Kindern während des 19. Jahrhunderts bestimmt hatten. So wurden beispielsweise die Umgangsformen etwas lockerer; spätestens in den 40er Jahren des 20. Jahrhunderts verzichteten Eltern darauf, Kindern Vorschriften zur Körperhaltung zu machen. Nun rückten ganz andere Themen ins Blickfeld, zum Beispiel eine weniger förmliche Ästhetik, die auch besser zu den Konsumvorstellungen passte. Was die Sexualität Jugendlicher betrifft, so tat man sich damit nach wie vor schwer, vor allem in den Vereinigten Staaten; doch sowohl die gesellschaftlichen Normen als auch die Verhaltensweisen ließen nun größere Toleranz erkennen. Auch die tief sitzende Sorge um das eigene Ansehen, gerade gegenüber den unteren Schichten oder den Einwanderern, ließ nach, verschwand aber nicht völlig. Gefühlsbetonte Darstellungen niedlicher Kinder fanden sich nun sogar noch häufiger – sie erwiesen sich als sehr wirkungsvoll in Werbeanzeigen oder in Kinofilmen –, waren nun aber komplexer. Außerdem wurde für viele Erwachsene die Rücksichtnahme auf junge Leute während der Adoleszenz (eine im 19. Jahrhundert neu eingeführte Kategorie, die einen ganz speziellen Abschnitt der Kindheit bzw. Jugend bezeichnete) geradezu zu einer Manie, begleitet von großen Sorgen.

Dennoch gab es zwischen den einzelnen Industrienationen weiterhin Unterschiede. In Westeuropa und Japan legte man, im Gegensatz zu den Vereinigten Staaten, wesentlich mehr Gewicht auf Auswahlprüfungen, um die Schüler auf verschiedene Typen weiterführender Schulen zu verteilen und später auch ihre Eignung für die Universität festzustellen. Dies wiederum bedeutete, dass viele Kinder während der ersten Schuljahre größerem Leistungsdruck ausgesetzt waren als in den Vereinigten Staaten. Amerikanische Universitäten erhoben normalerweise Studiengebühren, häufig sogar sehr hohe, während man in Japan und Westeuropa die meisten Schulen durch Steuereinnahmen finanzierte und der Mehrzahl der Studenten, die sich für ein Hochschulstudium qualifiziert hatten, eine im Wesentlichen kostenlose Ausbildung ermöglichte. Für die Jugendlichen bedeutete dies einen immensen Unterschied, der sich auch auf das Verständnis der mit der Elternrolle verbundenen Verantwortung auswirkte. Das Konsumverhalten von Kindern entwickelte sich in den Vereinigten Staaten und (ab dem späten 20. Jahrhundert) in Japan wesentlich schneller als in Westeuropa und nahm dort ganz andere Ausmaße an. Selbst in der Ernährung zeigten sich Abweichungen. Zwischen 1950 und 2004 wurden europäische Kinder im Durchschnitt immer größer – die Niederländer waren nun die durchschnittlich größten Menschen der Welt. Die Körpergröße amerikanischer Kinder blieb hingegen nahezu konstant; möglicherweise lag das an den neuen Einwanderungsströmen und der größeren sozialen Ungleichheit, wahrscheinlich aber auch an einer Ernährung, die vornehmlich aus Fast Food bestand und das Wachstum nicht gerade begünstigte.

Trotz vieler gemeinsamer Anliegen, wie z.B. der Unterstützung der Kinder in der Schule, entstanden nach den 50er Jahren zwischen den Industriegesellschaften gravierende Unterschiede in der Kinderbetreuung. In Westeuropa und den Vereinigten Staaten arbeiteten immer mehr Mütter außerhalb des Hauses. Da wurden selbstverständlich Fragen laut, wer sich um die Kinder kümmern sollte, und zunächst brachten die Frauen überall Unbehagen über ihre neue Rolle zum Ausdruck und behaupteten – sogar wenn sie selbst berufstätig waren –, Mütter sollten eigentlich zu Hause bleiben. In Westeuropa wurden Tagesstätten immer üblicher und die meisten Eltern waren mit dieser Ausweichmöglichkeit ganz zufrieden. In den Vereinigten Staaten hingegen machte man sich größere Sorgen um die Betreuung der Kinder, viele Mütter verließen sich lieber auf Verwandte oder »Patchwork-Lösungen«, als ihre Kinder einer Einrichtung anzuvertrauen. In Japan schließlich waren insgesamt weniger Mütter berufstätig; sie kamen somit nach wie vor selbst der Betreuung ihrer Kinder nach und verwöhnten sie als Belohnung für schulischen Fleiß. Diese Unterschiede zwischen den drei Kulturkreisen verblassten jedoch im Zuge des (von einem kurzen Babyboom unterbrochenen) allgemeinen Rückgangs der Geburtenrate; und dieser Rückgang wirkte sich wiederum positiv auf das Problem der Kinderbetreuung aus.

Beim interkulturellen Vergleich darf man auch nicht vergessen, dass historische Ereignisse nicht überall die gleichen Auswirkungen hatten. Die Kinder in westeuropäischen Ländern wie Deutschland und Frankreich erlebten während des Ersten Weltkriegs aufgrund der Knappheit an Nahrungsmitteln, der schlechteren Lebensbedingungen und der Abwesenheit – häufig sogar des Verlusts – der Väter großes Leid; diese Erfahrung wiederholte sich in noch größerem Ausmaß während des Zweiten Weltkriegs. Die Kinder in den Vereinigten Staaten waren davon zwar auch betroffen, doch blieben ihnen Beeinträchtigungen des alltäglichen Lebens zum großen Teil erspart. Die Bombenangriffe, denen die Kinder in Westeuropa und Japan im Zweiten Weltkrieg ausgesetzt waren, rissen körperliche wie seelische Wunden. Amerikanische Kinder durchlebten während der 50er Jahre, als sich der Kalte Krieg zuspitzte und das nukleare Wettrüsten begann, eine kurze angsterfüllte Phase. Manche Analytiker behaupteten, dass selbst in den späten 50er Jahren, als die Amerikaner die Furcht vor der Apokalypse überwunden zu haben schienen und sich zunehmend dem Konsum hingaben, unter Jugendlichen riesige Angst vor der totalen Vernichtung herrschte. Allerdings waren amerikanische Kinder, im Vergleich zu Westeuropa und Japan, nie unmittelbar vom modernen Krieg betroffen.

Abgesehen von geographischen Faktoren spielten soziale Unterschiede und die Unterscheidung zwischen den Geschlechtern weiterhin eine Rolle. Ab den 20er Jahren konnten auch die Kinder der Arbeiterschicht der Schule nicht mehr fernbleiben, da man die Einhaltung der Schulpflicht nun kontrollierte. Doch nach wie vor war es wesentlich unwahrscheinlicher, dass sie, wie die Kinder der Mittelschicht, die Highschool oder eine entsprechende weiterführende Schule beenden oder eine Universität besuchen würden; folglich sah auch ihre Jugend bzw. Adoleszenz anders aus. Eine Minderheit von Kindern, besonders in Gesellschaften wie den Vereinigten Staaten, wo sich der Wohlfahrtsstaat weniger stark ausprägte, war noch immer von großer Armut und mangelhafter Ernährung betroffen. Ab den 80er Jahren gab es in den Vereinigten Staaten immer mehr Kinder, die unterhalb der Armutsgrenze lebten, vor allem in Haushalten, die von alleinstehenden Müttern geführt wurden – ein Ergebnis gekürzter staatlicher Fürsorge und zerrütteter Familien. Auch ethnische Minderheiten, die in Europa und ebenso in den Vereinigten Staaten infolge neuer Einwanderungswellen nach dem Zweiten Weltkrieg entstanden, prägten in gewisser Weise das Kindsein: Auf Vorurteile und schlechtere Berufsaussichten reagierten die Jugendlichen häufig, indem sie eigene Banden bildeten und eigene Musikstile entwickelten. Während die Geschlechterrollen wohl an Bedeutung verloren, wirkten sie sich dennoch auf den Erziehungsstil, die Wahl von Kleidern und anderen Konsumgütern und die Pflichten im Haushalt aus. Zuweilen waren bestimmte Arten der Differenzierung ganz beliebt; zum Beispiel unterschied man im Amerika der 20er Jahre Mädchen und Jungen durch die Farben Rosa und Blau und legte großen Wert auf getrennte Freizeitaktivitäten.

Dennoch gab es, trotz aller Vorbehalte, zahlreiche gemeinsame Tendenzen, die die Kinder in Wohlstandsgesellschaften betrafen. Nachdem sich das moderne Modell gänzlich etabliert hatte, stellten sich weitere Entwicklungen ein, die die Definition und die Erfahrung des Kindseins über die Ländergrenzen hinweg entscheidend veränderten. Außerdem ebneten sie den Weg für einen bewusst internationalisierten Lebensstil, der Mode ebenso umfasste wie Spielzeug, Freizeitgestaltung und Popmusik. Man orientierte sich aneinander und ahmte einander bewusst nach; so benutzte man beispielsweise dieselben Erziehungsbücher, wie das in viele Sprachen übersetzte Buch des amerikanischen Kinderarztes Dr. Spock. Zudem erachtete man es überall für notwendig, eine wachsende Zahl von Kindern auf Berufe vorzubereiten, für die eine fundierte Ausbildung unerlässlich war.

Es war, um ein besonders markantes Beispiel herauszugreifen, sicher kein Zufall, dass die Disney-Freizeitparks, ein Symbol für die Ausrichtung des familiären Freizeit- und Konsumverhaltens auf die Kinder, in allen drei Kulturkreisen so großen Erfolg hatten. Die ersten Einrichtungen dieser Art entstanden in den 50er Jahren, natürlich in den Vereinigten Staaten. Eine japanische Version in der Nähe von Tokio gewann schnell große Beliebtheit. Europa war weniger leicht zu erobern, denn dort gab es Vorbehalte gegen eine Kommerzialisierung des Kindseins und, ganz allgemein, gegen die Amerikanisierung, nicht zuletzt gegen die amerikanische Ess- bzw. Fast-Food-Kultur. Aber mit kleinen Modifikationen wurde auch Euro-Disney zum Erfolg; es entwickelte sich zu Frankreichs meistbesuchter Touristenattraktion und stellte weniger auf Kinder zugeschnittene Sehenswürdigkeiten wie Notre-Dame oder den Louvre in den Schatten.

Die vollständige Umsetzung des modernen Modells war mit weiteren Modifikationen und Folgen verbunden. Dabei muss man sich vor Augen halten, dass selbst an Orten wie Großbritannien oder den Vereinigten Staaten erst vor kurzem einige scheinbar selbstverständliche Merkmale des modernen Kindseins eingeführt wurden.

Dass noch immer Kinder arbeiteten, war ein Missstand, den es zu beseitigen galt. Dabei hatte man besonders die Arbeiterschicht im Blick, die sich nach wie vor unter anderem auf Kinderarbeit zur Sicherung des Familienunterhalts stützte, und daneben manche Betriebe, die sich diese billigen Arbeitskräfte bereitwillig zunutze machten. In den Industrienationen hatte man schon während des 19. Jahrhunderts grundlegende Gesetze zur Kinderarbeit verabschiedet, doch es gab noch einiges zu tun. So war zum Beispiel in den Vereinigten Staaten in den Jahrzehnten um 1900 die Zahl der arbeitenden Kinder so hoch wie nie zuvor. 1890 arbeitete ungefähr eine Million Kinder im Alter zwischen 10 und 15 Jahren (12 Prozent aller Kinder dieser Altersklasse), und im Jahr 1910, dem eigentlichen Höhepunkt dieser Entwicklung, waren fast zwei Millionen oder 18 Prozent offiziell beschäftigt – die Kinder, die nach wie vor in der Landwirtschaft tätig waren, noch nicht mitgerechnet. In der Mittelschicht hatte sich bereits die Meinung durchgesetzt, dass Kinder und Arbeit nichts miteinander zu tun haben sollten; also lösten diese Zahlen bei ihrer Bekanntmachung, wie zu erwarten, eine Flut neuer Reformbestrebungen aus. 1904 wurde das *National Child Labor Reform Committee* gegründet und über zwei Jahrzehnte lang berichtete die Presse immer wieder über Fälle von Missbrauch. Dabei standen zwei Aspekte im Mittelpunkt: die Schädigung der Gesundheit von Kindern in ausbeuterischen Betrieben oder in Fabriken, in denen mit Chemikalien hantiert wurde, und die Behinderung einer anständigen Schulausbildung. Doch auch das Seelenheil der Kinder war gefährdet, da sie bei der Arbeit sexueller Ausbeutung oder auf der Straße der Verlockung zu kriminellen Aktivitäten ausgesetzt waren. Viele, die in ihrer Kindheit arbeiten mussten, berichteten, dass sie missbraucht worden seien. Laut den Reformern sollten Kinder, selbst in landwirtschaftlichen Betrieben, das Recht haben, nicht arbeiten zu müssen; und dieses Recht wog schwerer als die Befugnis der Eltern, über diesen Lebensbereich ihrer Kinder zu entscheiden.

Natürlich entbrannten darüber Debatten. Im Interesse der Wirtschaft und der Landwirtschaft verteidigte man häufig die Kinderarbeit. Man führte Vorteile für die Familie, die Ausbildung und auch die Kinder ins Feld, die dadurch sozusagen vor dem Laster des Nichtstuns bewahrt würden. Die Veränderungen in der Industrie, Gesetze (darunter solche, die die Schulpflicht festlegten) und Entscheidungen der Eltern bewirkten jedoch letztlich einen Rückgang der Kinderarbeit. Auch die Errungenschaften der Technik waren daran nicht ganz unbeteiligt: In den Städten zum Beispiel wurden die Laufburschen zunehmend durch Telefone ersetzt und Haushaltsgeräte führten zu einem rückläufigen Bedarf an jugendlichen Dienstmädchen. 1920 war der Prozentsatz der 10- bis 15-jährigen Kinder, die offiziell beschäftigt waren, auf acht, 1940 dann sogar auf ein Prozent gesunken.

Es gab allerdings ein paar bezeichnende Ausnahmen. So argumentierten zum Beispiel Zeitungsverlage, man bräuchte noch immer Kinder als Austräger – was für eine Ironie angesichts der führenden Rolle dieses Mediums im Kampf gegen die Kinderarbeit! Sie rechtfertigten ihre Meinung mit der Behauptung, Kinder würden durch diese Tätigkeit auf die Arbeit vorbereitet und erlernten Fertigkeiten für den späteren Beruf; noch mehrere Jahrzehnte lang vertraten viele Eltern, sogar Eltern der Mittelschicht, die gleiche Ansicht, bis letztlich auch diese Arbeit von professionellen Lieferdiensten übernommen wurde. Für die Fälle, in denen Wanderarbeiter (fast ausschließlich Ausländer oder Angehörige einer Minderheit) ihre Kinder auf dem Land arbeiten ließen, gab es keine ausreichende gesetzliche Regelung. Bis 2001 waren noch mehrere Hunderttausend Kinder in der amerikanischen Landwirtschaft beschäftigt und nur 55 Prozent der Kinder von Wanderarbeitern schlossen die Highschool ab. Im Großen und Ganzen hatten Kinder jedoch in den Vereinigten Staaten und Westeuropa ab den 30er Jahren und in Japan ab den 50er Jahren mit offizieller Arbeit nichts mehr zu tun. Eine Zeit lang galt die Beschränkung, dass Kinder bis zum Alter von 15 Jahren nicht arbeiten durften; nach und nach wurde dann aber der Schulbesuch bis zum Alter von 16 Jahren verpflichtend – in Westeuropa setzte man dies in den 50er Jahren durch – und auch der Schultag und das Schuljahr wurden länger, so dass es der Mehrheit der Kinder mindestens bis zum Abschluss der Highschool bzw. einer entsprechenden weiterführenden Schule ohnehin kaum mehr möglich war zu arbeiten.

Diese Veränderungen wiederum hatten auch wirtschaftliche Konsequenzen: Kinder stellten jetzt keinen Vorteil mehr dar, sondern ein Risiko. Selbst Familien, denen dies zuvor noch nicht ganz bewusst gewesen war, konnten sich dieser Tatsache ab dem zweiten Viertel des 20. Jahrhunderts nicht mehr entziehen mit dem Resultat, dass sich der Rückgang der Geburtenrate beschleunigte. Während der Weltwirtschaftskrise der 30er Jahre, die angesichts der sinkenden Löhne und der hohen Arbeitslosigkeit unter Erwachsenen durchaus eine stärkere Rückbesinnung auf Kinderarbeit hätte zur Folge haben können, ging die Geburtenrate stattdessen so weit zurück wie noch nie zuvor. Der Grund: Die Familien erkannten, dass sie sich nun höchstens noch ein bis zwei Kinder leisten konnten. Und das wiederum brachte weitere Veränderungen mit sich. Zwischen 1930 und 1950 entwickelte man in den meisten Industriegesellschaften neue Finanzierungsmodelle für eine Alters- und Sozialfürsorge – in den Vereinigten Staaten das Sozialversicherungssystem, das ab den 40er Jahren die Rente ergänzte. Folglich waren ältere Menschen finanziell nun weniger von ihren Kindern abhängig; während in den Vereinigten Staaten ältere Menschen in den 30er Jahren noch angegeben hatten, die Kinder seien ihre große Hoffnung, wenn sie selbst nicht mehr arbeiten könnten, verließ man sich ab den 40er Jahren eher auf den Staat. Damit war ein weiterer Anlass zur Reduzierung der Geburtenrate und zur endgültigen Neudefinition eines Kindseins – und selbst eines frühen Erwachsenseins – ohne Arbeit gegeben.

Nach wie vor gab es einige Besonderheiten und auch Skepsis. Ab den 60er Jahren startete man in Frankreich und einigen anderen europäischen Ländern Modellversuche, bei denen man für bestimmte Kinder ab dem Alter von 15 Jahren Schule und Arbeit kombinierte. Für das Viertel der Schüler, das in den theoretischen Prüfungen am schlechtesten abschnitt, so das Argument, sei eine praktische Ausbildung in einem Handwerk – bevorzugt natürlich einem Fachhandwerk –, verbunden mit etwas Schulunterricht, die beste Garantie für ein wirtschaftlich erfolgreiches Leben als Erwachsener. Im Wesentlichen waren diese Programme nichts anderes als eine Wiederbelebung des altbekannten Konzepts, wonach Kinder bzw. Jugendliche in einem Betrieb in die Lehre gingen, nur stand diesmal nicht der Vorteil der Familie, sondern des Individuums im Vordergrund. Wenn man so will, sah das moderne Modell für eine Minderheit von Kindern also etwas anders aus – allerdings nur während der Adoleszenz. Sobald sie 16 Jahre alt waren und die gesetzliche Schulpflicht damit für sie endete, beschlossen manche Kinder (oder auch die Eltern), den Schulbesuch nicht fortzusetzen; allerdings gingen allmählich immer weniger Schüler vorzeitig von der Schule ab, da es zur Norm wurde, zumindest die Highschool bzw. das Gymnasium abzuschließen, und sich herausstellte, dass man mit diesem oder gar einem höheren Abschluss als Erwachsener wesentlich bessere Berufsaussichten hatte.

Ab den 80er Jahren nahmen immer mehr amerikanische Jugendliche (etwa ab 17 Jahren) nach der Schule oder in den Sommerferien Nebenjobs an. Theoretisch hatte die Schule selbstverständlich Vorrang vor der Arbeit, doch in der Praxis ergaben sich häufig Konflikte, weil die Arbeit und andere Aktivitäten die Heranwachsenden von der Schule und den Hausaufgaben ablenkten, sie oft auch müde machten. Im Rahmen dieser Tätigkeiten besann man sich natürlich nicht auf ältere Definitionen eines der Arbeit gewidmeten Kindseins: Diejenigen, die nach der Schule arbeiteten, taten dies in erster Linie für sich selbst – um Konsumgüter wie Autos kaufen zu können oder um einen Beitrag zu den Studiengebühren zu leisten (eine besondere Herausforderung in den Vereinigten Staaten) –, nicht für ihre Familien, obwohl es natürlich Ausnahmen gab. Meistens übten sie auch keine Tätigkeiten aus, die sie in irgendeiner Weise auf spätere Berufe vorbereiteten, da sie zum größten Teil Aufgaben im Dienstleistungssektor ausführten, für die man nur geringe Qualifikationen brauchte. Dieser Wandel führt jedoch vor Augen, wie schwierig es sein konnte, eine Definition für das moderne Kindsein zu finden, vor allem während der Adoleszenz.

Die aufschlussreichste Diskussion über Kindsein und Arbeit, die noch zu erwähnen bleibt, konzentrierte sich jedoch auf die Tätigkeiten der Kinder in Haus und Garten. Während der 20er Jahre gingen viele amerikanische Beobachter davon aus, dass die Kinder ihren Familien durch die Erledigung von Hausarbeiten auch weiterhin eine gute Stütze sein würden, selbst wenn sie nun keinen finanziellen Beitrag mehr leisteten, und dass den Kindern dadurch Arbeitsmoral vermittelt werden könnte. Doch in der Realität wurden die im Haushalt anfallenden Arbeiten immer weniger. Auch hier ersetzten Maschinen die Arbeit von Kindern – so machten zum Beispiel Gasöfen das Kohleschaufeln überflüssig, Geschirrspülmaschinen das Spülen von Hand, und in den Kleinfamilien fiel auch die Beaufsichtigung mehrerer jüngerer Geschwister weg. Doch das war noch nicht alles: Häufig, vor allem als die Mütter zu arbeiten begannen, war es für die Eltern leichter, die Haushaltspflichten selbst zu erledigen, als den Kindern dies erst beizubringen und sie dann dabei zu beaufsichtigen; und aufgrund des Leistungsdrucks in der Schule befürchteten Eltern, sie könnten die Kinder überfordern. Ratschläge wie »Achten Sie darauf, dass Sie Ihr Kind nicht mit Verpflichtungen überlasten«, sollten Eltern davor warnen, die Kinder zu sehr zu beanspruchen. Aber auch die Kinder ließen sich immer weniger sagen, besonders wenn sie älter als zehn oder zwölf waren. Noch immer taten Mädchen mehr als Jungen; in einem Haushalt, der nur von einem Elternteil geführt wurde, halfen die Kinder durchaus ein wenig mit (am wenigsten jedoch, wenn sie einen Stiefvater oder eine Stiefmutter hatten). Tatsächlich ließ die Arbeit sehr schnell nach: 1976 sagten noch 41 Prozent aller Schüler in den oberen Klassen der Highschool, dass sie täglich ein bisschen im Haus oder Garten mithalfen, 1999 waren es dagegen nur noch 24 Prozent. In vielen Familien waren den Müttern nicht mehr die Kinder, sondern die Väter die größte Hilfe. Auch hier rückten Arbeit und Kinder auf völlig unerwartete Weise weiter auseinander.

Keine dieser Veränderungen stellte an sich ein großes Problem dar, doch es ergaben sich einige Unklarheiten. Auch wenn die Eltern akzeptierten, dass die wichtigste Aufgabe der Kinder im Lernen bestand, waren sie doch etwas gekränkt darüber, dass die Kinder so wenig mithalfen und fragten sich, wie wichtig ihnen die Familie eigentlich war. Vom Standpunkt der Kinder betrachtet, bedeutete der Umstand, dass sie nun nicht mehr wie einst in die Arbeit eingebunden waren, zugleich eine größere Ferne vom Erwachsensein. Diejenigen, die sich bereitwillig mit ihrer Rolle als Schüler identifizierten, bemerkten das vielleicht gar nicht so. Aber manche Kinder fragten sich zweifellos, wozu sie da waren, und dies wiederum konnte neben weiteren Faktoren zu Identitäts- und Sinnkrisen führen, von denen so häufig die Rede ist, wenn es um die Kinder in den heutigen Wohlstandsgesellschaften geht.

Während die Arbeit im Leben der Kinder an Bedeutung verlor, gewann natürlich die Schulerziehung an Einfluss. Wir haben bereits gesehen, dass der Schulbesuch nun zu einer universellen Erfahrung wurde, die auch noch in die Adoleszenz hineinreichte, ja selbst noch in die Zeit, die man als frühes Erwachsenenalter bezeichnen könnte. In den 50er Jahren gab es in den Industrienationen noch eine deutliche Minderheit, die die Highschool bzw. entsprechende Schultypen ohne Abschluss verließ – vor allem waren es Jungen, die leichter eine Arbeit fanden als heranwachsende Mädchen und die häufig eine eher negative Einstellung zur Schule hatten. Aber spätestens in den 60er Jahren war die Zahl der Schulabbrecher jäh gesunken; nicht nur die Kindheit, sondern auch die Jugend bzw. Adoleszenz war nun von der Schule bestimmt. Und schließlich stieg in der gesamten industrialisierten Welt die Zahl der Schüler, die eine Hochschule besuchten. Dabei lagen die Vereinigten Staaten, wo mehr als die Hälfte der relevanten Altersgruppe in den 70er Jahren zumindest ein College besuchte, ganz vorne. Ab den 90er Jahren ließen sich in Westeuropa, Kanada und Japan, wo eine Hochschulausbildung wesentlich länger einer Elite vorbehalten war, ähnliche Tendenzen erkennen. 40 bis 50 Prozent der in Frage kommenden Altersgruppe besuchten Hochschulen, entweder Universitäten oder Fachhochschulen. Auch diesmal waren es wieder mehr Frauen als Männer, das Verhältnis betrug mindestens 55:45. Für beide Geschlechter verlängerte sich durch den Besuch einer Hochschule nachweisbar die Phase der Jugend (bis gut in die Zwanziger) und zu einem gewissen Grad auch die wirtschaftliche Abhängigkeit (von der Familie, dem Staat oder beiden); dementsprechend zögerte sich das Erreichen des vollen Erwachsenenalters hinaus.

Außerdem änderten sich, zum Teil aufgrund des längeren Schulbesuchs, auch die Breite und Tiefe der Schulausbildung auf verschiedenen Ebenen. So wurden zum Beispiel an amerikanischen Schulen erst im 20. Jahrhundert Noten und Zeugnisse üblich; vorher hatte es weniger exakte Kriterien gegeben, die über ein Weiterkommen oder Sitzenbleiben entschieden. Nun wurden neue Prüfungsverfahren entwickelt und bereits bestehende erweitert. Zu Beginn des 20. Jahrhunderts führte man Eignungsprüfungen für Colleges ein, um Schüler der Highschools für die Elite-Hochschulen auszuwählen. Der Umfang und die Bedeutung dieser Prüfungen nahm beständig zu und im frühen 21. Jahrhundert waren sie für die meisten Kinder der Mittelschicht zu einer Art Initiationsritus geworden; manche legten die Prüfungen, nach dem Besuch intensiver Vorbereitungskurse, sogar mehrere Male ab, um ein besseres Ergebnis zu erzielen. In Europa und Japan spielten Prüfungen eine noch größere Rolle. Zusammen mit den Zeugnissen erleichterten sie es, Kinder im Alter von ca. elf Jahren auf verschiedene Arten weiterführender Schulen zu verteilen – Kindern, die den Einstieg in eine Schule, die auf die Universität vorbereitete, nicht geschafft hatten, gelang der Wechsel dorthin auch später kaum mehr. An den weiterführenden Schulen entschied eine Reihe von Abschlussprüfungen über die Zulassung zum Hochschulstudium und die Wahl der Universität. Da diese Prüfungen (das Abitur, in Großbritannien der *A-Level* und *O-Level*, in Frankreich das *Baccalauréat* bzw. *Bac*) natürlich mit immensem Druck verbunden waren und sind, mag es kaum verwundern, dass das Bestehen unter Jugendlichen häufig groß gefeiert wird – mit Umzügen durch die Straßen, in Paris sogar mit Krawall, im postkommunistischen Russland mit Trinkgelagen und besonderen Kostümen.

Auch hier wirkten sich die Veränderungen sowohl auf die Erfahrung des Kindseins als auch auf die Wahrnehmung und die Sorgen der Erwachsenen aus. Die Kinder in der Schule zu unterstützen, wurde zu einem wesentlichen Aspekt des Elternseins. Zum Beispiel wählte man zur Förderung der Kinder bestimmte Veranstaltungen während der Sommerferien aus oder verhätschelte sie und ließ zu, dass sie sich zu Hause abreagierten, wie es japanische Mütter taten. Neuerdings unterzogen Eltern ihre Kleinkinder sogar Intelligenztests, um herauszufinden, welches Potential in ihnen steckte und zu ermitteln, wie sich eventuelle Mängel beheben ließen. Im Rahmen der zunehmenden Methoden und Möglichkeiten einer künstlichen Befruchtung wurde dann (neben der Größe, dem Aussehen und, wenngleich genetisch irrelevant, der Konfession) allmählich auch die Schulausbildung eines potentiellen Spenders zu einem Auswahlkriterium. Man bevorzugte Ei- oder Samenspender mit hohem IQ und einem Abschluss an einer der Spitzenuniversitäten. Die Intelligenz von Kindern wurde für viele Erwachsene nun geradezu zu einer Manie und auch die Selbstwahrnehmung der Kinder wurde von diesem Faktor maßgeblich bestimmt.

Vor diesem Hintergrund überrascht es kaum, dass es auch zögerliche Reaktionen gab. Britische Eltern der Arbeiterschicht sagten gewöhnlich zwar, sie hofften auf den schulischen Erfolg ihrer Kinder, und sahen diese schon als Ärzte oder Rechtsanwälte, doch in der Praxis taten sie wenig zu ihrer Unterstützung und zeigten oft nur geringes Interesse an Schulnoten oder schulischen Aktivitäten. Mit anderen Worten: Soziale Unterschiede wirkten sich durchaus auf das Verhältnis von Kindsein und Schule aus. In den Vereinigten Staaten, wo das Misstrauen gegenüber dem Intellektualismus eine lange Tradition hatte, machte man sich bisweilen sogar in der Mittelschicht Sorgen über die Folgen, die zu viel Schulunterricht für das Wohlbefinden der Kinder haben könnten. Während der ersten Hälfte des 20. Jahrhunderts übten viele Elternvereinigungen erfolgreich Druck auf die Regierung aus, um die Hausaufgaben einzuschränken oder sogar ganz abzuschaffen, da sie für die Kinder angeblich eine übermäßige Belastung darstellten. Dieselben Ziele verfolgte man später mit Initiativen zur Förderung der Selbstachtung von Kindern sowie durch das inflationäre Vergeben guter Noten. Gängige Methoden zur Bloßstellung von Schülern, wie zum Beispiel das Bekanntgeben der Noten, wurden sogar verboten. An vielen Schulen unternahm man beträchtliche Anstrengungen, um den Kindern Selbstvertrauen zu geben. An Highschools zum Beispiel ging man dazu über, mehrere Abschiedsredner auszuwählen – an einer kalifornischen Schule waren es sogar 16 –, um möglichst vielen Schülern gerecht zu werden; Auszeichnungen für Anwesenheit und soziales Engagement stärkten das Selbstbewusstsein einer weiteren Gruppe von Schülern; noch ein Auswuchs der Initiative zur Förderung der Selbstachtung waren Aufkleber mit der Aufschrift »Mein Kind erhielt eine Auszeichnung der Grundschule von Crestview«. Während die Vereinigten Staaten das Zentrum solcher Initiativen waren, begannen bald auch Institutionen in Großbritannien und anderen Ländern eine ähnliche Sprache zu sprechen und eine ähnliche Politik zu verfolgen. Sowohl Kinder als auch Eltern mussten sich also erst noch an die zentrale Rolle der Schule gewöhnen.

Niedrige Geburtenraten wurden in den Industriegesellschaften schlicht zu einer Grundgegebenheit. Überall, wo sich das moderne Modell etabliert hatte, waren die Familien der ärmeren Schichten tendenziell größer als die der Mittelschicht. Hier liegt also eine Umkehrung früherer Verhältnisse vor, in der sich unterschiedliches Wissen über Geburtenkontrolle widerspiegelt, wahrscheinlich aber auch noch die alte Vorstellung, dass Kinder in den unteren sozialen Schichten wirtschaftlichen Nutzen bringen könnten. Bisweilen förderte auch der Staat große Familien. Frankreich zum Beispiel verfolgte in den 30er Jahren und erneut nach dem Zweiten Weltkrieg eine Politik zugunsten einer höheren Geburtenrate, da man die niedrigen Bevölkerungszahlen, die sich unter anderem auf die militärische Stärke auswirken konnten, mit Sorge beobachtete. Eine Leistung des französischen Wohlfahrtsstaates bestand darin, dass Eltern mit mehr als zwei Kindern finanzielle Unterstützung erhielten; auch andere europäische Staaten boten ähnliche, wenngleich weniger großzügige Programme an. Die Tendenz, dass sich Paare immer seltener für ein Kind entschieden, mag sich dadurch verlangsamt haben, völlig aufzuhalten war sie jedoch nicht – der Staat vermochte also, zumindest in den Industriegesellschaften, in die Entscheidungen zur Familiengröße nicht regulierend einzugreifen.

Die markanteste Abweichung von dieser Tendenz ist sicherlich der Babyboom von den späten 40er bis zu den frühen 60er Jahren – deutlich spürbar vor allem in den Vereinigten Staaten, etwas weniger ausgeprägt hingegen in Westeuropa. Über ein Jahrzehnt lang strebten Familien der Mittelschicht drei bis vier Kinder an, die häufig dicht aufeinander gefolgt zur Welt kamen; auch die Arbeiterschicht war nun nicht mehr so darauf bedacht, die Kinderzahl möglichst klein zu halten. Dieses sehnliche Verlangen nach mehr Kindern lässt sich zum Teil auf die während der Wirtschaftskrise aufgestauten Wünsche zurückführen, als Familien nicht in der Lage gewesen waren, ihre eigenen Ziele zu verwirklichen, zum Teil aber auch auf den Zweiten Weltkrieg. Der wachsende Wohlstand der Nachkriegszeit erlaubte es vielen Familien, über eine größere Kinderzahl nachzudenken und führte zum Anwachsen der Vorstädte, die zum Symbol eines Familienlebens mit Kindern wurden. Außerdem verbreiteten die Medien das Bild der intakten Familie sowie der hingebungsvollen Mutter; und tatsächlich kümmerten sich viele Frauen nicht nur mit großem Eifer um ihren eigenen Nachwuchs, sondern engagierten sich auch in Schulkomitees und anderen Einrichtungen, die zur Unterstützung der Kinder ins Leben gerufen worden waren. Allerdings führte der Babyboom auch zu einer Überfüllung der Schulen und verursachte andere Spannungen, die dann beim Ausbruch der Studentenrevolten in den Vereinigten Staaten und Westeuropa während der 60er Jahre zum Tragen kamen.

Das Phänomen des Babybooms währte jedoch nur rund 15 Jahre. Den Kosten, die zusätzliche Kinder verursachten, standen andere Konsumwünsche gegenüber. Viele Frauen hatten das hohe Maß an Verantwortung den Kindern gegenüber und die Abgeschiedenheit der Mütter in den Vorstädten schlicht und einfach satt. Den Startschuss für die Wiederbelebung des amerikanischen Feminismus gab Betty Friedans Buch *Der Weiblichkeits-*

wahn oder die Mystifizierung der Frau (1963), das das Familienmodell der 50er Jahre als Beeinträchtigung des Lebens der Frau angriff. Der Eintritt der Mütter ins Berufsleben stand im Widerstreit mit einer hohen Geburtenrate und letztlich fiel die Entscheidung zugunsten der Arbeit aus. Die Zahl der Geburten sank wieder. Im Jahr 2000 war sie in mehreren europäischen Ländern, allen voran Spanien und Griechenland, so gering, dass die Bevölkerungszahl ohne Einwanderung sogar zurückgegangen wäre.

Die niedrige Geburtenrate brachte natürlich wieder eigene Folgen mit sich und verstärkte die Auswirkungen, die sich bereits im Rahmen des demographischen Wandels während des 19. Jahrhunderts ergeben hatten. Viele Eltern kümmerten sich nun intensiver um ihre Kinder, zumindest überschütteten sie sie mit Geschenken oder trafen umsichtige Vorkehrungen, um den schulischen Erfolg zu fördern. In dieser Hinsicht führte die niedrige Geburtenrate zu einem der deutlichsten Merkmale des Kindseins in Wohlstandsgesellschaften. In kleineren Familien hatten die Kinder natürlich auch weniger Geschwister zum Spielen; dies konnte zu intensiverem Kontakt zu Erwachsenen (seien es Eltern oder andere Bezugspersonen) während der frühen Kindheit führen und erhöhte sicherlich die Abhängigkeit von Freunden im gleichen Alter, die man vor allem in der Schule kennenlernte. Viele Eltern gaben an, dass sie sich nun mehr Sorgen über die Rivalität unter Geschwistern machten, denn die Kinder (durchschnittlich zwei pro Familie) buhlten natürlich um die Aufmerksamkeit der Eltern; allerdings war die Sorge darüber wohl größer als das tatsächliche Problem. Doch ganz offensichtlich verloren Geschwister im Leben der Kinder an Bedeutung, schlicht und einfach weil sie nicht mehr so viele hatten.

Generell führte die niedrige Geburtenrate auch zu Veränderungen der Alterspyramide in der Gesellschaft, was sich wiederum auf den Umgang mit Kindern auswirken konnte. Da es sich beim Babyboom nur um ein vorübergehendes Phänomen gehandelt hatte, sank der Prozentsatz an Kindern in der Gesamtbevölkerung der industrialisierten Welt rapide, gleichzeitig stieg, dank der höheren Lebenserwartung, der Prozentsatz alter Menschen. Verständlicherweise begann man, Älteren in Form von sozialer Fürsorge und medizinischen Programmen neue Aufmerksamkeit zu widmen. Auch wenn die Politik dadurch den Blick für die Kinder nicht unbedingt ganz verlor, konnte man doch diesen Eindruck gewinnen. Beispielsweise sank – vor allem durch Rentenprogramme – während der letzten drei Jahrzehnte des 20. Jahrhunderts in den Vereinigten Staaten der Prozentsatz der älteren Menschen, die unterhalb der Armutsgrenze lebten, die Zahl der Kinder in dieser Kategorie erhöhte sich jedoch. Ein ähnliches Muster zeigt sich darin, dass ältere Menschen durch eine hohe Wahlbeteiligung begannen, zu ihren Gunsten Einfluss auf den politischen Prozess zu nehmen; junge Bürger dagegen gingen immer seltener zur Wahl, vermutlich, weil sie den Eindruck hatten, dass die wichtigsten politischen Themen sie ja doch nicht betrafen. Dieser Unterschied in der Wahlbeteiligung trug allerdings dazu bei, dass die gesellschaftliche Kluft zwischen Erwachsenen und jungen Leuten immer größer wurde.

Paradoxerweise konnten also sinkende Geburtenraten bewirken, dass sich die Eltern selbst zwar mehr um ihre Kinder kümmerten, in der Gesellschaft als solche jedoch die für Kinder verfügbaren finanziellen Mittel eingeschränkt wurden und das Interesse der Politik nachließ. Daraus erwuchs den Industriegesellschaften eine ernsthafte Herausforderung für das 21. Jahrhundert.

Und schließlich nahm in allen Industriegesellschaften die Kindersterblichkeit, vor allem natürlich unter Säuglingen, weiterhin rapide ab. Höchstens die aktive Beteiligung an einem Krieg oder andere Katastrophen konnten diese positive Entwicklung kurzzeitig unterbrechen. Das soziale Engagement aber blieb ungebrochen: Kinder durften schließlich nicht sterben, und die Industriegesellschaften wendeten immense Summen auf, um ihr Überleben zu gewährleisten.

Wieder überrascht es kaum, dass sogar bei einer Entwicklung, der niemand etwas entgegenzusetzen haben konnte, Abweichungen und Probleme auftraten. Die Sterblichkeitsrate fiel zwar für alle Bevölkerungsgruppen, doch kamen soziale Unterschiede deutlich zum Vorschein. Die Kindersterblichkeit unter Afro-Amerikanern war aufgrund von Armut, schlechterer medizinischer Versorgung und häufiger vorkommender, riskanter Teenagerschwangerschaften oft dreimal so hoch wie unter Weißen. (Unter Afro-Amerikanern lag auch die Zahl der Teenager, die infolge von Gewalt starben, über dem Durchschnitt.) Andererseits äußerten einige Beobachter ihre Bedenken darüber, dass manche Kinder unter enormem Geldaufwand oder trotz der Wahrscheinlichkeit, dass sie dauerhaft unter gesundheitlichen Schäden leiden würden, am Leben erhalten wurden. Zweifellos wurde es immer schwieriger, den Tod eines Kindes zu akzeptieren. In den Vereinigten Staaten gab es, im Gegensatz zum 19. Jahrhundert – als man davon ausging, dass auch Trauer Familien zusammenhalten konnte –, nur wenige

Ehen, die nach dem Tod eines Kindes nicht zerbrachen. Nur schwer ließ sich der Gedanke ertragen, jemand trage doch die Schuld am Tod des Kindes. Immer häufiger ließ man Kinder, in deren Umfeld sich ein Todesfall ereignet hatte – zum Beispiel, wenn ein Klassenkamerad gestorben war – psychologisch betreuen. Überhaupt erlangte das Thema Kinder und Tod neue Bedeutung. Während der 20er Jahre behaupteten viele amerikanische Fachleute, man solle Kindern Trauer und Beerdigungen nicht zumuten, und obgleich sich diese Haltung in den 70er Jahren etwas lockerte, blieb die Sorge doch bestehen. Ein Kindergarten im englischsprachigen Raum ging sogar so weit, im Zusammenhang mit Ostereiern die Verwendung des Wortes *dyeing* (»färben«), das im Englischen genauso klingt wie *dying* (»sterben«), zu verbieten (freilich durfte weiterhin das Wort *coloring* benutzt werden, das auch »färben« bedeutet), damit die Kinder kein Trauma erlitten. Viele Experten behaupteten, Kinder der heutigen Zeit wüssten gar nicht mehr, was der Tod bedeutet, gerade weil es so unwahrscheinlich sei, dass sie damit direkt in Berührung kämen. All dies hatte erstaunliche Auswirkungen auf die Psyche von Kindern.

Natürlich tauchten auch Probleme auf. Moderne technische Geräte stellten neue Gefahrenquellen für Kinder dar. Schon Haushaltsgeräte konnten gefährlich sein und Autos waren eine echte Bedrohung. Wie zu erwarten, wurden ab den 20er Jahren großangelegte Kampagnen zur Gewährleistung der Sicherheit von Kindern ins Leben gerufen; viele davon bürdeten den Eltern größere Verantwortung auf, obwohl auch neue Sicherheitsvorkehrungen, wie zum Beispiel Kindersitze oder »kindersichere« Flaschenverschlüsse, auf den Markt kamen. In den Vereinigten Staaten erlegte man den Kindern zu ihrem Schutz besonders viele Einschränkungen auf – mit einer bezeichnenden Ausnahme: Aufgrund der großen Abhängigkeit der Amerikaner vom Auto waren die Führerscheinprüfungen letztlich relativ leicht und man durfte, im Vergleich zu Europa oder Japan, bereits sehr früh Auto fahren. Autofahren und die Adoleszenz ließen sich in den Vereinigten Staaten kaum mehr voneinander trennen, mit der Folge, dass die meisten Todesfälle während dieser Lebensphase auf Autounfälle zurückzuführen waren; europäische Länder dagegen erlaubten in der Mehrzahl das Autofahren erst ab 18 Jahren. In den Industriegesellschaften des frühen 21. Jahrhunderts rückten Tod und Kindsein weiter auseinander als jemals zuvor in der menschlichen Geschichte, doch einige Probleme blieben bestehen.

Während des 20. Jahrhunderts kamen zu den Veränderungen des Kind-seins in den Industriegesellschaften noch drei weitere Aspekte hinzu. Der erste betrifft die Stabilität der Familie, genauer gesagt die schnell steigende Scheidungsrate. Ab dem späten 20. Jahrhundert wurden 50 Prozent aller amerikanischen und 35 Prozent aller britischen Ehen geschieden und damit erreichte eine schon mehrere Jahrzehnte zu beobachtende Entwick-lung ihren Höhepunkt. Dass Familien auseinanderbrachen, war kein neues Phänomen. Früher waren sie mit dem Tod eines Elternteils oder gar beider Eltern oder auch mit großer Armut konfrontiert gewesen, die manche Eltern dazu zwang, die Kinder in ein Heim zu geben. Derartige Probleme ließen im 20. Jahrhundert allgemein nach; vor allem gab es we-niger echte Waisenkinder. Doch dass Familien bewusst aufgelöst wurden, wirkte sich auf viele Kinder fraglos negativ aus, da sie plötzlich zwischen den Eltern standen und manchmal auch wirtschaftliche Nachteile hinneh-men mussten. Bekamen zunächst – bis etwa zu den 70er Jahren des 20. Jahrhunderts – die Mütter bevorzugt das Sorgerecht zugesprochen, so war die Rechtsprechung danach etwas ausgewogener. Bittere Streitigkeiten um das Sorgerecht konnten für die Kinder eine zusätzliche Belastung darstel-len. Nur selten waren die Kinder der Scheidungsgrund, und eine Zeit lang behaupteten Experten, eine Scheidung sei Konflikten vorzuziehen – eine Ansicht, die in den 90er Jahren revidiert wurde. Offensichtlich waren den-noch viele Eltern überzeugt, ihr persönliches Glück sei wichtiger als der Versuch, die Familie um der Kinder willen zusammenzuhalten; und schon das war eine bezeichnende Veränderung.

Scheidungen und zunehmende sexuelle Freizügigkeit verstärkten häu-fig das Phänomen, dass Väter sich nicht um ihre Kinder kümmerten, doch auch das war nicht neu. Viele Väter unehelicher Kinder, und nicht wenige geschiedene, weigerten sich, den finanziellen Verpflichtungen ihren Kin-dern gegenüber nachzukommen, manchmal ließen sie sie sogar ganz im Stich. Verschiedene Regierungen führten neue Maßnahmen ein, um die Unterstützung der Kinder zu erzwingen, doch die Kluft zwischen man-chen Vätern und ihren Kindern ließ sich nicht überbrücken. Dies war allerdings nur eine Seite des Vaterseins im 20. Jahrhundert, denn umge-kehrt widmeten viele Väter ihren Kindern neue Aufmerksamkeit; manche geschiedenen Väter, die den Kindern gegenüber Schuldgefühle hatten, ver-wöhnten sie mit Geschenken. Hinsichtlich der hier diskutierten Instabi-lität der Familie gab es natürlich auch regionale wie soziale Unterschiede. Im säkularen, doch der katholischen Tradition verhafteten Frankreich war die Scheidungsrate niedriger als in Großbritannien; in Japan, wo sie zu Beginn des Jahrhunderts hoch gewesen war, erwiesen sich die Familien nun als beständiger.

Der zweite Aspekt betrifft die Bestrafung von Kindern. Bereits im 20. Jahrhundert drängten amerikanische Erziehungsexperten die Eltern dazu, die alten Methoden noch einmal zu überdenken. Kinder waren, der neuen Ansicht nach, seelisch verletzbar und mussten mit Umsicht behandelt werden. Man sollte nicht nur davon absehen, ihnen im Zuge einer Erziehungsmaßnahme Angst zu machen, sondern ihnen auch keine Schuldgefühle einflößen, denn das könne ihre Selbstachtung untergraben und später zu Problemen führen. Die zunehmende Forschung auf dem Gebiet der Psychologie und die Entstehung des Berufsstands der Psychologen löste eine wahre Flut von Ratschlägen für Eltern aus, die häufig zu glauben begannen, sie könnten ihrem eigenen Gefühl nicht trauen und kämen nicht ohne ein Erziehungsbuch oder eine Elternzeitschrift aus. Auch hier erfasste ein amerikanischer Trend bald andere Teile der Welt. Ganz moderne Eltern rühmten sich, dass sie mit ihren Kindern diskutierten oder sie gar nicht erst in Situationen geraten ließen, die schlechtes Benehmen hervorrufen könnten. Viele Eltern gingen dabei sehr weit und wandten überhaupt keine körperliche Bestrafung mehr an, ja hielten ihren Kindern nicht einmal Strafpredigten, damit sie sich ihrer Schuld bewusst wurden, sondern gaben ihnen Hausarrest: Man untersagte ihnen für einen gewissen Zeitraum den Kontakt mit Freunden und verweigerte ihnen auch bestimmte Konsumgüter. Dabei versuchte man, den eigenen Zorn nicht allzu offen zu zeigen, denn das hätte Schuldgefühle in den Kindern wecken können. Viele Kinder wiederum erkannten schnell, dass sie das Verhalten der Eltern durchaus zu ihren Gunsten beeinflussen konnten, wenn sie so taten, als fühlten sie sich schuldig.

Natürlich interessierten sich nicht alle Eltern für die aktuellsten Ratschläge. Dennoch wurde die Anwendung körperlicher Strafen fast überall überdacht. Ein interessantes Fallbeispiel stellt Irland dar. Während der ersten Hälfte des Jahrhunderts wurde die körperliche Züchtigung dort von Gerichten empfohlen, in den Familien toleriert und in den Schulen aktiv eingesetzt, ohne dass man darüber groß debattiert hätte. In einer Klasse wurden die Schüler wegen schlechter Noten sogar mit einem Gürtel auf die Hand geschlagen. Ab den 30er Jahren regte sich Protest gegen extreme Misshandlung und manche Lehrer mussten Rechenschaft ablegen. Ab den späten 40er Jahren wurde die Kritik lauter. In Dublin gründeten einige

Eltern eine Gruppe zum Schutz von Kindern, um in der Schule erfolgte Misshandlungen an die Öffentlichkeit zu tragen. In den 50er und 60er Jahren schränkten neue Gesetze die körperliche Züchtigung ein, obwohl es noch immer Stimmen gab, die die Prügelstrafe befürworteten. 1982 wurde die körperliche Bestrafung an Schulen schließlich ganz verboten; die härteste Strafe war nun die Suspendierung vom Unterricht oder der Schulverweis. Die damalige Regierung bestand darauf, dass Lehrer ihre Schüler »mit bestimmter Freundlichkeit behandeln und sie durch Zuneigung und Vernunft lenken sollten, nicht durch Härte und Strenge«. Selbst Sarkasmus oder »Bemerkungen, die das Selbstvertrauen der Schüler untergraben könnten«, wurden untersagt.

Diese Tendenz ließ sich fast überall beobachten. Ab den 20er Jahren des 20. Jahrhunderts setzten sich Erziehungsexperten fast einmütig gegen die körperliche Bestrafung von Kindern ein. In Großbritannien und vielen (wenngleich nicht allen) amerikanischen Staaten wurde sie spätestens in den 80er Jahren an den Schulen abgeschafft. In den skandinavischen Ländern war es nun sogar verboten, Kinder zu Hause zu schlagen. Darüber hinaus wurde in den Vereinigten Staaten und anderswo der Tatbestand der Kindesmisshandlung wesentlich strenger gefasst und definiert, und auch Handlungen, von denen man zuvor vielleicht kaum einmal Notiz genommen hatte – zum Beispiel, dass Kinder derart geschlagen wurden, dass sie blaue Flecken davontrugen – wurden strafbar. Gewalt gegen Kinder kam noch vor, doch sie ließ sicherlich nach. Die Haltung der Gesellschaft hatte sich insgesamt entscheidend gewandelt.

Vielleicht zeigt sich die deutlichste Entwicklung des 20. Jahrhunderts darin, dass das Kind nun als Konsument in den Mittelpunkt rückte; erste Tendenzen in diese Richtung hatten sich ja bereits früher abgezeichnet. Eltern und auch andere Erwachsene kauften den Kindern bereits vom Kleinkindalter an immer mehr Spielsachen. Schon früh im 20. Jahrhundert warnten ein paar Experten davor, die Babys mit zu vielen Stofftieren zu umgeben, aber die meisten Eltern waren sich einig, dass es gut für die Kinder sei, wenn sie Dinge zum Kuscheln hätten. In den 20er Jahren legte man den Eltern nahe, Konsumgüter als Bestechung einzusetzen: Fürchte sich ein Kind vor der Dunkelheit, so könne man es mit einem Bonbon in sein Zimmer locken und dazu bringen, jede Nacht ein Stückchen weiter hineinzulaufen, bis das Konsumvergnügen die Angst besiegt habe. Urlaube und Geburtstage wurden zu wahren Konsumfesten – in den 20er Jahren rieten Experten dazu, auch den Geschwistern des Geburtstagskindes ein

Geschenk zu geben, um Rivalitäten zu vermeiden. Ab den 50er Jahren übernahmen die Eltern stillschweigend die Verantwortung dafür, dass sich die Kinder nicht langweilten. Zuvor hatte man Langeweile, ein in jedem Fall modernes Phänomen, eher als eine Art Veranlagung betrachtet: Kindern, vor allem Mädchen, musste man beibringen, andere nicht zu langweilen. Jetzt wurde Langeweile jedoch zu einem Zustand, für den man jemandem die Verantwortung zuschieben konnte, allen voran den Eltern. Dementsprechend wurde »mir ist langweilig« zu einer berechtigten Beschwerde aus dem Mund von Kindern.

Kinder als Konsumenten sorgten für nicht zu übersehende neue Probleme, was die Autorität und Kontrolle betraf. Viele Kinder brüsteten sich damit, dass sie Geld ausgaben (die Sitte, Taschengeld zu geben, war in den Vereinigten Staaten in den 90er Jahren des 19. Jahrhunderts aufgekommen und hatte sich schnell verbreitet); und natürlich verdienten einige ältere Kinder selbst Geld – häufig hatten sie also direkten Zugang zu bestimmten Gütern. Außerdem sprachen neue Medien, wie zum Beispiel das Radio, dann das Fernsehen und zuletzt das Internet, die Kinder direkt an und überschütteten sie mit einer Flut von Bildern und Werbespots. Viele Eltern beobachteten diese Entwicklung mit Besorgnis, und manchmal schritt die Regierung zur Regulierung ein – zum Beispiel, indem sie die Beurteilung von Filmen nach ihrer Eignung für Kinder befürwortete oder, wie in Schweden, TV-Werbung für Kinder verbot. Immer wieder sahen sich die modernen Gesellschaften einer Flut von Warnungen über die negativen Folgen von Comics, Radio, Filmen und Videospielen ausgesetzt – das gängige Argument lautete, dass die Kinder zu Gewalt oder unerwünschter Sexualität verführt würden. Zweifellos erweiterte sich beständig das Spektrum der Eindrücke, dem Kinder und Heranwachsende durch die Medien ausgesetzt waren, und sicherlich gab es eine Verbindung zwischen dem Konsumismus der Kinder einerseits und Gewalt und Sexualität andererseits. Wie sehr sich all das tatsächlich auswirkte, war jedoch umstritten. Viele Eltern waren sich nicht ganz schlüssig, so sehr sie darüber besorgt waren, was ihre Kinder konsumierten: Sie hatten auch die Verpflichtung, für die Unterhaltung der Kinder zu sorgen, und fühlten sich häufig schuldig, dass sie ihnen nicht mehr Aufmerksamkeit schenkten oder schenken konnten. Der Konsumismus verbreitete sich also, selbst unter der ärmeren Bevölkerung der Industriegesellschaften, mehr und mehr. Dinge zu haben und haben zu wollen, wurde zu einem zentralen Bestandteil im Leben des Kindes. Viele Aspekte des Konsumismus führten sogar dazu, dass sich die

Kinder in einer ganz eigenen Welt bewegten, mit spezieller Musik, Kleidung und anderen Attributen, die ihnen zum Teil schon deshalb gefielen, weil die Erwachsenen davon weniger begeistert waren.

Das zeitgenössische Kindsein wies sowohl Ähnlichkeiten als auch Unterschiede im Vergleich zu früheren Verhältnissen auf: In den bäuerlichen Gesellschaften hatte man von den Kindern erwartet, dass sie arbeiteten, ihnen jedoch auch – zum Teil, um dies auszugleichen –, bei Festen besondere Rollen zugestanden. Kindsein heute bedeutet, in die Schule zu gehen und sich dort im Idealfall sogar besonders auszuzeichnen; im Gegenzug erhalten die Kinder viele Freiheiten und es steht ihnen eine noch nie dagewesene Fülle von Konsumgütern zur Verfügung.

Dass man das Konsumverhalten von Kindern förderte, blieb nicht ohne Folgen und betraf auch die Rolle der Großeltern. In der westlichen Gesellschaft blieben ältere Menschen von den 20er Jahren des 20. Jahrhunderts an immer häufiger in ihrem eigenen Zuhause, statt zu ihren erwachsenen Kindern zu ziehen. Was das angeht, mag der Kontakt zu den Enkelkindern nachgelassen haben. Natürlich verließen sich manche Eltern auch weiterhin auf die Großeltern als Babysitter, vor allem alleinstehende Mütter, die arbeiten mussten. Aber das vorherrschende Bild von Großeltern wandelte sich: Sie förderten den Konsum, indem sie ihre Enkelkinder mit Süßigkeiten verwöhnten und ihnen unverhohlene Zuneigung entgegenbrachten; als Gegengabe erwarteten sie angenehme, wenngleich oft kurze Begegnungen mit den Enkelkindern. Damit übernahmen sie eine wichtige, wenngleich auch neuartige Rolle.

Für die Heranwachsenden in der gesamten industrialisierten Welt war der Konsumismus nicht nur mit sexueller Metaphorik, sondern auch mit einem Wandel der Sexualität verbunden. In den Vereinigten Staaten wurde es um 1920 üblich, »miteinander zu gehen«. Diese neue »Sitte« unterschied sich von den traditionelleren Formen des Werbens dadurch, dass sich ein junges Pärchen nun außerhalb des Hauses – ohne ständige Beobachtung durch Aufsichtspersonen – zum Beispiel zu einem Restaurant- oder Kinobesuch traf. Daraus konnte sich durchaus auch sexueller Kontakt ergeben. Prinzipiell erwartete man von den Mädchen, dass sie das Maß der sexuellen Aktivitäten bestimmten; schließlich herrschte noch immer die Annahme, Mädchen seien in dieser Hinsicht zurückhaltender und hätten selbstverständlich auch mehr zu verlieren, falls es tatsächlich zum Äußersten käme. Miteinandergehen führte normalerweise nicht gleich zum Geschlechtsverkehr, doch zweifellos kam es häufiger zu sexuellem

Kontakt. Ab den 50er Jahren stieg in den Vereinigten Staaten (früher als man es bis heute wahrhaben will) die Zahl der vorehelichen Schwangerschaften; Mädchen aus besserem Hause waren nach wie vor gezwungen, ihre Kontakte zu verheimlichen. Mit den 60er Jahren wurde der Zugang zu Verhütungsmitteln, vor allem der Pille, leichter, und damit stieg auch die Bereitschaft zu sexueller Aktivität unter jungen Leuten im mittleren und späten Teenageralter. Ohne Frage machten junge Leute, vor allem Mädchen, immer früher ihre ersten sexuellen Erfahrungen, obgleich es sowohl individuelle als auch soziale Unterschiede gab. Ab den 60er Jahren stieg auch das Heiratsalter an, vor allem in der Mittelschicht, als Frauen wie Männer darauf bedacht waren, zunächst einmal ihre Ausbildung abzuschließen und ins Berufsleben einzusteigen; mehr denn je wurde die Zeit der Jugend – vom mittleren und späten Teenageralter bis weit über 20 – nun zu einer Phase des sexuellen Experimentierens, bei dem manchmal auch Alkohol oder Drogen ins Spiel kamen. Die Medien gaben dieses Bild einer Jugendzeit voller Vergnügungen getreulich, wenngleich etwas übertrieben, wieder.

Doch es entwickelten sich auch Gegentendenzen. Manche Feministinnen sorgten sich, dass junge Frauen, da sie sich sexuellen Annäherungsversuchen nun weniger gut entziehen konnten, ausgebeutet würden, und manche jungen Leute widersetzten sich der Entwicklung aus religiösen oder persönlichen Gründen und entschlossen sich zu sexueller Enthaltsamkeit vor der Ehe. In den Vereinigten Staaten rief eine großangelegte Kampagne während der 90er Jahre die Jugendlichen dazu auf, zu Sex und anderen »Lastern« »einfach nein zu sagen«, und solche Initiativen wurden auch vom Staat in beträchtlichem Maß subventioniert. Verhütungsmittel wurden von offizieller Seite nicht gefördert – schließlich erleichterten sie den sexuellen Verkehr –, doch war es nicht allzu schwer, an sie heranzukommen. Zwar ließ sich ein leichter Rückgang der Teenagerschwangerschaften verzeichnen, ob sich aber viel an den sexuellen Aktivitäten änderte, sei dahingestellt. Kampagnen gegen die sexuelle Belästigung von Schülern und gegen die Vergewaltigung durch den Partner spiegelten tatsächliche Probleme amerikanischer Jugendlicher, aber auch die Beunruhigung der Gesellschaft angesichts der neuen Sexualkultur der Jugend wider. In Europa und Japan sahen die Reaktionen auf die neuen sexuellen Verhaltensweisen anders aus, da Verhütungsmittel dort leichter zugänglich waren und die Rate der Teenagerschwangerschaften merklich zurückging.

KINDSEIN IN DEN WOHLSTANDSGESELLSCHAFTEN

Die Veränderungen im Konsumverhalten und den Erziehungsmethoden zeitigten noch eine letzte Auswirkung, die sich in den Vereinigten Staaten deutlicher zeigt, jedoch in zunehmendem Maß auch Europa betrifft. Ab den 80er Jahren wurde – nachdem sich diese Tendenz schon früher angekündigt hatte – die Fettleibigkeit von Kindern zu einem großen Problem. Viele Kinder waren übergewichtig, weil sie von ihren Eltern verwöhnt wurden oder selbst, wann immer sie wollten, zu den stets vorhandenen Erfrischungsgetränken und Snacks griffen; sie nahmen zu, weil ihre Essgewohnheiten häufig nicht aufmerksam kontrolliert wurden, da die Eltern davor zurückschreckten, die Kinder zu disziplinieren oder dachten, Essen könne als Kompensation dafür dienen, dass sie – in Anbetracht ihrer Berufstätigkeit – nicht immer für ihre Kinder da sein konnten. Zudem verbrachten die Kinder immer mehr Zeit im Sitzen, sei es vor dem Fernseher und dem Computer oder weil sie häufig mit dem Auto zu anderen Freizeitaktivitäten gefahren wurden. Eine Studie aus dem Jahr 1994 belegt, dass 25 Prozent aller amerikanischen Kinder fettleibig waren, im Vergleich zu den 70er Jahren ein Anstieg von über 50 Prozent; im Jahr 2004 war der Anteil auf über 30 Prozent gestiegen. Zum selben Zeitpunkt galten 13 Prozent der französischen Kinder als fettleibig, auch hier ein Anstieg von über 50 Prozent seit den frühen 90er Jahren.

Im Jahre 1900 rief die schwedische Pädagogin Ellen Key das 20. Jahrhundert zum »Jahrhundert des Kindes« aus. Dieses Motto verbreitete sich schnell in den Vereinigten Staaten. Die sichtbaren Fortschritte, was die Gesundheit und die Ausbildung von Kindern anging, die Verfügbarkeit neuen Fachwissens, die Diskussionen über weniger strenge Erziehungsmethoden und die Tatsache, dass es allmählich immer mehr Konsumgüter gab, ließen ihre Vorhersage plausibel erscheinen, und sie wurde von vielen bejubelt. Vieles ist tatsächlich verwirklicht worden: Die Kinder in den Industriegesellschaften sind im Vergleich zum 19. Jahrhundert besser ausgebildet, sind kaum gezwungen, unter harten Bedingungen zu arbeiten, haben bessere Überlebenschancen und werden sogar weniger oft geschlagen. Doch im Jahr 2005 teilten nur noch wenige Fachleute Keys Optimismus. Denn ganz so einfach ist die Sache dann doch nicht.

Erstens zogen die Errungenschaften in manchen Fällen weitere Probleme nach sich. Im Jahr 1900 konnte noch niemand vorhersehen, dass so viele Kinder fettleibig sein würden; ein Jahrhundert später war man unweigerlich mit dieser Tatsache konfrontiert. Die Kindersterblichkeit ist gesunken, aber noch immer führen tragische Unfälle zum Tod vieler Teenager. Hinzu kommen, wenn auch weniger offensichtlich, einige Nachteile, einschließlich neuer Probleme wie Stress oder Identitätskrisen: Alle verfügbaren Statistiken zeigen, dass Depressionen und Selbstmorde unter Kindern, vor allem Teenagern, merklich gestiegen sind.

Zweitens machen sich Erwachsene, auch unabhängig von eindeutigen Problemen, in mancher Hinsicht mehr Sorgen um ihre Kinder, vor allem in den Vereinigten Staaten. Der Konsumismus eröffnet zwar Kindern und Eltern neue Möglichkeiten, miteinander zu spielen – ein schönes Erlebnis für die ganze Familie –, doch fällt es schwer, sich mit dem Konsumismus von Kindern gänzlich anzufreunden. Die wachsende Kluft zwischen Teenagern und Eltern, die sich zum Teil auf unterschiedlichen Konsumgeschmack und unterschiedliche Werte zurückführen lässt, ist kaum zu übersehen, und viele Eltern tragen schwer daran. Der Tod von Kindern ist ziemlich unwahrscheinlich geworden, doch damit umso schwerer ertragbar, wenn er sich einmal ereignet. Vor diesem Hintergrund haben die Sorgen der Eltern um Gesundheit und Sicherheit ihrer Kinder eher zugenommen. Hinzu kommt die neue Verantwortung für das emotionale und psychische Wohlbefinden der Kinder, einschließlich der Notwendigkeit, die eigene Wut nicht zu zeigen (misslingt dies, so werden die Eltern nicht selten von Schuldgefühlen geplagt). Auch das Aufkommen kaum zu ignorierenden Fachwissens ist zweischneidig: So finden die Eltern in Büchern zur Kindererziehung zwar wertvolle Ratschläge und Trost, doch wird ihnen auch suggeriert, ihre eigenen Impulse könnten falsch sein, was nicht gerade ermutigend ist. Das wachsende psychologische Fachwissen veranlasste viele Eltern dazu, ihre eigene Kindheit und die Art und Weise, wie sie erzogen wurden, zu hinterfragen: Die Eltern für die eigenen Probleme verantwortlich zu machen, wurde jetzt so akzeptabel wie nie zuvor – eine weitere interessante Entwicklung. Lassen wir nun noch eine Tatsache für sich sprechen: Zwischen den 50er und den 70er Jahren sank die Zahl der amerikanischen Eltern, denen nach eigener Aussage das Elternsein Spaß machte, deutlich; den Umfragen zufolge waren die glücklichsten verheirateten Paare diejenigen, die keine Kinder hatten.

Und drittens steht man in den Industriegesellschaften, trotz der weitverbreiteten Rhetorik über die Freuden des Elternseins und die Niedlichkeit von Kindern, Kindern mittlerweile mit gemischten Gefühlen gegenüber. Offensichtlich ziehen viele Erwachsene die Arbeit oder ihre eigenen Konsumfreuden der allzu intensiven Beschäftigung mit Kindern vor –

selbst wenn sie sich dabei vielleicht schuldig fühlen. Schon der Rückgang der Kinderzahlen hat unweigerlich zur Folge, dass die Aufmerksamkeit auf andere Dinge gelenkt wird. Auch wenn dieser Rückgang letztlich daraus resultiert, dass man nun den wirtschaftlichen Gewinn und Verlust abwägt, den Kinder mit sich bringen, so führt er doch auch zu einer Neuorientierung der Interessen. In Deutschland kam in den 70er Jahren der Begriff der Kinderfeindlichkeit auf, um vor allem die Haltung von Paaren zu beschreiben, die es vorzogen, keine Kinder zu bekommen. In den Vereinigten Staaten war man zwar etwas kinderfreundlicher, doch die Zahl der Gemeinden, in denen nur ältere Erwachsene lebten und Kinder höchstens als Besucher zugelassen waren, stellte auch eine auffallende Neuerung dar. Die Rolle des Kindseins in den fortschrittlichen Industriegesellschaften war noch nicht endgültig umrissen und definiert; gewiss war das Kindsein in diesem Umfeld mit Vorteilen verbunden, doch welche Wege offen standen, ließ sich nicht so eindeutig bestimmen wie scheinbar noch vor 100 Jahren.

Weiterführende Lektüre

Viviana Zelizer, *Pricing the Priceless Child* (New York 1985); Peter N. Stearns, *Anxious Parents: a history of modern American childrearing* (New York 2003); Gary Cross, *Kids' Stuff: toys and the changing world of American childhood* (Cambridge, Massachusetts 1997) und ders., *The Cute and the Cool: wondrous innocence and modern American children's culture* (New York 2004); Joan Jacobs Brumberg, *The Body Project: an intimate history of American girls* (New York 1998); Mary Ann Mason, *The Custody Wars: why children are losing the legal battles and what we can do about it* (New York 1999); Howard Kushner, *Self-Destruction in the Promised Land; a psychometric biology of American suicide* (New Brunswick, New Jersey 1989); Merry White, *The Material Child: coming of age in Japan and America* (Berkeley, 1994); Muriel Jolivet, *Japan, a Childless Society?* (New York 1997); Roger Goodman, *Japan's »International Youth«: the emergence of a new class of school children* (Oxford 1990); Fritz Ringer, *Education and Society in Modern Europe* (Bloomington 1979). Eine Pionierarbeit der vergleichenden Forschung: Joseph Hawes und N. Ray Hiner, *Children in Historical and Comparative Perspective: an international handbook and research guide* (New York 1991). Vgl. auch Colin Heywood, *A History of Childhood: children and childhood in the West from medieval to modern times* (Cambridge 2001).

KAPITEL 11

Die Wirren des 20. und 21. Jahrhunderts

Kinder erleben Krieg und Gewalt

In den vergangenen 100 Jahren mussten Kinder zahllose Gräueltaten erleiden; genauer gesagt: Viele der schlimmsten Ereignisse der jüngeren Geschichte brachen über Kinder herein. Man denke nur an die unendlich vielen Kinder, die während des Zweiten Weltkriegs Opfer des Holocaust wurden: In Lagern zwangsinterniert, mussten sie die Demütigung und den Tod der Eltern mit ansehen und kamen häufig selbst in den Gaskammern ums Leben. Von den schätzungsweise 1,6 Millionen jüdischen Kindern, die 1939 auf dem europäischen Festland lebten (Russland ausgenommen), starben eineinhalb Millionen. Nicht einmal die Auffassung, Kinder hätten einen Sonderstatus, vermochte ihnen Schutz zu bieten. Die vielen blutigen Kriege des 20. Jahrhunderts und die damit einhergehenden Vertreibungen der Bevölkerung, darunter Hunderttausende Kinder, deren Folgen auch noch ins 21. Jahrhundert hineinreichen, machen einen wesentlichen Bestandteil der jüngeren Geschichte des Kindseins aus. Der moderne Krieg hat die Grenzen zwischen der Zivilbevölkerung und dem Militär verwischt und davon sind Kinder auf vielerlei Weise betroffen. Offener Hass in einem ganz neuen Ausmaß, zum Beispiel zwischen ethnischen Gruppen, führt zu direkten Angriffen auf Kinder, wie es sie in dieser Form im 19. Jahrhundert nicht gegeben hat.

Auch in der Vergangenheit waren Kinder als Gruppe Opfer grausamer Gewalttaten geworden. Man denke nur an das Schicksal der vielen, die an den Kinderkreuzzügen teilnahmen: Sie wurden in die Sklaverei verkauft. Überfälle auf Kinder zur Einschüchterung Erwachsener oder um das Fortbestehen bestimmter Gruppen zu verhindern, die in den Augen eines Eroberers gefährlich oder minderwertig erschienen, sind keine Erfindungen des 20. Jahrhunderts. Doch aufgrund der Häufigkeit und des Ausmaßes kriegerischer Auseinandersetzungen und innerer Konflikte sowie neuartiger Waffen war das vergangene Jahrhundert eines der blutigsten. Für viele

Kinder erwies sich das »Jahrhundert des Kindes« als eine schlechte Zeit, um Kind zu sein.

Diese Entwicklung nahm bereits sehr früh ihren Anfang, zum Beispiel mit der von großem Blutvergießen begleiteten unfreiwilligen Migration der griechischen und türkischen Bevölkerung nach dem Ersten Weltkrieg. Und auch heute dauert sie in Form von Bürgerkriegen in vielen Teilen Afrikas und anderswo fort.

In den nachfolgenden Ausführungen werden wir Ereignisse betrachten, von denen in jüngerer Zeit die Erfahrungen vieler Kinder unweigerlich geprägt waren; damit bewegen wir uns weit weg vom Leben der Kinder in gefestigteren Gesellschaften und den Auswirkungen, die die Umsetzung des modernen Modells an immer mehr Orten zeitigt. Ohne detailliert auf alle Einzelereignisse eingehen zu können, werden in diesem Kapitel einige Beispiele für das physische und psychische Leid von Kindern im Blickpunkt der Betrachtung stehen und damit einhergehend einige der häufigsten Folgen der Flüchtlingsproblematik beschrieben, wie sie sich in Zwangsarbeit, sexueller Unterdrückung und dem Auftauchen neuer Erscheinungsformen von Kindersoldaten äußern.

In diesem Kapitel sollen bedeutende, aber nicht minder erschreckende Aspekte der Lebensbedingungen vieler Kinder während der letzten Jahrzehnte beleuchtet werden. Dabei wird die Unzulänglichkeit vieler internationaler Bemühungen zum Schutz von Kindern und gutgemeinter Verlautbarungen zum Vorschein kommen. Freilich sind derartige Lebensbedingungen nicht für alle Kinder auf der Welt kennzeichnend, doch sie zeigen, dass zunehmende Schulbildung und wachsender Konsumismus auch keine universalen Charakteristika des Kindseins sind. Die Erfahrungen von Kindern können sehr verschieden aussehen und dementsprechend gilt es, weitere Faktoren zu berücksichtigen. Erstens gibt es ähnlich katastrophale Zustände auch in Gesellschaften, die nicht direkt von Krieg und ethnischem Hass zerrissen, aber von großer Armut betroffen sind. Auch dort spiegelt sich in dem Verkauf der Sexualität, der Arbeit, ja sogar der Körperteile von Kindern die verzweifelte Lage vieler Menschen wider. Mehrere Beobachter haben festgestellt, dass sich die Erfahrungen afroamerikanischer Kinder in Sozialsiedlungen in Chicago, wo große Gewalt herrscht, gar nicht so sehr von denen der Kinder in erklärten Kriegsgebieten unterscheiden. Zweitens gibt es, auch wenn man das Schicksal von Kindern in Kriegsgebieten oder Flüchtlingslagern nicht verharmlosen darf, selbst dort Auswege; ab und zu ergeben sich durch das Zusammenwirken auswärtigen Eingreifens und der Findigkeit einzelner Familien unerwartete Verbesserungen, ja manchmal wird den Kindern sogar eine moderne Schulerziehung ermöglicht. Und drittens darf man nicht vergessen, dass auch Kinder in stabileren Gesellschaften, obgleich sie von Verstümmelungen und massivem posttraumatischem Stress verschont bleiben, mit Nachteilen ganz eigener Art konfrontiert sind; manche davon scheinen untrennbar mit dem modernen Modell und dem zunehmenden Konsumismus verbunden zu sein.

Überall auf der Welt macht sich eine Kluft bemerkbar zwischen Gesellschaften, die sich im Kriegs- oder Belagerungszustand befinden – Gesellschaften, in denen Kindern fast keine Grausamkeit erspart bleibt –, und solchen, die auf dem Weg sind, die allgemein anerkannten Voraussetzungen für ein modernes Kindsein zu schaffen oder weiter auszubauen. Die Kinder in den erstgenannten Gesellschaften verdienen weitaus mehr Aufmerksamkeit, als sie oft erhalten haben, denn selbst Stellungnahmen von einflussreicher Seite konnten anscheinend nicht verhindern, dass Kindern weiterhin Schaden zugefügt wird. Allerdings sollten uns diese Gräuel nicht gänzlich von den zwar weniger schwerwiegenden, doch ernsthaften Problemen ablenken, mit denen sich Kinder in einem anderen Umfeld auseinandersetzen müssen.

Kein anderes Ereignis des 20. und 21. Jahrhunderts forderte das Leben so vieler Kinder wie der Holocaust, doch während des Zweiten Weltkriegs und in den darauffolgenden Jahrzehnten schien sich die Spirale der Gewalt noch zu beschleunigen. Viele Kinder waren ab 1939 unmittelbar von Belagerungen und Bombenangriffen betroffen – ein riesiger Ausbruch von Gewalt, die ganz bewusst gegen Zivilisten gerichtet war. Manche Kinder schickte man während des Kriegs aus den Städten fort, und es gab sogar Bemühungen, Kinder aus Leningrad (St. Petersburg) zu evakuieren, bevor die Stadt von deutschen Truppen eingekreist und belagert wurde. Doch selbst die Kinder, die evakuiert werden konnten, sahen sich ernsten Problemen gegenüber: Sie befanden sich in einer fremden Umgebung fern der Familie und litten unter massiven Schuldgefühlen, weil sie in Sicherheit waren, während andere starben. Noch wesentlich schlimmer waren die Bedingungen der Kinder, die weiterhin dem Artilleriebeschuss und den verheerenden Bombenangriffen ausgesetzt waren: Tod und Verwundung, der Verlust von Familienangehörigen, unzureichende Versorgung mit Nahrungsmitteln und unvorstellbarer psychischer Stress bestimmten ihr Dasein. Außerhalb Europas sah es nicht anders aus: Ähnliche Erfahrungen machten zum Beispiel Kinder in chinesischen Städten während der japanischen Angriffe und später Kinder in den von den Amerikanern bombardierten japanischen Städten.

Nach dem Zweiten Weltkrieg ließen solche massiven Angriffe, von denen auch Kinder betroffen waren, für kurze Zeit nach. Die offensichtlichste Ausnahme bilden die Gewalt und die Unsicherheit, die mit der Gründung des Staates Israel einhergingen, sowie die regelmäßigen kriegerischen Auseinandersetzungen und die Aufstände der Palästinenser, die bis zum heutigen Tage andauern. Ein noch größeres Ausmaß erreichte die Gewalt mit dem Vietnamkrieg und seinen Folgen: Zu den erschütterndsten Fotos gehört zweifellos die Aufnahme eines Mädchens, das nackt die Straße entlangläuft, ihr Rücken völlig verbrannt vom Napalm der Amerikaner (das Mädchen überlebte erstaunlicherweise). Der anschließende Bürgerkrieg in Kambodscha brachte weiteres schweres Blutvergießen.

In den 70er Jahren waren Kinder stark von gewalttätigen Auseinandersetzungen in Mittelamerika betroffen und in jüngerer Zeit von den Drogenkonflikten in Kolumbien. Ein weiterer Krisenherd war Myanmar (Burma); dort tobten Bürgerkriege und man verübte auch Überfälle auf Thailand. Durch den Zusammenbruch der Sowjetunion versanken mehrere neue Staaten in Zentralasien und im Kaukasus in Chaos und Gewalt. Auch von den kriegerischen Auseinandersetzungen im ehemaligen Jugoslawien, verschärft durch absichtliche Angriffe auf bestimmte Gruppen im Namen »ethnischer Säuberung«, waren viele Kinder betroffen. Ebenso wirkten sich die Serien amerikanischer und alliierter Angriffe auf den Irak – vor allem der Golfkrieg von 1990 und dann die neue Invasion von 2003 – sowie die Jahre dazwischen, in denen Nahrungs- und Arzneimittel durch Embargos knapp waren, auf viele Kinder aus. Hunderttausende wurden getötet oder verwundet, hinzu kam der Mangel an Nahrungsmitteln und Medikamenten. Nicht weniger tragisch war die Situation in den zahlreichen Krisenregionen Afrikas, die von Bürgerkriegen und den Gegenangriffen der Regierung aufgerieben wurden: Kinder im Sudan, in Uganda und dem Kongo waren betroffen; hinzu kamen noch der grausige Völkermord in Ruanda und an anderen Orten in Zentral- und Westafrika.

Schätzungen zufolge – und mehr als Schätzungen liegen uns nicht vor – wurden seit den 70er Jahren auf der ganzen Welt 150 Millionen Kinder in Kriegen und Bürgerkriegen getötet, weitere 150 Millionen wurden zu Krüppeln oder trugen Verstümmelungen davon. Zahlenmäßig entspräche das dem Tod oder der Verwundung eines jeden, während desselben Zeitraums in Nordamerika zur Welt gekommenen Kindes. Außerdem gehen die Schätzungen davon aus, dass 80 Prozent aller im späten 20. und frühen 21. Jahrhundert bei kriegerischen Auseinandersetzungen getöteten Menschen Frauen und Kinder waren – Auseinandersetzungen, bei denen es relativ selten zum Aufeinandertreffen konventioneller Armeen, bestehend aus erwachsenen Männern, kam.

Manchmal zielten Angriffe auch direkt auf Kinder. In den 30er und frühen 40er Jahren fingen japanische Truppen junge koreanische Mädchen und machten sie mit Gewalt zu Sexsklavinnen; in einem Militärbordell standen 5 000 japanischen Soldaten jeden Tag 400 Mädchen zur Verfügung. Und 40 Jahre später schlugen kambodschanische Truppen Kinder vor den Augen ihrer Eltern mit Knüppeln tot, in einem Fall schlugen sie ein drei Monate altes Kind mit dem Kopf gegen einen Baum. In Massengräbern lagen oft Hunderte toter Kinder. Auch afrikanische Kämpfer haben in den vergangenen Jahrzehnten nicht wenige Kinder getötet – ein Drittel aller Todesopfer während der blutigen Unruhen im Kongo war unter fünf Jahre alt; noch häufiger erlitten Kinder jedoch Verstümmelungen – manchen wurde zum Beispiel mit einer Machete der Arm abgehackt – und oft wurden junge Mädchen vergewaltigt, ein bewusster Akt der Brutalität und der Erniedrigung. Nehmen wir noch einen anderen Kriegsschauplatz hinzu: 58 Prozent der bei Zwischenfällen mit den Israelis verletzten Palästinenser waren nicht älter als 17.

Doch nicht nur der Krieg selbst, sondern auch seine »Hinterlassenschaften« bargen Gefahren. In vielen Auseinandersetzungen des 20. Jahrhunderts wurden Landminen gelegt, die nach Beendigung der Kämpfe leicht von Kindern ausgelöst werden konnten. Ein Junge aus Kambodscha verliert auf dem Weg zum Brunnen, wo er Wasser holen wollte, bei der Explosion einer Landmine ein Bein; es dauert gut ein Jahr, bis er eine einfache Prothese bekommt, weil die Liste der Berechtigten so lang ist.

Die Mehrheit der Weltbevölkerung war sich darüber im Klaren, dass all dies nie hätte geschehen dürfen. Diejenigen, denen die Angriffe galten – zum Beispiel auch die Iraker, die gegen den Einmarsch der Amerikaner protestierten –, reagierten darauf meist, indem sie Bilder von toten oder verwundeten Kindern zeigten, weil sie sich ihrer Wirkung und Resonanz in der Weltöffentlichkeit bewusst waren. Dennoch vermochte das Entsetzen, das solche Bilder auslösten, die Spirale der Gewalt nicht zu durchbrechen.

Das gesamte 20. Jahrhundert hindurch, besonders aber wieder ab dem Zweiten Weltkrieg, waren Kinder in Krisengebieten oft zur Flucht gezwungen, und während der letzten 60 Jahre lebten Millionen von Kindern an verschiedenen Orten unter verschiedenen Bedingungen in Flüchtlingslagern, stets unter beträchtlichem Stress. Ganze vier Prozent der Weltbevölkerung mussten im vergangenen Jahrhundert mindestens einmal aus ihrer Heimat fliehen, darunter mehr als 20 Millionen Kinder. Ein 17-jähriger Junge aus Aserbaidschan schildert seine Flucht nüchtern mit den Worten: »Wir verließen unser Dorf, als die Bomben zu fallen begannen [...] Die Bomben waren wie ein Erdbeben, das nicht aufhört. Man verbringt Jahre damit, ein Haus zu bauen und dann wird es innerhalb eines Augenblicks zerstört.«

Die schlimmsten Lager sind die, die sich in unmittelbarer Nähe der Kriegsschauplätze befinden. In Thailand wird ein Lager von Rebellentruppen unter Beschuss genommen. Zwei Jungen verlieren bei dem Angriff ihre Mutter, sie stirbt vor ihren Augen; einer von ihnen stirbt später ebenfalls, da lebenswichtige Organe verletzt wurden; dem anderen wird der Magen durch eine Plastiktüte ersetzt.

Von direkter Gewalt einmal abgesehen, herrscht in den meisten Flüchtlingslagern ein beklagenswerter Mangel an Nahrung und Medikamenten. Viele Kinder in den Lagern haben gesundheitliche Probleme, zum Teil leiden sie auch an Geschlechtskrankheiten infolge einer früheren Vergewaltigung. Unterernährung ist weit verbreitet und nicht wenige Menschen verhungern regelrecht. In einem Lager in Kambodscha bekamen Kinder nur dann Sonderrationen, wenn sie zu den 25 Prozent ihrer Gewichtsklasse gehörten, die am wenigsten wogen – mit anderen Worten, denjenigen, die sowieso schon an bedrohlicher Unterernährung litten –, und verloren dieses Vorrecht wieder, sobald ihr Gewicht den entsprechenden Grenzwert überstieg. In vielen Lagern auf vielen Kontinenten mussten Kinder an Hunger sterben, weil es ihnen nicht gelang, für sich selbst zu sorgen.

Viele Kinder in Lagern oder ähnlichen Einrichtungen verloren ihre Eltern und mussten manchmal sogar zusehen, wie sie durch die Hand von Rebellentruppen starben. Im Jahr 1970 gab es in Kambodscha, einem Land, wo sich traditionell Verwandte oder Bewohner desselben Dorfes um elternlose Kinder kümmerten, drei Waisenhäuser mit insgesamt 1 600 Kindern. Dann machte der Krieg dieser Tradition ein Ende: 1974 gab es 3 000 Waisenhäuser mit 250 000 Bewohnern, die oft unter furchtbaren Bedingungen lebten, weil die Bedürfnisse die vorhandenen Mittel überstiegen.

Wegen des Tods der Eltern oder weil die Kinder sie auf der langen Flucht vor der Gewalt einfach aus den Augen verloren haben, kann es durchaus vorkommen, dass bis zu 65 Prozent der Bewohner mancher Flüchtlingslager Kinder sind. Als Beispiel sei ein Lager in Afghanistan genannt, dessen Bewohner vor den Taliban geflohen waren. 1994 wurden in Ruanda 100 000 Kinder von ihren Eltern getrennt, obwohl Mitarbeiter von Hilfsorganisationen später bei der Zusammenführung mancher Familien halfen.

In den Lagern waren die vertriebenen Kinder stets immensem Stress ausgesetzt. Häufig lebten sie in einer Gegend, deren Sprache sie nicht kannten und wo sie das Gefühl hatten, ihr Leben nicht mehr selbst in der Hand zu haben. In einem Flüchtlingslager in Georgien wurde bei 83 Prozent der vertriebenen Kinder ein gewisses Maß an psychosomatischem Stress diagnostiziert.

Lange Aufenthalte in einem Lager hatten zur Folge, dass Familien auseinanderbrachen, selbst wenn sie bei ihrer Ankunft intakt gewesen waren. Den Eltern, vor allem den Vätern, fehlten die Mittel und deshalb auch die gewohnten Möglichkeiten, erzieherisch auf die Kinder einzuwirken. Es überrascht nicht, dass viele Kinder versuchten, sich alleine durchzuschlagen und die Bitten ihrer Eltern ignorierten. Manche Mädchen verkauften ihren Körper. Mädchen und Jungen verlegten sich häufig aufs Stehlen. Der Respekt den Eltern gegenüber schwand und der Zusammenschluss mit anderen Kindern ersetzte konventionelle Loyalitäten.

In anderen Fällen drängten die Eltern die Kinder zur Prostitution oder zum Stehlen, damit sie dadurch die Familie ein wenig unterstützten. Viele Eltern billigten es, dass ihre Töchter Sex für Nahrung anboten, vorausgesetzt, sie ließen den anderen Familienmitgliedern ein paar Reste übrig. Nicht selten waren Soldaten, die zur Aufrechterhaltung der Ordnung in ein Lager geschickt worden waren, gute Kunden für Kindersex, ein Problem, das sich bei vielen Einsätzen der Vereinten Nationen auftat. Alles in allem konnte das Leben von Kindern also auf fast jede erdenkliche Weise beeinträchtigt werden – selbst wenn sie den Krieg an sich überlebten.

Doch nicht immer musste der Aufenthalt in einem Lager ein schlechtes Ende nehmen. Mitarbeiter der Vereinten Nationen und private Hilfsorganisationen versuchten, mehr zu tun, als nur das Leid zu verringern, auch wenn diese Aufgabe oft nicht zu bewältigen war. Häufig organisierten die humanitären Helfer Jugendgruppen, um jungen Leuten einen gewissen Halt zu geben und ihnen eine sinnvolle Betätigung anzubieten; manchmal konnten die Jugendlichen die erlernten Fertigkeiten auch außerhalb des Lagers anwenden. Beim Wiederaufbau im Kosovo, im ehemaligen Jugoslawien, spielte die Jugendarbeit eine große Rolle. Manchmal konnten die Jugendgruppen kleineren Kindern helfen. Viele Organisationen versuchten, Schulen aufzubauen, auch wenn die Versorgung mit Hilfsmitteln selbstverständlich problematisch war. Im Kosovo gelang es beispielsweise der Organisation *Save the Children*, Schulen im Freien für über 40 000 Kinder einzurichten.

In den 90er Jahren stellte man einige der Personen, die Verbrechen gegen Kinder begangen hatten, vor internationale Gerichtshöfe. In Ruanda wurde ein Mann verurteilt, weil er Brutalität gegen Kinder und die Vergewaltigung von Kindern nicht nur geduldet, sondern sogar dazu aufgerufen hatte; auch im ehemaligen Jugoslawien wurden mehrere Kriegsverbrecher, zum Teil wegen Vergehen an Kindern, namentlich bekannt. Mit anderen Worten: Es gab internationale Normen, die mitunter auch mit Härte durchgesetzt wurden.

Hin und wieder schafften Kinder (häufig mit einigen Angehörigen) den Weg aus dem Lager in ein besseres Leben. Viele vietnamesische und kambodschanische Flüchtlinge durften nach Monaten, manchmal auch Jahren, in die Vereinigten Staaten einreisen, und manche bauten sich trotz des Leids, das sie durchgemacht hatten, eine Existenz auf. Jüdischen Kindern, die den Holocaust und im Anschluss daran die Auffanglager überlebt hatten und schließlich nach Israel kamen, gelang es häufig, ihre Vergangenheit weit hinter sich zu lassen. In beiden Fällen spielte die Möglichkeit, dass sie zur Schule gehen konnten, eine entscheidende Rolle beim Neuanfang.

Und schließlich wurden Kinder manchmal, wenngleich dies seltener vorkam, sogar von ihren Feinden gerettet. Manche Mitglieder des Stammes der Tutsi in Ruanda, die vom Stamm der Hutu angegriffen wurden, schickten ihre Kinder einfach zu ihren Nachbarn – die zum Stamm der Hutu gehörten –, und diese nahmen die Kinder tatsächlich zu sich. Die Eltern zitierten ein örtliches Sprichwort: »Wer einen Mörder bestrafen will, der vertraut ihm sein Kind an.«

Krieg und Flucht waren, neben anderen Faktoren, verantwortlich für die wachsende Zahl an Kindersoldaten; häufig waren sie gegen ihren Willen direkt am Krieg beteiligt, oft waren sie aber auch abgestumpft und nahmen die Gewalt um sie herum gar nicht mehr wahr. Schätzungen zufolge standen in jedem beliebigen Jahr des späten 20. und frühen 21. Jahrhunderts ungefähr 300 000 Kinder unter Waffen, vor allem in Teilen Südostasiens und Afrikas, aber auch an Kriegsschauplätzen in Lateinamerika wie zum Beispiel Kolumbien.

Bei diesem weit und breit beklagten Phänomen ist die historische Perspektive unerlässlich. Kinder dienten oft im Militär. Ein 13-Jähriger, der für die Französische Revolution gekämpft hatte und von den Truppen des Königs getötet worden war, wurde als Märtyrer für die gemeinsame Sache gefeiert, ohne dass man seine Beteiligung an den Kämpfen für ungewöhnlich oder unangemessen gehalten hätte. Während des Amerikanischen Unabhängigkeitskrieges waren unter den Soldaten – sowohl auf Seiten der Kolonisten als auch unter den deutschen Söldnern, die Großbritannien dienten – nicht wenige Jungen im Alter von 14 oder 15 Jahren, manche waren nicht älter als acht. Einige waren zweifellos gegen ihren Willen in die Schlacht getrieben worden, aber viele kämpften freiwillig. Angesichts der Lebensbedingungen in einer bäuerlichen Gesellschaft erschien der Krieg vielen Jugendlichen vielleicht als reizvolle Alternative, als Chance, etwas zu erleben und der Arbeit in der Familie zu entkommen.

Was also war neu an Kindersoldaten? Die Welt hatte sich verändert und mit ihr auch die internationalen Werte und Normen. So wurden die Stimmen in der Weltgemeinschaft immer lauter, die sich gegen eine aktive Beteiligung von Kindern an kriegerischen Handlungen aussprachen, und auch die Vereinten Nationen vertraten diese Ansicht ganz entschieden.

Zum anderen hantierten Kindersoldaten nun aber auch mit wesentlich wirkungsvolleren Waffen, als es früher der Fall gewesen war. Und höchstwahrscheinlich war, im Gegensatz zu den Kriegen der Vergangenheit, eine größere Zahl von ihnen zum Kampf gezwungen worden. Außerdem litten mehr Kinder an den schrecklichen Folgen, wie zum Beispiel an Geschlechtskrankheiten, die ebenfalls zum Tod führen konnten. Die Proteste gegen den Einsatz von Kindersoldaten spiegeln eine komplexe Mischung aus neuen (wenngleich wirkungslosen) weltweiten Normen und einer tatsächlichen Verschlechterung im Leben vieler Kinder wider.

Die meisten Kindersoldaten sind im frühen Teenageralter, doch manche sind jünger als zehn. Meist sind es Jungen, aber Mädchen werden häufig zu Hilfsdiensten, darunter zu erzwungenem oder freiwilligem Sex, und manchmal auch zu Kampfhandlungen herangezogen. In der Moro islamischen Befreiungsfront auf den Philippinen setzt man Mädchen zum Beispiel dazu ein, Essen zu kochen und die medizinische Versorgung zu gewährleisten, doch bekommt jeder Führer auch ein Mädchen zu seinem sexuellen Vergnügen zugeteilt.

Der Zwang spielt häufig eine entscheidende Rolle, wenn Kinder Kriegsdienst leisten. Die Rebellengruppe UNITA in Angola rekrutierte mit Gewalt Flüchtlingskinder aus Ruanda, die sie im Kongo fing. Viele Kindersoldaten waren letztlich nicht nur der Brutalität ihrer Entführer ausgesetzt, sondern auch der der feindlichen Truppen, die sie oft folterten, um an Informationen zu kommen und Vergeltung zu üben. Die tamilischen Rebellen in Sri Lanka griffen sich Kinder aus Waisenhäusern für ihre nur aus Kindern bestehende »Baby-Brigade«; diese Kinder wurden dann häufig mit großer Brutalität behandelt, wenn sie in die Hände der Regierung fielen. Manche Kindersoldaten setzte man ganz bewusst extremer Gewalt aus, ja zwang sie sogar dazu, ihre eigenen Familien anzugreifen, um sie auf ein Leben für das Morden vorzubereiten.

Natürlich gab es noch andere Gründe, warum Kinder sich am Krieg beteiligten. Manchmal billigten die Familien und auch größere Gemeinschaften dies. Viele palästinensische Kinder wurden wegen des Unrechts, das die Israelis in ihren Augen gegen ihre Gesellschaft begingen, in offizielle oder inoffizielle Kämpfe hineingezogen.

Außerdem konnten Kindersoldaten leidenschaftliche Krieger sein. Ein erwachsener Soldat aus Myanmar sagte über die Kinder, gegen die er gekämpft hatte: »Da waren viele Jungen, die aufs Feld stürmten und wie Dämonen schrieen. […] Wir schossen auf sie, doch es kamen immer mehr nach.« Des Weiteren entwickelten viele Kindersoldaten – hatten sie den Krieg erst einmal kennengelernt – ein sehr hohes Gewaltpotenzial und fanden Gefallen an der Macht, die ihnen ihre Waffe verlieh, töteten häufig, verstümmelten und vergewaltigten – einzig und allein, um ihre Überlegenheit zu demonstrieren. Kindern, die im Krieg gewesen waren, fiel es häufig schwer, nach Hause zurückzukehren, selbst wenn man sie zum Kämpfen gezwungen hatte: Das Zuhause erschien ihnen zu friedlich, oft waren die Eltern verschwunden und die Gemeinden standen ihnen verständlicherweise feindselig gegenüber.

Nicht nur Krieg, Flucht und ein Leben als Soldat brachen über unzählige Kinder herein. Gegen Ende des 20. Jahrhunderts tauchte mit Aids eine neue Plage auf. Zwar waren viele Kinder auch im 20. Jahrhundert nach wie vor von Krankheiten betroffen, aber ihre Zahl ging beständig zurück dank Immunisierung und anderer gesundheitspolitischer Maßnahmen; dieser

Aspekt ihres Lebens hatte sich also verbessert. In manchen Regionen stellte Aids den ersten Rückschlag dar. Bis zum Jahr 2000 waren der Krankheit vier Millionen Kinder direkt zum Opfer gefallen und weitere 13 Millionen waren durch sie zu Waisen geworden. Am schlimmsten betroffen war Afrika, besonders der Süden und Osten. Bis 2001 infizierten sich Teenager schneller mit dieser Krankheit als jede andere Altersgruppe in Afrika, ein Ergebnis von Unwissen oder Leichtsinn. Viele Männer bestanden auf ungeschütztem Geschlechtsverkehr, und viele junge Frauen gaben letztlich nach, weil sie keinen Anlass zu Unzufriedenheit geben wollten oder weil sie wirtschaftlich vom Wohlwollen des Mannes abhingen. Der Krieg und die dabei häufig stattfindenden sexuellen Übergriffe begünstigten außerdem in manchen Regionen die Verbreitung der Krankheit. Doch dass Kinder daran starben, war fast ausschließlich eine Folge der Ansteckung bei der Mutter während der Geburt. Als sich die Krankheit auch in anderen relativ armen Regionen ausbreitete, bestand verständlicherweise die Angst, eine der großen Errungenschaften des modernen Kindseins würde durch diese neue Krankheit zunichte gemacht.

Für viele Kinder verschlechterten sich zu verschiedenen Zeiten und an verschiedenen Orten während des vergangenen Jahrhunderts die Arbeitsbedingungen, eine weitere Tendenz, die dem modernen Modell widersprach und sich auf die nicht unbeträchtliche Minderheit der Kinder auswirkte, die zur arbeitenden Bevölkerung gehörte. Derartige Verschlechterungen resultieren häufig aus Migration, vor allem der Migration vom Land in die Stadt, ein Vorgang, der – auch unabhängig von Kriegen – neue Probleme für Kinder widerspiegeln, sie aber auch hervorrufen kann.

Uns geht es vor allem um Veränderungen. Seit der Erfindung des Ackerbaus haben die meisten Kinder gearbeitet, also ist die bloße Tatsache, dass sie arbeiten, häufig sogar hart, nichts Neues. Und dass wir Verschlechterungen überhaupt wahrnehmen, lässt sich zum Teil einfach auf neue weltweite Normen zurückführen: In den Augen vieler Journalisten und Gelehrter sollten Kinder, abgesehen von ein wenig Hilfe im Haus oder in einem Familienbetrieb, einfach nicht arbeiten; sie sollten in die Schule gehen. Diese moderne Einschätzung ist für sich genommen natürlich von großer Bedeutung, doch erschwert sie es, zu beurteilen, inwiefern die wirtschaftliche Ausbeutung von Kindern neuartig ist. Denn selbst in früheren Gesellschaften waren manche Kinder sehr schlechten Arbeitsbedingungen ausgesetzt, ja wurden wie Sklaven gehalten; Schläge bei der Arbeit, menschenunwürdige Wohnbedingungen am Arbeitsplatz, sehr geringe Bezahlung – all dies kann man kaum als »brandneue« Erfindungen der modernen Welt bezeichnen.

Im Großen und Ganzen ergibt sich folgendes Bild: Obgleich immer weniger Kinder zur arbeitenden Bevölkerung gehören, werden immer mehr derjenigen, die doch arbeiten müssen, ausgebeutet – häufig verrichten sie gefährliche Arbeiten und in jedem Fall bieten ihnen diese Tätigkeiten keine Vorbereitung auf oder gar Ausbildung für das Arbeitsleben als Erwachsene. Obwohl sie oft versuchen, die Familie durch ihre Arbeit zu unterstützen und sich aufgrund der Armut ihrer Eltern in ihrer gegenwärtigen Lage befinden, sind sie meist von der Familie mit ihren sozialen und wirtschaftlichen Strukturen, die früher Anleitung und Schutz bot, abgeschnitten. Auch diese Tatsache ist nicht neu; doch für die Kinder, die heute arbeiten müssen, ist dieser Zustand nach und nach zur Normalität geworden.

Betrachten wir schließlich noch die soziale Stellung und die geographische Verteilung, so lassen sich auch hier keine wirklich neuen Erscheinungen erkennen. Kinder, die bei der Arbeit ausgebeutet werden, finden wir größtenteils in den ärmeren Regionen der Welt. Typischerweise stammen sie aus den untersten sozialen Schichten. Beispielsweise sind die Kinder, die in Peru arbeiten, Indianer oder Mischlinge, aber keine Weißen, und die Kinder, die in den Teppichfabriken Indiens beschäftigt sind, kommen aus den traditionell niedrigsten Kasten, nicht aus der breiten Bevölkerung. Mehr und mehr spiegelt sich in der Ausbeutung bei der Arbeit sowohl global als auch national die untergeordnete soziale Stellung und wird dadurch zugleich bestätigt.

Der eigentliche Grund für die zunehmende wirtschaftliche Ausbeutung von Kindern liegt darin, dass immer mehr Kinder außerhalb der traditionellen auf dem Land gelegenen Familienbetriebe arbeiten. Das Bevölkerungswachstum und die Konkurrenz durch andere Anbieter halten viele Familien davon ab, Kinder auf die gewohnte Weise in den Arbeitsprozess einzubinden. Dies lässt sich besonders gut anhand der indischen Teppichindustrie veranschaulichen. In den indischen Dörfern haben die Kinder schon lange bei der Teppichherstellung geholfen. Doch die Produktion hat sich mehr und mehr auf die Fabriken in den Städten verlagert. In diesen Fabriken sind sehr viele Kinder angestellt, weil sie extrem wenig kosten – ihr Verdienst liegt weit unter dem geschätzten nationalen Mindestlohn. Viele der kleinen Teppichknüpfer sind aus ihren Dörfern abgewandert, manche sind sogar entführt worden. Viele werden bei der Arbeit zur Bestrafung geschlagen, vorwiegend auf Gesicht und Hände, manche werden gar gebrandmarkt. Nicht selten arbeiten sie bis zu 15 Stunden am Tag.

In vielen afrikanischen und mittelamerikanischen Städten arbeiten Kinder, darunter wieder viele Migranten vom Land, als Hausangestellte. Andere schleppen Pakete und erledigen weitere Botengänge auf der Straße. Sie helfen dabei, Obst und Gemüse zu verpacken. Sie betteln. Sie führen auf der Straße Kunststücke vor, wie zum Beispiel die feuerschluckenden Kinder in Mexiko – hier und anderswo stehen solche Kinder oft auf der untersten sozialen Stufe. Viele von ihnen schlafen auch auf der Straße. Sie leiden an verschiedenen Krankheiten, die sie sich bei der Arbeit oder aufgrund der Wohnbedingungen zuziehen; manche machen Bekanntschaft mit Drogen; außerdem sind sie auch beträchtlicher Gewalt von Seiten der Polizei ausgesetzt.

In Togo, einer früheren französischen Kolonie an der Westküste Afrikas, hat sich die Ausbildung in Form einer Lehre ihrem Wesen nach verändert und auch hierin spiegeln sich neue Probleme im traditionellen Wirtschaftssystem wider. Das Fehlen angemessener Stellen auf dem Land zwingt die Familien dazu, in den Städten nach einer Beschäftigung für ihre Kinder zu suchen, also steigt die Zahl der Auszubildenden rapide – 1981 erhöhte sie sich in den Städten des Landes in Branchen wie der Bekleidungs- und der Bauindustrie auf bis zu 23 000. Aufgrund dieser Zunahme haben die Arbeitgeber einen guten Stand: Sie verlangen von den Familien mehr für die Einstellung der Kinder, setzen Kinder zunehmend als billige, ungelernte Arbeitskräfte ein und ignorieren ihre Ausbildungspflicht. Letztlich verrichten Lehrlinge für ihre Arbeitgeber Aufgaben im Haushalt; und nachts müssen sie im Laden Wache halten. In manchen kleinen Betrieben arbeiten bis zu 80 Lehrlinge, einige sind noch keine 15 Jahre alt, fast alle haben die Schule abgebrochen. Bei einer so hohen Zahl kann man niemandem vormachen, man würde ausbilden: Man will niedrig bezahlte Arbeitskräfte; und damit sie nicht aus der Reihe tanzen, werden sie meist geschlagen. Auch das Leben dieser Kinder ist von Brutalität bestimmt, ihnen fehlt jegliche Aussicht, auf das Erwachsensein in angemessener Weise vorbereitet zu werden. Dass es sich hierbei um Ausbeutung handelt, lässt sich kaum leugnen.

In den vergangenen 100 Jahren waren viele Kinder die Leidtragenden mehrerer miteinander verketteter Entwicklungen. Da sie in die Städte zogen, verloren sie den Schutz der Großfamilie und fest zusammengewachsener Gemeinschaften. Eine noch größere Zahl, vor allem Frauen, ließ sich gelegentlich auf Sex ein oder rutschte direkt in die Prostitution. Dadurch erhöhte sich natürlich für sie selbst wie auch für die Kinder, die sie vielleicht später einmal haben würden, das Risiko, sich mit bestimmten Krankheiten zu infizieren. Verwaisten Kinder standen meist weniger wirtschaftliche Möglichkeiten offen, und auch dies konnte sie dazu veranlassen, gefährliche oder erniedrigende Arbeiten anzunehmen. Wenn dann auch noch Krieg oder Vertreibung hinzukam, wurde die Situation oft gänzlich hoffnungslos.

Es lässt sich unmöglich berechnen, wie groß die Zahl der Kinder ist, die von einer oder mehreren Katastrophen der heutigen Zeit betroffen waren oder sind; das liegt zum Teil daran, dass viele von ihnen vor dem Erreichen des Erwachsenenalters infolge von Krankheiten oder Gewalt sterben. Schätzungen gibt es allerdings für jede einzelne Katastrophe, von Krieg bis hin zu Aids. Insgesamt gesehen hat nur eine Minderheit aller Kinder auf der Welt die schlimmsten Schrecken kennengelernt. Doch für sie ist das moderne Modell, mit all seinen Problemen und Verheißungen, im Großen und Ganzen einfach unerreichbar geblieben, ja häufig standen ansteigende Sterbeziffern oder zunehmende Kinderarbeit in Kontrast dazu. Aufgrund der derzeitigen Bedingungen gibt es zwei grundlegend verschiedene Möglichkeiten, das Kindsein zu erleben – zugegebenermaßen liegen mehrere Übergangsstufen zwischen den beiden Extremen. Ein paar Kindern, den Glücklichen, die eine Schulbildung erhielten oder in den Flüchtlingslagern gerettet wurden, ist der Weg in eine bessere Zukunft gelungen; andere jedoch, wie zum Beispiel Kinder in der ehemaligen Sowjetunion oder im ehemaligen Jugoslawien, sind durch den unerwarteten Einbruch von Konflikten der Hoffnung auf Schulerziehung beraubt und zu einem Leben auf der Flucht gezwungen worden.

Ein Faktor verdient noch unsere Aufmerksamkeit. In den letzten Jahrzehnten des 20. Jahrhunderts bildeten sich durch neue Formen des Kontakts zwischen fast allen Gesellschaften der Welt – häufig unter dem Begriff Globalisierung zusammengefasst – weitere, bedeutende Merkmale des Kindseins aus. Die daraus entstehenden Folgen werden Thema des nächsten Kapitels sein. Die Globalisierung brachte zwar einige interessante Neuerungen mit sich, was das moderne Kindsein betrifft, führte für viele Kinder leider aber auch zu einer wirtschaftlichen Verschlechterung; die durch Krieg und Krankheit entstandenen Wunden vermochte sie, zumindest bis heute, noch nicht zu heilen. Die Kluft zwischen Kindern verschiedener Erdteile bleibt also bestehen.

Weiterführende Lektüre

James Garbarino, Kathleen Kostelny und Nancy Dubrow, *No Place to be a Child: growing up in a war zone* (Lexington, Massachusetts 1991); James Marten (Hg.), *Children and War: a historical anthology* (New York 2002); Graça Machel, *The Impact of War on Children: a review of progress since the 1996 United Nations Report on the impact of armed conflict on children* (New York 2001); Marc Vincent und Birgitte Reflund Sorenson (Hg.), *Caught between Borders: response strategies of the internally displaced* (London 2001); Bernard Schlemmer (Hg.), *The Exploited Child* (London 2000); Rachel Brett und Irma Specht, *Young Soldiers: why they choose to fight* (Boulder, Colorado 2004); vgl. auch die Website von Human Rights Watch zum Missbrauch von Kindern unter www.hrw.org

KAPITEL 12

Kindsein und Globalisierung
Positive und negative Errungenschaften
einer modernen Welt

Das neue Zeitalter der Globalisierung – ein Zeitalter, in dem der Kontakt
und die Interaktion zwischen verschiedenen Gesellschaften auf der (im
wahrsten Sinne des Wortes) ganzen Welt stark zunahmen – wurde von
zwei Entwicklungen des späten 20. Jahrhunderts eingeleitet. Die Erste, die
kaum zu übersehen war und sich unmittelbar auf Kinder und Jugendliche
auswirkte, war technischer Art: Die satellitengesteuerte Übertragung von
Fernsehprogrammen, darunter die solcher Sender wie MTV, die eine ganz
entscheidende Rolle bei der Verbreitung zumindest einer Form der internationalen Jugendkultur spielten, erleichterte die globale Kommunika-
tion; im Jahr 1990 brachte die Einführung des Internets nie gekannte
Möglichkeiten zur Kontaktaufnahme, auf die sich junge Leute in den ver-
schiedensten Gesellschaften – beispielsweise in den Vereinigten Staaten
und im Iran – geradezu stürzten. Die zweite Entwicklung fand auf politischer Ebene statt: Zuerst entschied sich China, dann auch Russland dafür,
neue internationale Kontakte zu knüpfen. Der Kalte Krieg ging zu Ende;
multinationale Konzerne eroberten sich neue Regionen, gleichzeitig stieg
überall der Anreiz, eine Marktwirtschaft einzuführen.
  Natürlich war die Globalisierung kein einfacher und auch kein gänzlich
neuer Prozess. Selbst ihre Auswirkungen auf Kinder und Jugendliche waren
nicht in allem neu. Die weltweite Verbreitung beliebter Sportarten wie Fußball oder Baseball hatte bereits im späten 19. Jahrhundert begonnen und
junge Leute von Lateinamerika bis Asien in ihren Bann gezogen, sei es als
Zuschauer oder als Aktive. Für weitere Komplexität sorgte die Tatsache,
dass die Globalisierung neuen Widerstand hervorrief, der zum Teil auch
die Unterstützung von bestimmten Gruppen junger Leute erlangte. So
fürchteten zum Beispiel manche Muslime die Auswirkungen der Globalisierung auf ihre Traditionen; für sie stellte dieses Phänomen nur eine neue
Form westlicher Vorherrschaft dar. Gruppen junger Leute im Westen und
in den Industriegesellschaften im Pazifikraum äußerten offen ihre Besorg-

nis über die Folgen der Globalisierung für die Arbeitsbedingungen und die Umwelt. Noch war nicht ganz klar, ob die Globalisierung letztlich über die verschiedenen Gegenbewegungen siegen würde. Umfragen zeigten, dass junge Leute im Westen und im Pazifikraum der Globalisierung insgesamt positiver gegenüberstanden als ältere Erwachsene und sich ihrer Toleranz und Offenheit für die neuen Ideen brüsteten; doch in Lateinamerika, Afrika und anderen Teilen Asiens waren sich junge Leute und Erwachsene einig, dass ein gewisses Maß an Vorsicht und Misstrauen angebracht war. Nun bleibt noch eine letzte Schwierigkeit zu erwähnen: Die durch die Globalisierung bedingten wachsenden internationalen Kontakte gingen nicht nur in eine Richtung, und dies war für das Kindsein von großer Bedeutung. Die wirtschaftliche Globalisierung zum Beispiel verschlechterte die Arbeitsbedingungen mancher Kinder; doch die politische Globalisierung – das heißt der zunehmende Einfluss internationaler Regierungs- und Nichtregierungsorganisationen – führte dazu, dass man immer mehr für die Rechte von Kindern eintrat.

Das Kindsein war jedoch nicht ausschließlich von der Globalisierung bestimmt; wichtige lokale Traditionen blieben bestehen, und ebenso setzten sich im Großen und Ganzen auch die Entwicklungen fort, die schon vor längerer Zeit begonnen hatten und im modernen Verständnis vom Kindsein zum Ausdruck kamen. Wie wir noch sehen werden, wurde das moderne Kindsein durch Schlüsselmerkmale der Globalisierung sogar neu gestärkt. Dennoch muss die Globalisierung als neue Kraft in der Geschichte des Kindseins, die im späten 20. und frühen 21. Jahrhundert zu noch nie dagewesenen Veränderungen führte und auch neuartigen Widerstand hervorrief, gesondert betrachtet werden. Vor allem vier Aspekte der Globalisierung hatten entscheidende Auswirkungen: neue Formen der Migration; die Bemühungen internationaler politischer Organisationen; die wirtschaftliche Globalisierung oder die wachsende Beteiligung fast aller Regionen der Welt an gemeinsamen Produktionsprozessen, daneben der Rückgang staatlich gelenkter Wirtschaftsformen; und schließlich die kulturelle Globalisierung oder die Verbreitung eines globalen Konsumismus.

Die Migration als solche war natürlich keine neue Erscheinung und hatte schon immer Folgen für Kinder mit sich gebracht. Zum Beispiel hatten die Kinder von Einwanderern in den Vereinigten Staaten um 1900 häufig eine ganz besondere Vermittlerrolle eingenommen zwischen den Eltern, die die englische Sprache meist nicht ausreichend beherrschten, und der neuen Gesellschaft, in der sie arbeiteten und häufig auch zur Schule gingen. Es war eine anspruchsvolle Aufgabe, durch die die Kinder manchmal auch Bestätigung erfuhren; für die Eltern jedoch war dies häufig sehr irritierend. Zugleich sahen sich die Kinder von Einwanderern nicht selten mit Vorurteilen konfrontiert; ihre Berufschancen konnten aufgrund der Voreingenommenheit bestimmten ethnischen Gruppen gegenüber eingeschränkt sein und in Stadtvierteln mit einem hohen Anteil an Einwanderern führten Spannungen zwischen den Jugendlichen nicht selten zur Bildung von Banden.

Hinzu kamen, neben bereits bekannten Punkten, noch zwei Aspekte der Migration des späten 20. Jahrhunderts, die im weitesten Sinn mit der Globalisierung zu tun hatten. Erstens wurden nun überall auf der Welt ungewöhnlich weite Entfernungen zurückgelegt: Menschen aus Pakistan und Westindien strömten nach Großbritannien; Türken und Nordafrikaner bildeten große muslimische Minderheiten in Frankreich, Deutschland und den Niederlanden; Filipinos und Palästinenser zogen scharenweise in die reichen Ölstaaten am Persischen Golf; Lateinamerikaner und Asiaten sorgten in den Vereinigten Staaten für eine neue kulturelle Vielfalt. In dieser Situation wurde die Rolle der Kinder als »Puffer« zwischen den Eltern und der fremden Gesellschaft noch wichtiger, aber auch schwieriger. Gerade Themen wie das Ausgehen oder die Kleidung von Mädchen beschworen in den Immigrantenfamilien oft neue Konflikte zwischen den Generationen herauf. Auch Vorurteile wurden häufiger geäußert. In Großbritannien sahen sich viele Jugendliche mit Migrationshintergrund mit wachsender Feindseligkeit konfrontiert, die ihren Höhepunkt in offener Gewalt oder Rassenunruhen erreichte; als Reaktion wurden nicht selten Jugendbanden gegründet (zum Beispiel Banden lateinamerikanischer Jugendlicher an der West- und Ostküste der Vereinigten Staaten während des frühen 21. Jahrhunderts oder Banden asiatischer bzw. indischer Jugendlicher an der Westküste Kanadas). In den verschiedenen Musikstilen junger Leute, wie etwa im Reggae, der von den Westindischen Inseln kam, oder auch im manchmal rassistischen Punk-Rock, kamen einerseits die Kreativität, andererseits aber auch offene Spannungen zum Ausdruck, die in den Städten unter jungen Leuten mit solch verschiedenartigem Hintergrund herrschten.

Neu war nun auch, dass manche jungen Einwanderer dank relativ billiger Flüge oder anderer Möglichkeiten der Heimat immer häufiger einen Besuch abstatten konnten; Inder und Pakistanis verbrachten die Ferien oft zu Hause, so dass der Kontakt zur Großfamilie nicht abriss und die jungen Leute in vielen Fällen selbst Heiratsarrangements treffen konnten. Dadurch hatten viele junge Leute eine größere Chance, »bikulturell«, also mit zwei Kulturen vertraut zu werden und sich problemlos zwischen beiden hin und her zu bewegen. Davon konnten auch junge Leute profitieren, die zwar selbst nicht auswanderten, durch ihren Kontakt beispielsweise zu ausgewanderten Cousins und Cousinen jedoch die Bräuche anderer Gesellschaften kennenlernten. Dies trieb zweifellos die Globalisierung voran, förderte aber nicht die Entstehung eines einzigen kulturellen Modells.

Erste Bemühungen internationaler Organisationen, Kindern zu helfen und ihre Lebensbedingungen zu verbessern, hatte es in der Zeit nach dem Ersten Weltkrieg gegeben – ein Zeichen für die politische Globalisierung und den wachsenden Einfluss der humanitär gesinnten Weltöffentlichkeit. Verschiedene Gruppen verteilten Nahrung und andere Hilfsgüter an Kinder, die während des Kriegs heimatlos geworden waren, darunter auch an Kinder im Gebiet der ehemaligen Kriegsgegner. Diese Tätigkeiten beschränkten sich hauptsächlich auf Europa, doch allmählich setzte sich das Prinzip internationaler humanitärer Hilfe, die explizit auf Kinder ausgerichtet war, durch. Nach dem Zweiten Weltkrieg sollten daraus weitere Bemühungen um Flüchtlinge und Kinder in den ärmeren Ländern erwachsen. Private Organisationen wie *Save the Children* und politische Organe der Vereinten Nationen appellierten an die Menschenfreundlichkeit und verteilten Gelder und Hilfsgüter. Die Bedürfnisse armer Kinder überstiegen zwar immer wieder die Spenden, doch die Hilfe war von ebenso großer Bedeutung wie die damit verbundenen Grundsätze.

In den 20er Jahren begann das neue Internationale Arbeitsamt, das an den Völkerbund angegliedert war, Resolutionen gegen die Arbeit von Kindern unter 15 Jahren zu verabschieden. Das Ziel bestand ganz klar darin, die Kriterien, die nun in den Industriegesellschaften galten, auf die ganze Welt auszudehnen. Diese Bemühungen nahmen nach dem Zweiten Weltkrieg unter den Vereinten Nationen ein noch größeres Ausmaß an. Auf einer Vielzahl von Konferenzen und in Resolutionen kritisierte man, dass Kinder zu hart arbeiten müssen und betonte zugleich das Recht eines jeden Kindes auf eine Ausbildung. Die Vereinten Nationen entwarfen offizielle Stellungnahmen zu den Rechten von Kindern (die Konvention über die Rechte des Kindes wurde 1989 erlassen) und die meisten Nationen unterschrieben diese zumindest prinzipiell. Die wichtigsten Ziele waren die Förderung der Gesundheit von Kindern, die Verhinderung von Missbrauch, die Garantie einer Ausbildung und dazu noch die Gewährleistung von Grundrechten wie zum Beispiel der Religions- und Meinungsfreiheit – eigentlich keine gänzlich neuen Vorhaben, doch ging es nun um die globale Verwirklichung. Ab den 90er Jahren konzentrierte man sich besonders darauf, die Todesstrafe für Kinder- und Jugendstraftäter zu verbieten, und praktisch alle Staaten der Welt akzeptierten diese Übereinkunft, unter den wenigen Ausnahmen befanden sich die Vereinigten Staaten. Die Weltgesundheitsorganisation arbeitete intensiv daran, das Überleben von Kindern und ihr Wohlbefinden zu fördern, und unter ihrer Schirmherrschaft traten einige Verbesserungen ein – von Impfungen, die ehemals tödliche Krankheiten wie Polio so gut wie besiegten, bis hin zu Aktionen, die Müttern helfen sollten, die Säuglingspflege zu verbessern. In den späten 70er Jahren wurden sowohl die Weltöffentlichkeit als auch internationale Organisationen aktiv und griffen den Nestlé-Konzern an, weil er Milchpräparate für Säuglinge an Regionen verteilt hatte, in denen aufgrund von verseuchtem Wasser und der Unwissenheit der Eltern mehr Babys starben, als wenn sie gestillt worden wären; nachdem der Großkonzern sich anfangs gegen die internationale Kampagne zur Wehr gesetzt hatte, revidierte er in den 80er Jahren seine Politik. Andere Programme der Vereinten Nationen waren sowohl im Interesse wirtschaftlicher Stabilität als auch des Wohls der Kinder darauf ausgerichtet, die Geburtenkontrolle zu fördern: Auf dieses Ziel hatte man sich, trotz der Spannungen mit religiösen Autoritäten der islamischen Welt und der katholischen Kirche, bei einer Hauptkonferenz im Jahr 1996 geeinigt; dabei sprach man sich vor allem für eine bessere Aufklärung und Ausbildung von Frauen aus. Und schließlich bemühten sich verschiedene Abteilungen der Vereinten Nationen sowie private Organisationen, die Prinzipien moderner Schulbildung und Kindererziehung zu verbreiten; häufig verteilten sie Unterlagen, in denen die Eltern dazu aufgefordert wurden, ihren Kindern als Individuen Beachtung zu schenken.

Dass sich zahlreiche wohlmeinende Bürger, vor allem in den reichen Ländern, für die Vision einsetzten, die Rechte von Kindern auf der ganzen Welt zu gewährleisten und ihnen gesundheitlichen wie wirtschaftlichen Schutz zu bieten, war ein wichtiger Aspekt der Globalisierung im Allgemeinen. Der Gedanke, dass Kinder Rechte hatten, war in jeder Gesellschaft neu, doch dass darüber auf internationaler Ebene Einigkeit herrschte, war mindestens genauso bemerkenswert. Denn über die lauten Proklamationen hinaus wurde mancherorts nun tatsächlich auch gehandelt und bedeutende Veränderungen stellten sich ein: Im Jahr 2005 beispielsweise verboten die Vereinigten Arabischen Emirate den Einsatz von Kindern als Jockeys bei Kamelrennen – lange Zeit hatte man Kinder wegen ihres geringen Gewichts bevorzugt und sie trotz ihrer nicht zu übersehenden panischen Angst auf die riesigen Tiere geschnallt. Hier musste also eine Gesellschaft, die mehr internationale Kontakte knüpfen wollte und eine erfolgreiche Rolle in der Weltpolitik einzunehmen bestrebt war, eine gängige Praxis überdenken. Auch die Vereinigten Staaten von Amerika waren betroffen. Im Jahr 2005 erklärte der Oberste Gerichtshof die Todesstrafe für Minderjährige als ungesetzlich – darin hatten sich die Vereinigten Staaten jahrzehntelang von fast jedem anderen Land auf der Welt unterschieden; als Grundlage für diese Entscheidung zitierte das Gericht internationale juristische Standards. Der konstante (wenngleich Abweichungen unterworfene) Rückgang der Geburtenrate, ja vor allem das Sinken der Säuglings- und Kindersterblichkeit, lassen sich – neben der Tatsache, dass das moderne Modell zunehmend adaptiert wurde – zum Teil auf das weltweite Engagement für Kinder zurückführen; ebenso verhält es sich mit der steten Reduzierung der Kinderarbeit während der letzten Jahrzehnte des 20. Jahrhunderts und dem entsprechenden Anstieg des Anteils der Kinder, die zumindest eine minimale Ausbildung erhielten.

Dem Erfolg weltweiter Aktionen zugunsten von Kindern waren allerdings deutliche Grenzen gesetzt. Zum einen gab es bei bestimmten Themen Meinungsverschiedenheiten. So scheiterte im Jahr 1973 eine Kampagne, die auf eine weltweite Zustimmung für ein Arbeitsverbot für Kinder unter 16 Jahren abzielte, daran, dass sich nicht genügend Länder einverstanden erklärten. Mehrere arme Länder waren der Ansicht, ihre Wirtschaft bedürfe zu einem gewissen Grad billiger Kinderarbeit und auch viele arme Familien kämen nicht ohne die Mitarbeit von Kindern aus; desgleichen verweigerten Länder wie die Vereinigten Staaten ihre Zustimmung, denn zum einen stützten sich viele Wanderarbeiter, die in der Landwirtschaft tätig waren, auf Kinderarbeit, zum anderen lehnte man internationale Eingriffe in die nationale Handlungsfreiheit generell ab. 1989 einigte man sich zumindest in einigen Punkten – ein wenn auch nicht unbedeutendes, so doch eher bescheidenes Ergebnis: Nun waren prinzipiell die wirtschaftliche sowie sexuelle Ausbeutung von Kindern verboten, ebenso der Verkauf von Kindern, um die Schulden der Familie zu bezahlen, sowie der militärische Einsatz von Kindern. Diese Konvention (die UN-Kinderrechtskonvention) wurde von den meisten Ländern unterzeichnet. Des Weiteren herrschte Uneinigkeit beim Thema Geburtenkontrolle; die Vereinigten Staaten beispielsweise froren ab den 80er Jahren Gelder für internationale Organisationen ein, die Verhütungsmittel verteilten oder in irgendeiner Form Abtreibungen unterstützten. Auch Widerstand von katholischer und islamischer Seite verschärfte die Debatte über dieses Thema.

Abgesehen von Meinungsverschiedenheiten scheiterten viele internationale politische Maßnahmen, weil die Probleme schlicht zu gravierend waren oder weil einzelne Länder – selbst wenn sie die internationale Konvention unterschrieben hatten, um sich modern und zivilisiert zu zeigen – die darin festgeschriebenen Prinzipien einfach missachteten. So stieg die Kinderarbeit in Süd- und Südostasien im späten 20. Jahrhundert trotz beträchtlicher weltweiter Proteste an. Regionale Auseinandersetzungen, in denen es um die Regelung der Geburtenkontrolle ging, sahen Frauen und ihre Männer, Ärzte und Geistliche auf verschiedenen Seiten; und während die Geburtenrate zwar insgesamt sank, vor allem in Lateinamerika und natürlich in China, war sie in Afrika und vielen muslimischen Gegenden nach wie vor hoch. Wie in Kapitel 11 dargestellt, herrschte eine erhebliche Diskrepanz zwischen dem Bekenntnis zu international gültigen Rechten für Kinder einerseits und ihrer tatsächlichen Behandlung im Fall von Krieg und Bürgerkrieg andererseits; Mitarbeiter von Menschenrechtsorganisationen bemühten sich – gelegentlich sogar erfolgreich –, darum, die Auswirkungen des Kriegs zu lindern, aber angesichts der Ausmaße vermochten sie kaum, des Problems Herr zu werden. Unleugbar gab es globale Einflüsse auf Kinder, doch fehlte es an der Durchsetzung einer einheitlichen Linie.

Die wirtschaftliche Globalisierung macht das Bild noch komplexer. Nicht nur bestimmte Bereiche des Handels, sondern auch grundlegende Produktionsschritte veränderten sich. Multinationale Unternehmen mit Hauptsitz in den Vereinigten Staaten, Westeuropa oder im Pazifikraum begannen, überall dort, wo die Kosten niedrig, die Umweltgesetzgebung nicht zu streng und unter anderem natürlich eine entsprechende Infrastruktur vorhanden war, Produktionsanlagen zu bauen. Komplexe Produkte wie zum Beispiel Autos wurden aus Einzelteilen gefertigt, die in Asien, den Vereinigten Staaten, Lateinamerika und Europa hergestellt wurden. Für einfacher zu produzierende Ware wie Textilien stellten riesige Firmen wie Gap oder

Nike gewöhnlich Subunternehmer ein, die die jeweiligen Fabriken in Ländern wie Indonesien, Vietnam oder Lesotho leiteten.

Die Arbeitsbedingungen bei den mulitnationalen Unternehmen waren nicht immer gut – man suchte Orte, wo man nur geringen Lohn zahlen musste, sparte oft an den Sicherheitsvorkehrungen, erwartete aber, dass lange gearbeitet wurde. Allerdings beschäftigte man relativ wenige Kinder – nur ungefähr fünf Prozent der Kinder, die im frühen 21. Jahrhundert arbeiteten, waren wirklich direkt für die weltweite Wirtschaft tätig. Die wirtschaftliche Globalisierung zeitigte eher indirekte Auswirkungen, die allerdings immens waren. Zwei davon spielten eine besonders große Rolle. Erstens verdrängte die globale Produktion häufig traditionellere Betriebe, in denen Kinder und junge Leute beschäftigt gewesen waren. Zusammen mit dem steten Bevölkerungswachstum zum Beispiel in Afrika und dem Nahen Osten führte dies zu hohen Quoten von Jugendarbeitslosigkeit – Anteile von 30 Prozent oder mehr waren in den Städten nicht ungewöhnlich. Und letztlich wurde dies zur Hauptursache verschiedener Unruhen unter jungen Leuten, einschließlich der Beteiligung an extremistischen religiösen und politischen Bewegungen. Die zweite Folge der wirtschaftlichen Globalisierung äußerte sich in der beständigen Kürzung sozialer Leistungen von Seiten der Regierung in Gesellschaften wie Brasilien oder Indien. Die vorherrschende Meinung ging dahin, man müsse die freie Marktwirtschaft fördern und öffentliche Ausgaben möglichst vermeiden, und Organisationen wie der Internationale Währungsfonds und die Weltbank drängten, als Bedingung für Entwicklungsdarlehen, häufig auch auf Einsparungen bei den Wohlfahrtsprogrammen. In dem Bemühen, das wirtschaftliche Wachstum zu erhöhen und natürlich in der Hoffnung, das Wachstum käme letztendlich auch den ärmeren Schichten zugute, setzten die Regierungen, bis auf wenige Ausnahmen, diesen Kurs fort. Als Ergebnis erhielten Familien nun weniger Unterstützung.

Die Sachverhalte sind allerdings noch komplexer. Trotz des von der Globalisierung ausgehenden Drucks sank der Anteil der arbeitenden Kinder beständig, von insgesamt sechs Prozent der gesamten arbeitenden Bevölkerung im Jahr 1950 auf drei Prozent im Jahr 1990 – oder von 28 Prozent aller Kinder unter 14 im Jahr 1950 auf 15 Prozent im Jahr 1990. Während der 80er Jahre und danach beschleunigte sich dieser Rückgang sogar. Im Jahr 2004 besuchten dementsprechend 88 Prozent aller Kinder der relevanten Altersgruppen auf der Welt eine Grundschule. Die Globalisierung wirkte also keinesfalls dem modernen Modell in irgendeiner Weise entgegen. Und auch manche der schrecklichen Berichte entsprachen nicht ganz der Wahrheit. Ein indischer Sozialwissenschaftler äußerte sich zu Zeitungsberichten, in denen beklagt wurde, dass Kinder in der Fischereiindustrie entlang der Küste lange arbeiten müssten und streng überwacht würden; die Kinder waren aus anderen Regionen angeworben worden und hatten häufig Auseinandersetzungen mit den Eltern hinter sich, die sie nicht gern so weit weg von zu Hause sahen. Dennoch empfanden die Kinder selbst die Arbeit als vollkommen selbstverständlich und waren froh, den wesentlich ärmlicheren Verhältnissen in ihren Heimatdörfern entflohen zu sein. Des Weiteren waren sie stolz darauf, dass sie ihren Familien ein wenig Geld schicken konnten. Kann man in solch einem Fall also von Ausbeutung sprechen? In vielerlei Hinsicht zweifellos. Doch das eigentliche Problem lag in der bitteren Armut. Die Globalisierung trug hauptsächlich insofern zu harter Kinderarbeit bei, als sie die wirtschaftlichen Einschränkungen, unter denen so viele Familien in den Entwicklungsländern zu leiden hatten, nicht beseitigte, sondern manchmal sogar noch verschlimmerte.

Die weltweite Konkurrenz und die Reduzierung der sozialpolitischen Maßnahmen hatten ein klares Ergebnis: Eine größere Zahl von Kindern litt unter Armut. Selbst in Industrienationen wie den Vereinigten Staaten war dies der Fall; in Afrika, Süd- und Südostasien und Teilen Lateinamerikas jedoch waren die Folgen ganz gravierend. An vielen Orten lebten immer mehr Kinder von der Arbeit auf der Straße – Bettelei, Prostitution, gelegentliche Hilfsarbeit und Diebstahl. Wie bereits erwähnt, nahmen die Fälle von eindeutiger Kinderarbeit in Süd- und Südostasien zu – vor allem in kleinen Handwerksbetrieben, wo man möglichst billige Arbeitskräfte brauchte, um sich über Wasser halten zu können. In dieser riesigen Region betrug der Anstieg in den späten 90er Jahren 50 Prozent, von sechs auf neun Millionen arbeitender Kinder, die Kinder nicht mitgerechnet, die von der Familie in der Landwirtschaft beschäftigt wurden; dies widersprach der allgemeinen globalen Tendenz. Noch häufiger kam es vor, dass arme, hoch verschuldete Familien Kinder in die Arbeit verkauften. Mit ziemlicher Sicherheit stieg der Kauf von jungen Frauen für Bordelle; manche wurden aus ihrer Heimat in Osteuropa oder anderswo in Zentren des Sextourismus wie Thailand gebracht. Einige Familien verkauften sogar Organe für Transplantationen, besonders begehrt waren die Organe Heranwachsender. Abgesehen von den Vorteilen der Globalisierung – schließlich sprach einiges dafür, dass sie für die schnell wachsende Wirtschaft in Ländern wie China oder Indien insgesamt positive Folgen hatte – verschärfte sich für viele Kinder und ihre Familien der Kampf ums Überleben auf dramatische Weise.

Der letzte wichtige Aspekt der Globalisierung ist der weltweite Konsumismus, der sich sowohl auf die Wertvorstellungen als auch auf die Verhaltensweisen auswirkte und sehr schnell viele Kinder erfasste. Wir haben bereits gesehen, dass Kindsein und Konsum im Westen und in Japan bald untrennbar miteinander verbunden waren; so verwundert es kaum, dass dieses Phänomen auch auf andere Gesellschaften übergriff. Ab den 20er und 30er Jahren sahen sich libanesische Teenager in den Städten relativ regelmäßig westliche Filme an. Unter japanischen und lateinamerikanischen Jugendlichen nahm die Begeisterung für Baseball zu, und die Leidenschaft für Fußball verbreitete sich sogar noch weiter. Gänzlich ergriff der Konsumismus die Kinder weltweit jedoch erst im späten 20. Jahrhundert, als neue Techniken und Möglichkeiten der Vermarktung zur Anwendung kamen. Junge Leute begannen, Fast-Food-Restaurants zu besuchen – häufig zur Bestürzung der Eltern, die die Jugendlichen zum Teil natürlich bezweckten. McDonald's und ähnliche Einrichtungen wurden für Jugendliche in Korea, China und anderswo zu einer Zufluchtsstätte, einem Treffpunkt, den man aufsuchte, um zu sehen und gesehen zu werden, ja um Leute kennenzulernen und zu flirten. Fernsehsendungen wie die *Sesamstraße*, die in alle bedeutenden Sprachen übersetzt wurde, setzten neue Maßstäbe für Kinder, und MTV und weltweite Tourneen von Rockbands boten Jugendlichen eine gemeinsame Musiksprache und brachten im wahrsten Sinne des Wortes weltweite Fanclubs hervor. An vielen Orten wurde die Mode für junge Leute in den Städten immer einheitlicher, häufig gegen die Vorstellungen Erwachsener und traditionelles Brauchtum; meist war die allgegenwärtige Jeans dabei ein Muss. Vergnügungsparks boten ein neues Standardziel für Eltern, die durch einen spendablen Tag ihren Wohlstand und die Liebe zu ihren Kindern unter Beweis stellen wollten: Für erfolgreiche, liebevolle lateinamerikanische Eltern wurde der Familienbesuch in Disneyland, Florida zu einem festen Ritual. Derartige Entwicklungen erklären, dass sich in Kinderzimmern auf der ganzen Welt Disney-Figuren und Barbies fanden oder dass viele chinesische Jugendliche bis zum Tagesanbruch wach blieben, um ein Fußballturnier am anderen Ende der Welt in den Medien zu verfolgen. Manche Beobachter behaupteten nun – nicht ganz zu Unrecht –, dass eine globale Jugendkultur entstanden sei.

Im Jahr 2000 arbeitete eine junge Lehrerin des amerikanischen Friedenskorps in einem ostrussischen Dorf, wo man noch nie einen Amerikaner gesehen hatte und wo es keinen Computer und keinen Internetanschluss gab. Trotz dieser Isolation hatten ihre Schüler ein klares Bild davon, wer die schönste Frau der Welt sei: Britney Spears. Im selben Jahr stellte eine Anthropologin, die in Madagaskar eine Arbeit über Teenager und Jugendliche in einem städtischen Slum schrieb, fest, dass ihre Probanden eine sehr präzise Vorstellung davon hatten, welche Schönheitsprodukte junge Frauen verwenden sollten: solche, die sie Britney Spears ähnlicher machten.

Ungefähr im Jahr 2000 erreichte das Fernsehen auch manche der abgelegeneren pazifischen Inseln. Als viele Mädchen dort die neuen Bilder sahen, wurden sie unzufrieden mit ihrem Körper und dem traditionellen Schönheitsideal, dem mollige Frauen entsprachen. Die Zahl der Fälle von Magersucht und Bulimie erhöhte sich merklich.

Natürlich machte sich die weltweite Beteiligung der Kinder am Konsum vor allem in relativ reichen Regionen und Familien bemerkbar. Spätestens ab dem Jahr 2000 stellte man auch unter den Kindern der Mittelschicht in China und Indien zunehmende Fettleibigkeit fest, also nicht nur im Westen. Beschäftigungen und Freizeitaktivitäten, die im Sitzen stattfanden, sowie Überfluss an Nahrung hatten nun auch globale Auswirkungen. Jugendliche, die im Iran oder in Pakistan an Partys mit westlicher Musik, westlichen Zigaretten und schottischem Whiskey teilnahmen, zeigten damit, dass sie zur Elite gehörten, so sehr sie auch gegen die lokalen religiösen Bräuche verstießen. Doch auch relativ arme Kinder waren davon nicht ganz ausgeschlossen, vor allem in den Städten. Sie gaben ihren Lohn zum Teil für neue Konsumprodukte aus – zum Beispiel für modische Kleidung und Kosmetik, wie die Kinder, die in Madagaskar als Prostituierte arbeiteten.

Man darf auf keinen Fall übersehen, dass sich die globale Jugendkultur nicht ausschließlich aus westlichen Quellen speiste. Auch Japan und ein paar andere Länder spielten hier eine entscheidende Rolle, was sich, wie wir gesehen haben, auf Entwicklungen zurückführen lässt, die bereits in den 20er Jahren ihren Anfang genommen haben. Japan erreichte eine weltweite Führungsposition durch die Verbreitung von Bildern und Produkten nach dem Kindchenschema, die mit einer neuen Vorstellung vom Kleinkindalter spielten, aber auch zu ihrer Entstehung beitrugen: Dies äußerte sich zum Beispiel in der wahnsinnigen Begeisterung für die *Hello-Kitty*-Produkte. Während der 90er Jahre zeigte sich der Einfluss Japans auch in der weltweiten Leidenschaft für die Pokémon-Figuren. Des Weiteren setzte sich Japan mit verschiedenen Stilrichtungen und Produkten für eine dem

Ideal der »Coolness« verpflichtete Jugend an die Spitze und im Jahr 2003 fuhr Japan mit dem Export solcher Produkte die größten Gewinne ein. Die von Japan ausgehenden Stilvorgaben dienten Ostasien und selbst noch dem Nahen Osten als Vorbild für die Jugendkultur. Japanische Animationen und Technologieprodukte für junge Leute tauchten auf der ganzen Welt auf. Die Zeitschrift *Wired* begann, Produkte, die von jungen japanischen Frauen gekauft wurden, als Vorboten größerer globaler Trends vorzustellen.

Das Konsumverhalten der Jugendlichen war nicht so einheitlich, wie viele glaubten, obwohl die Konsummentalität überall um sich griff. Für junge Leute, die nur über begrenzte Englischkenntnisse verfügten, bedeutete die Begeisterung für amerikanische Rap-Musik etwas ganz anderes. Auch die Bedeutung japanischer Spiele oder Spielsachen variierte mit dem Umfeld – manche Modeerscheinungen wie Pokémon waren in bestimmten japanischen Traditionen verwurzelt, die sich nicht so leicht exportieren ließen. Diese Art von Mixtur ergibt sich häufig aus dem Kontakt zwischen den Kulturen und erschwert es zweifellos, eine einzige, allgemein geltende Jugendkultur zu definieren.

Natürlich gelang es nicht immer, Elemente verschiedener Kulturen miteinander zu verbinden. Im frühen 21. Jahrhundert, als in manchen Teilen Afrikas die Städte wuchsen und damit auch die Möglichkeiten des Konsums, brachte man auch Kinderwagen auf den Markt – ganz offensichtlich, weil man moderne westliche Gewohnheiten für selbstverständlich hielt. Doch aufgrund der alten afrikanischen Tradition, die Kinder selbst während der Arbeit bei sich zu tragen, entwickelte sich großer Widerstand. Die Mütter wollten diesen Kontakt zu den Kindern, der ihnen wichtig war und sogar die emotionale Entwicklung des Kindes günstig beeinflusste, nicht aufgeben. In Kerala, einem südindischen Bundesstaat, versuchten Konservative, auf die wachsende Begeisterung für Schönheitswettbewerbe unter Mädchen im Teenageralter einzugehen. Sie hatten die Idee, einen Festzug zu veranstalten, bei dem die Teilnehmerinnen ihre Kenntnis der örtlichen Sprache und Kultur, einschließlich des Tanzes, demonstrieren sollten. Dabei trat jedoch ein Problem auf: Die jungen Frauen, die Interesse hatten, verfügten nur über unzureichendes Wissen über die traditionellen Bräuche, während sich die meisten traditionell erzogenen Mädchen noch immer scheuten, teilzunehmen. Eine tatsächliche Siegerin ließ sich nur sehr schwer ausmachen und so war dieser interkulturelle Versuch zumindest vorläufig fehlgeschlagen.

Es gab jedoch auch einige Gemeinsamkeiten. In vielen Regionen vermittelte der globale Konsumismus Jugendlichen und, in geringerem Ausmaß, Kindern das Gefühl einer eigenen Identität und Zugehörigkeit. Auf die Frage, warum er zu McDonald's gehe, sagte ein junger Mann in Hongkong, das Essen dort schmecke ihm, im Vergleich zu chinesischen Gerichten, eigentlich nicht besonders gut, doch er koste es aus, an solch einem kosmopolitischen Ort zu sein und gesehen zu werden. Zweifellos boten die neuen Stilrichtungen jungen Leuten eine Alternative zur völligen Bevormundung durch die Eltern; in diesem Sinn konnte der Konsumismus sogar als Waffe in einem stillen Machtkampf dienen, bei dem sich das Kräftegleichgewicht nach und nach zugunsten der Kinder verschob. Zum ersten Mal in der Geschichte waren es die Kinder, die die Gesellschaft, einschließlich erwachsener Familienmitglieder, an den Konsumismus und die damit verbundenen Kompetenzen (wie zum Beispiel den Umgang mit dem Computer) heranführten. Gleichzeitig wirkte sich der Konsumismus auch auf die Kindheitsvorstellung der Erwachsenen und ihre Verantwortung als Eltern aus. Irgendwann im späten 20. Jahrhundert begannen Eltern fast überall zu glauben, es sei ein wesentlicher Bestandteil ihrer Rolle, den Kindern bestimmte Dinge und Artikel zu bieten und dafür zu sorgen, dass sie Spaß hatten; und wenn es schien, dass sie diese Aufgabe nicht angemessen erfüllen konnten, plagten sie sogar Schuldgefühle. Wie bereits gesagt, wurde das amerikanische Lied *Happy Birthday* in viele Sprachen übersetzt und in fast allen größeren Sprachgebieten übernommen; es ist ein perfektes Beispiel dafür, wie sich Eltern auf der ganzen Welt an ein neues Modell anpassten und einzelnen Kindern mehr Aufmerksamkeit schenkten; darüber hinaus zeigt sich darin auch das neue Bewusstsein, Kindern zeitgemäße Unterhaltung bieten zu müssen. Dem entspricht auch die Tatsache, dass viele mexikanische Eltern dazu übergingen, Halloween nach amerikanischem Vorbild mit Süßigkeiten für die Kinder zu feiern, statt dieses religiöse Fest nach altem Brauch besinnlich zu begehen; in Istanbul begannen Eltern, ihren Kindern Weihnachtsgeschenke zu kaufen, obwohl sie gar keine Christen waren; und auch der muslimische Fastenmonat Ramadan nahm eine neue Gestalt an, indem man für die Kleinen Geschenke und Karten besorgte. Kaum eine Tradition, die mit Kindern zu tun hatte, blieb vom globalen Konsumismus unberührt, es sei denn dort, wo bitterste Armut herrschte oder in äußerst isolierten ländlichen Gebieten.

Bis zum frühen 21. Jahrhundert waren an der Globalisierung noch keine weltweiten Jugendbewegungen beteiligt, die es auf Protest oder Unruhen abgesehen hatten. Während der späten 60er und der frühen 70er Jahre, ausgerechnet kurz bevor die Globalisierung mit voller Kraft einsetzte, machte sich dann aber eine solche internationale Protestbewegung von Jugendlichen allmählich bemerkbar. Vor allem in Westeuropa und den Vereinigten Staaten, jedoch bis zu einem gewissen Grad auch in Osteuropa und anderswo, richteten sich Studentenrevolten gegen den Vietnamkrieg, den Rassismus, die schlechten Bedingungen an überfüllten Schulen, den Mangel an Mobilität und die Rituale der Konsumgesellschaft, die – so empfanden es die meisten Wortführer – ihre Eltern in einem oberflächlichen, bedeutungslosen Leben gefangen hielten. Studentengruppen stürmten Schulen und zettelten 1968 in Paris fast eine Revolution an, bei der sie für kurze Zeit sogar die Kontrolle über einige Stadtteile gewannen. Viele Beobachter behaupteten, die Jugendlichen würden nun die Arbeiterschicht als Unruhestifter und als Träger des sozialen Gewissens ersetzen.

Diese Vorhersage sollte sich als falsch erweisen. Nach 1973 verpuffte der Protest der Jugendlichen im Westen, auch wenn sich in Europa ein paar militante Gruppen noch ein Jahrzehnt lang hielten. Infolge des abflauenden Babybooms gingen die Schülerzahlen zurück; an den Universitäten führte man einige Reformen durch; und auf die meisten jungen Leute übte der Konsumismus letztlich eher eine große Anziehungskraft aus. Wie gesagt, schlossen sich junge Leute ab dem Beginn des 21. Jahrhunderts häufig aus Unzufriedenheit zusammen, doch waren solche Zusammenschlüsse, einschließlich der religiösen Bewegungen, eher regionaler, denn globaler Natur. Viele junge Leute unterstützten allerdings durchaus weltweite Menschenrechtskampagnen und eine noch größere Zahl fühlte sich dem Umweltschutz verpflichtet, auch wenn sich hauptsächlich Bürger in den Industrieländern engagierten. Obwohl sie zum Teil denselben Einflüssen ausgesetzt waren, entstand aufgrund unterschiedlicher Traditionen und Umstände sowie unterschiedlich großer Begeisterung für bestimmte Aspekte der Globalisierung eine Kluft zwischen den Jugendlichen auf der Welt.

Schon die Globalisierung selbst schuf, wie bereits dargelegt, Ungleichheit. Es gab große Unterschiede zwischen relativ wohlhabenden Kindern, die an neuen Formen des Konsums teilhatten, und den Kindern in Indien, die erneut zur Arbeit gezwungen wurden, oder den Straßenkindern in Rio de Janeiro, obgleich manche Konsumgüter vielleicht auch in deren Reich-

KINDSEIN UND GLOBALISIERUNG

weite lagen. Eine gewisse Gemeinsamkeit scheinen andere, sehr konträre Gruppen aufzuweisen, beispielsweise jugendliche Skinheads in Großbritannien und Deutschland, die Gewalt gegen ethnische Minderheiten schürten, und eben jene Minderheiten bzw. jugendlichen Einwanderer selbst: Sie alle verband ein Interesse an Musik, die sich speziell an junge Leute richtete, doch unterschied sich die jeweilige Musik wiederum ebenso sehr wie die Gruppen. Es ergibt sich also kein einheitliches Bild. Und natürlich beeinflusste die Globalisierung in vielen Regionen die kulturspezifischen Kindheitsvorstellungen, sowohl seitens der Kinder als auch der Eltern, vermochte sie aber letztlich nicht gänzlich zu überwinden. Es kam durchaus vor, dass libanesische Eltern ihre Kinder nach westlichen Maßstäben erziehen wollten und ein paar moderne Bücher über dieses Thema lasen, doch wollten sie keineswegs, dass ihre Kinder statt der traditionellen Verpflichtungen gegenüber der Familie westliche Formen des Individualismus annahmen. Nach wie vor lebten Kinder in sehr verschiedenen Welten.

Die Globalisierung stand auch in einem komplexen Verhältnis zum modernen Modell des Kindseins, einmal ganz abgesehen davon, dass dieses »moderne Kindsein« in vielen Gegenden ganz unterschiedlich ausgeprägt war. Neue Migrationswellen führten dazu, dass in immer mehr Familien der Schulbesuch der Kinder neben anderen Merkmalen des modernen Modells zur Norm wurde, wenn auch Rassismus und ungleiche Chancen in manchen Fällen für Einschränkungen sorgten. Die politische Globalisierung verfolgte unmissverständlich die Durchsetzung des modernen Modells: Die internationalen Organisationen erstrebten eine Verbesserung der Gesundheit von Kindern, niedrigere Geburtenraten, gesetzlichen Schutz, weniger oder gar keine Arbeit und bessere Bildungschancen. Betrachtet man jedoch die tatsächlichen Auswirkungen, so stellt man fest, dass die politische Globalisierung unglücklicherweise den geringsten Einfluss ausübte. Die wirtschaftliche Globalisierung wiederum, mit ihren Folgen für viele Kinder, führte dazu, dass Kinder, die auf der Straße lebten, oder solche, die offiziell arbeiteten, kaum vom modernen Modell profitierten; ihnen blieb keine Zeit für die Schule und manchmal mussten sie auch gesundheitliche Einschränkungen hinnehmen. Solange Kinder sich am Konsum erfreuten, ohne mit der Schule in Konflikt zu geraten, ließ sich der Konsumismus mit dem modernen Modell vereinbaren; zum Teil konnte er zudem den Individualismus fördern, der seinerseits ja ein wichtiges Kriterium des modernen Kindseins war; außerdem trug er zur Entstehung anderer Merkmale der modernen Gesellschaft bei wie zum Beispiel Peergroups und Aktivitäten, die auf das jeweilige Alter abgestimmt waren. Andererseits konnte der Konsumismus jedoch auch von der Schule ablenken und in manchen Fällen erwies er sich als irrelevant für die zentralen Aspekte des modernen Modells.

Manche Beobachter behaupteten sogar, dass die Globalisierung in vielen Teilen Afrikas den Rahmen für das Kindsein vorgab und dies auf Kosten des modernen Modells. Die steigende Arbeitslosigkeit machte viele Jugendliche zu einer Randgruppe und minderte die Bedeutung der Schulbildung. Jugendliche, die Geld verdienen konnten, wie zum Beispiel weibliche Prostituierte mit reichen Kunden, gaben ihr Geld häufig für Konsumgüter aus, was jedoch nichts an ihrer Marginalisierung in der Gesellschaft änderte. Man kann wohl kaum behaupten, dass Jugendliche unter solchen Bedingungen besonderen Schutz genossen und sich nur der Schule widmen mussten. Dennoch waren nicht alle Afrikaner davon betroffen, denn nach wie vor kümmerten sich viele um eine Ausbildung und es gab mehr Bewerber als Plätze an den weiterführenden Schulen. Zudem lässt sich feststellen, dass das Engagement für die Ausbildung von Kindern häufig mit dem Bemühen um eine Reduzierung der Geburtenrate einherging – mit anderen Worten: Wir haben es hier mit der afrikanischen Variante des modernen Modells zu tun. Umgekehrt aber konnte die Globalisierung in vielen Fällen, in Afrika und anderswo, das moderne Modell in Vergessenheit geraten lassen oder es direkt untergraben; zu Beginn des 21. Jahrhunderts war also eine Reihe neuer Faktoren hinzugekommen.

Und schließlich rief die Globalisierung, wie leicht vorherzusagen war, auch Widerstand im Namen der Tradition hervor. Viele junge Leute besannen sich plötzlich wieder auf ihre fast vergessene regionale Identität, selbst wenn sie in mancherlei Hinsicht an der Globalisierung teilhatten. So begannen zum Beispiel viele junge Frauen im Nahen Osten um das Jahr 2000 freiwillig, sich wieder traditioneller zu kleiden, um dadurch ihre Unabhängigkeit von der von außen gesteuerten Globalisierung und dem Zwang zur Einheitlichkeit unter Beweis zu stellen.

Insgesamt gesehen wirkte sich also auch die Globalisierung maßgeblich auf das Kindsein aus und verstärkte sogar noch die Faktoren, die um das Jahr 2000 an sich schon zu einem Wandel führten. Da sie einerseits Aspekte ergänzte, andererseits aber auch weitere gemeinsame Einflüsse hervorbrachte, löschte sie weder alte noch neue Formen der Vielfalt aus. Auch unsere klein gewordene Welt gewährt vielen verschiedenen Formen des Kindseins Raum.

Weiterführende Lektüre

Zu Globalisierung und Kindheit vgl. den Sonderband des *Journal of Social History* (Band 38, Juni 2005); Nancy Scheper-Hughes und Carolyn Sargent, *Small Wars: the cultural politics of childhood* (Berkeley 1998); Tracey Skelton und Gill Valentine (Hg.), *Cool Places: geographies of youth culture* (London 1998); Entwicklungsprogramm der Vereinten Nationen, *Human Development Report* (Oxford 1999); Tobias Hecht, *At Home in the Street: street children of northeast Brazil* (Cambridge 1998); Jeremy Seabrook, *Children of Other Worlds: exploitation in the global market* (London 2001); James Watson (Hg.), *Golden Arches East: McDonald's in East Asia* (Stanford, California 1998); Timothy Burke, *Lifebuoy Men, Lux Women: commodification, consumption and cleanliness in modern Zimbabwe* (London 1996). Vgl. auch Kinderhilfswerk der Vereinten Nationen, *The State of the World's Children 2002* (New York 2001).

KAPITEL 13

Zusammenfassung
Das Kindsein im Wandel der Zeiten

In den vorangegangenen Kapiteln wurde das Thema Kindsein unter Kriterien betrachtet, wie sie heute auch in der Auseinandersetzung mit anderen Bereichen des modernen Lebens zum Tragen kommen. Die grundlegenden Erfahrungen vieler Kinder, die noch immer arbeiten, statt sich in erster Linie auf die Schule zu konzentrieren, unterscheiden sich nicht allzu sehr von denen amerikanischer, westeuropäischer und japanischer Kinder vor einem oder eineinhalb Jahrhunderten. Immer mehr traditionelle Familienbetriebe verschwinden, sei es auch nur wegen der schnell voranschreitenden Verstädterung und der Unfähigkeit der Familien auf dem Land, für die Kinder zu sorgen. Vor diesem Hintergrund wandelt sich die Arbeit von Kindern, obgleich die Tatsache, dass Kinder arbeiten, nicht neu ist; manchmal sind damit auch größere Ausbeutung und ganz neue Formen des Ausgeliefertseins verbunden. Viele Mädchen in Indien oder Afrika arbeiten heute als Hausangestellte in den Städten, so wie Mädchen in Paris oder New York während der 50er Jahre des 19. Jahrhunderts; genau wie zuvor im Westen werden manche bei der Arbeit auch sexuell ausgebeutet. Viele Kinder treiben Handel auf der Straße, betteln oder werden in Kleinkriminalität verwickelt, wie im von Charles Dickens beschriebenen London. Im Westen und in Japan änderten sich diese Zustände später natürlich, nach jenem langen und häufig schmerzhaften Übergangsprozess; das moderne Modell setzte sich allmählich durch und galt auch für die meisten Kinder der unteren Schichten, obgleich es ganz eigene Probleme mit sich brachte. Werden die weitere wirtschaftliche Entwicklung, Gesetze zum Schutz von Kindern sowie der durch weltweite Normen entstehende Druck die ärmeren Kinder in Indien oder Ostafrika, oder ihre Nachkommen, in den nächsten Jahrzehnten dem fast überall geltenden Modell näher bringen? Oder werden lokale Traditionen oder anhaltende wirtschaftliche Ungleichheit, die häufig noch durch neue Krankheiten und Kriege verschärft werden, für dauerhafte Unterschiede sozialer wie regionaler Art zwischen Kindern auf der Welt sorgen?

Die einzelnen Fäden einer die ganze Welt umfassenden Geschichte des Kindseins zu verknüpfen, ist keine leichte Aufgabe. In diesem Buch wurden drei wesentliche Erscheinungsformen des Kindseins untersucht: das Kindsein in Jäger- und Sammler-Gemeinschaften, in bäuerlichen und in modernen Gesellschaften. So gesehen ist das Kindsein in erster Linie von der jeweiligen Wirtschaftsform geprägt – und dies trifft auch heute, zwischen Schule und Konsum, noch zu (gerade Kinder, die zu Konsumenten erzogen worden sind, spielen eine entscheidende Rolle dabei, dieses System aufrechtzuerhalten). Doch kommen auch noch der kulturelle Hintergrund und die Familienstrukturen zum Tragen und genau aus diesem Grund gibt es mehr als nur eine Form des Kindseins in traditionellen bäuerlichen Gesellschaften und – ganz abgesehen von wirtschaftlichen Variablen – auch mehr als nur eine Form des modernen Kindseins. Trotzdem ergeben sich aus der Globalgeschichte des Kindseins, vor allem natürlich aus der jüngeren Vergangenheit, zwei grundsätzliche Fragen, wenn wir uns Gedanken darüber machen, wie die zukünftige Entwicklung aussehen könnte.

Wird das, was wir als modernes Modell bezeichnet haben, ergänzt durch zunehmenden Konsumismus, die nähere Zukunft des Kindseins auf der Welt bestimmen, so dass sich immer mehr Gesellschaften diesem Modell anpassen, während andere es noch konsequenter umsetzen? (Anders formuliert: Können wir davon ausgehen, dass in den nächsten Jahrzehnten überall ähnliche Rahmenbedingungen für das Kindsein herrschen werden?)

Die zweite Frage lautet: Wollen wir das überhaupt?

Die jüngere Geschichte, mit ihren mannigfaltigen Auswirkungen auf das Kindsein, macht es sicher nicht leichter, genaue Vorhersagen zu treffen. Wir haben gesehen, dass, abhängig vom Ort und der sozialen Zugehörigkeit, immer mehr ältere Kinder regelrecht in die sexuelle Sklaverei verkauft werden. Wenn wir an Afrika denken, so haben wir wohl meist Kinder in Flüchtlingslagern vor Augen, die vor ethnischen oder religiösen Konflikten geflohen und dabei manchmal sogar verstümmelt worden sind, Kinder mit aufgeblähten Bäuchen und dem leeren Blick Hungernder; denken wir an Südafrika, so sehen wir aidsinfizierte Kinder auf Betten liegen, Kinder, die sich während der Geburt bei der Mutter angesteckt haben. Nun stelle man sich dagegen die beanspruchten Teenager in amerikanischen und westeuropäischen Vorstädten vor, Teenager, die für Prüfungen büffeln, die über ihre Zulassung zur Universität entscheiden, Teenager, deren Freizeit täglich mit so vielen Terminen ausgefüllt ist, dass sie erst Jahre später, als junge Erwachsene, ihren Sinn für Spontaneität wiedererlangen werden. Oder gestresste, modebewusste *Valley Girls* nach kalifornischem Vorbild, oder japanische Teenager, die nur herausfinden wollen, welches neue Produkt man nun unbedingt haben muss. Oder, wenn wir noch einmal den Schauplatz wechseln, ältere Kinder, die sich freiwillig als Selbstmordattentäter zur Verfügung stellen und darin nicht nur von den Fundamentalisten vor Ort, sondern häufig sogar von ihren stolzen Eltern bestärkt werden. Wie könnte man angesichts all dessen einen einheitlichen Rahmen für das Kindsein ausmachen?

Nicht nur in Afrika, sondern auch in Teilen Südostasiens gibt es heute Kindersoldaten, die mit Waffen ausgerüstet sind, die an Gefährlichkeit alle anderen übertreffen, die Kinder jemals zuvor in der Hand hatten. Die Tatsache, dass Kindersoldaten, wie wir gesehen haben, auch früher ein wichtiger Bestandteil vieler Armeen waren, macht das Bild noch komplexer. Sicherlich ist die weltweite Entrüstung über Kindersoldaten berechtigt, vor allem in Anbetracht der Waffen, doch spiegeln sich darin auch neue Wertvorstellungen wider.

Erst vor kurzem äußerten Experten zum ersten Mal Besorgnis darüber, dass die enormen Unterschiede, was wirtschaftliche Maßstäbe und politische Stabilität angeht, ein unschätzbares Element des modernen Modells, nämlich den Rückgang der Sterblichkeit, ernsthaft gefährden. Während der 90er Jahre stieg die Kindersterblichkeit in über einem Drittel aller schwarzafrikanischen Länder oder blieb gleich hoch, während im vom Krieg zerrütteten Irak jetzt zehn Prozent aller Kinder unter fünf Jahren sterben (doppelt so viele wie 1990). Im Allgemeinen richteten Unterernährung und Aids am meisten Unheil an und verhinderten, wenn man den weltweiten Durchschnitt betrachtet, weiteren Fortschritt.

Wie das Kindsein heute aussieht, hängt also sehr stark von den jeweiligen Wertvorstellungen ab, von Armut oder Reichtum, politischem Chaos oder relativer Stabilität. Vor kurzem veranschaulichte ein Anthropologe einen Aspekt dieser Vielfalt durch das Bild der von einem Zaun umgebenen Schule, die scheinbar so gut wie überall ein Symbol für das moderne Kindsein ist. In Afrika jedoch dient der Zaun hauptsächlich dazu, Kinder auszusperren, die gerne eine Schule besuchen würden und Bildung als Schlüssel zu ihrer Zukunft sehen, für die es aber angesichts der beschränkten Mittel nicht genug Plätze gibt. In den Vereinigten Staaten hingegen ist der Zaun unter anderem dazu da, Kinder einzusperren, die die Schule als langweilige Sackgasse empfinden, als einen Ort der Schikane und der sozialen Spannung, einen Ort, der in ihren Augen nichts mit einer sinnvollen Zukunft zu tun hat.

Das Kaleidoskop des Kindseins in unserer heutigen Welt zeigt eine beinahe endlose Vielfalt mit Chancen und Problemen, wie sie unterschiedlicher nicht sein könnten. Ohne diesen Aspekt der Realität leugnen zu wollen, lassen sich jedoch auch wichtige, gemeinsame Tendenzen feststellen. Diese mögen uns zwar bekannt vorkommen, aber für viele der beteiligten Gesellschaften sind damit tatsächliche Veränderungen verbunden, und im Großen und Ganzen laufen sie auf eine Übernahme des modernen Modells hinaus.

Kindersterblichkeit nach Regionen (1950–2000)

Region	Kindersterblichkeit (Todesfälle im ersten Lebensjahr pro Tausend)		
	1950–1955	1980–1985	2000
Weltweit	156	78	54
Afrika	192	112	87
Asien	181	82	51
Europa	62	15	11
Ozeanien	67	31	24
Nordamerika	29	11	7
Lateinamerika, Karibik	125	63	32

Quelle: Sterblichkeit 1988, Tabelle A.2; U.S. Census International Datenbank 2000, <http://www.census.gov/ipc/www/idbnew.html>

Es gibt kein Land, sei es auch noch so arm oder von Krankheiten heimgesucht, wo die Säuglings- und Kindersterblichkeit während des letzten Drittels des 20. Jahrhunderts nicht beständig zurückgegangen wäre – trotz der jüngsten Stagnation und neuer, ernstzunehmender Bedrohungen. In Sierra Leone, dem Land, das 1998 die höchste Sterblichkeitsrate der Welt hatte, wo 316 von 1.000 Kindern noch vor Erreichen des 5. Lebensjahres starben, war die Sterblichkeit dennoch seit den 60er Jahren um 20 Prozent gesunken; gleichzeitig war die Zahl der Frauen, die lesen und schreiben konnten, zwischen 1980 und 1995 um das Doppelte gestiegen, die Zahl der Männer um 50 Prozent. In den ärmsten Ländern der Welt, in denen 1960 zusammengerechnet 282 von 1 000 Kindern noch vor Erreichen des 5. Lebensjahres gestorben waren, war die Rate auf 172 gesunken, während sie weltweit von 193 auf 86 sank – aus historischer Sicht ein wirklich erstaunliches Tempo für eine Veränderung. Auch der Rückgang des Analphabetismus, der allerdings nicht ganz so drastisch war, zeigt einen ähnlichen

Verlauf und spiegelt die wachsende Präsenz von Schulen im Leben der Kinder auf der ganzen Welt wider. Zweifellos muss man eine riesige Kluft zwischen den armen und den reichen Ländern und dadurch bedingt auch Unterschiede in der Erfahrung des Kindseins konstatieren; doch ebenso gilt, dass sich zumindest bis zum frühen 21. Jahrhundert an vielen Orten eine Veränderung einstellte, ausgerichtet auf ein und dasselbe Ziel.

Bei jeder Darstellung der Globalgeschichte, deren Schwerpunkt eher auf der Neuzeit liegt, ist man unweigerlich mit der Schwierigkeit konfrontiert, lokale und globale Charakteristika gegeneinander abzuwägen; bei einer Globalgeschichte des Kindseins verhält sich dies natürlich auch nicht anders. Neben grundlegenden Gemeinsamkeiten gibt es deutliche Unterschiede. Immer mehr Menschen und Regierungen sind sich einig, dass die Schule, nicht die Arbeit, die Kindheit bestimmen sollte – dies bestätigen ganz klar die weltweiten Statistiken für die letzten zwei Jahrzehnte. Obwohl es noch immer Gebiete gibt, die in besorgniserregendem Ausmaß von Krankheit, Hunger und Krieg erschüttert werden, ist wohl kaum zu bezweifeln, dass die Frage Schule oder Arbeit auch in Zukunft immer öfter zugunsten einer Ausbildung entschieden werden wird – doch ist es nur ein naheliegender Schluss, der noch keine Sicherheit garantiert; und letztlich ist das ein Grund dafür, weshalb Wissenschaftler solche theoretischen Modelle häufig ablehnen. Viele Gesellschaften sind noch immer zu arm, um allen Kindern den Schulbesuch zu ermöglichen, darüber hinaus gibt es aber auch bedeutende Gruppen, die noch nicht davon überzeugt sind, dass Schulbildung wirklich sinnvoll ist.

Kailash Satyarthi, der sein Leben dem Kampf gegen die Kinderarbeit in Indien gewidmet und es erfolgreich verstanden hat, die Weltöffentlichkeit zu mobilisieren, erzählt eine Geschichte aus seiner eigenen Kindheit, die das Problem deutlich macht. Er besuchte in der Stadt Vidisha regelmäßig die Schule (letztlich sollte er auch ein Universitätsstudium abschließen) und sah stets einen Schuster, der mit seinem Sohn vor der Schule saß, Schuhe reinigte und reparierte. Er verstand nicht, warum der Mann seinen Sohn nicht mit in den Unterricht gehen ließ. Eines Tages nahm er all seinen Mut zusammen und fragte den Schuster. Er bekam eine einfache, direkte Antwort: »Junger Mann, mein Vater war Schuster und mein Großvater auch. Noch nie hat mir jemand diese Frage gestellt. Wir sind auf der Welt, um zu arbeiten, mein Sohn auch.« Diese Antwort stellte Satyarthi offensichtlich nicht zufrieden; als Erwachsener wurde er schließlich zum

Vorsitzenden verschiedener Organisationen gegen Kinderarbeit, darunter des Global March Against Child Labor (Globaler Marsch gegen Kinderarbeit), der South Asian Coalition on Child Servitude und der Global Campaign for Education (Globale Bildungskampagne), gewann sowohl indische als auch internationale Unterstützung und rettete sogar 66 000 Kinder vor der Arbeit in der Fabrik, in einem fremden Haushalt und im Zirkus. Trotzdem darf man das Aufeinanderprallen verschiedener Wertvorstellungen nicht einfach ignorieren, ebenso wenig die Tatsache, dass in Satyarthis Heimat die Kinderarbeit trotz Reformen angestiegen ist. Warum gibt es ausgerechnet in dieser Region so große Abweichungen von der weltweiten Tendenz? Gibt es eine Garantie, dass sich dies in absehbarer Zeit ändern wird?

Bei derartigen Fragen spielen nicht nur regionale Unterschiede, sondern auch die soziale Zugehörigkeit eine wichtige Rolle, denn in einzelnen Gesellschaften erschwerten unterschiedliche Perspektiven und Mittel ganz entscheidend die Debatte, ob man das modernere Modell des Kindseins annehmen solle. 2004 tadelte der amerikanische Schauspieler Bill Cosby öffentlich afro-amerikanische Eltern und Kinder unter anderem dafür, dass sie die Schule, einschließlich der dort angebotenen Unterweisung in Sprache und Umgangsformen, nicht ernst nahmen – sie besuchten zwar den Unterricht, waren von diesem Modell jedoch nicht tatsächlich überzeugt. In Großbritannien verstehen die meisten Eltern aus der Arbeiterschicht unter Engagement für die Ausbildung ihrer Kinder etwas ganz anderes als die Eltern der Mittelschicht, die mit Übereifer bei der Sache sind – ein weiteres Beispiel für die Kluft innerhalb einer scheinbar modernen Gesellschaft. Und während zwar in beiden Gruppen die Geburtenrate weit unter der Zahl liegt, die einmal üblich gewesen war, gibt es doch noch immer Unterschiede in der durchschnittlichen Familiengröße, die auf verschiedene Einstellungen zu Kindern und zur Verantwortung von Eltern schließen lassen. So unerlässlich es ist, augenfällige gemeinsame Tendenzen, wie die Reduzierung der Geburtenrate und das Bekenntnis zur Schulerziehung, zu berücksichtigen, man muss doch auch in die Tiefe gehen.

Abgesehen davon, dass das moderne Modell in verschiedenen Teilen der Welt unterschiedlich interpretiert wird und verschiedene Entwicklungsstadien durchläuft, beantwortet es nicht alle Fragen. Auch wenn der Schulbesuch überall dazugehört, ist damit noch nicht gesagt, ob Kinder tatsächlich dazu angeregt werden, sich selbst als Individuen zu empfinden oder ob sie sich über die Familie oder die Religion definieren müssen. Es beinhaltet keine Festlegung auf bestimmte Unterrichtsmethoden, vom Auswendiglernen vorgegebener Lektionen (das sich für bestimmte Zwecke durchaus eignet) bis hin zur Förderung des häufig chaotischen Selbstausdrucks und der Rücksichtnahme auf das Selbstwertgefühl der Schüler. Selbst wenn Kinder denselben Aspekten des globalen Konsumismus ausgesetzt sind, heißt das noch lange nicht, dass sie auch ähnliche Erfahrungen machen oder eine vergleichbare Perspektive haben.

1994 beging ein amerikanischer Teenager, der mit seiner Familie in Singapur lebte, einen Akt der mutwilligen Zerstörung, indem er Autos mit Farbe besprühte. Er wurde festgenommen und man verurteilte ihn zu 30 Stockschlägen auf das Gesäß. Dieser Vorfall löste einen Sturm der Entrüstung in den Vereinigten Staaten und anderen Teilen der westlichen Welt aus: Die Strafe erschien barbarisch, das Vergehen hingegen trivial. Diese ganze Episode ereignete sich zu einer Zeit, als mehrere ostasiatische Politiker ihr Engagement für die Werte der Gemeinschaft und die Disziplin hervorhoben, vor allem im Hinblick auf den übermäßigen Individualismus im Westen und die dort herrschende nachlässige Toleranz, und natürlich schien der Streit um den amerikanischen Übeltäter genau diese Unterschiede deutlich vor Augen zu führen. Zwei unbestritten moderne, erfolgreiche Gesellschaften vertraten, wenn es um die Festlegung bestimmter Normen für das Kindsein ging, unvereinbare Standpunkte. Es führt kein Weg an der ernüchternden Erkenntnis vorbei, dass neben den Entwicklungsmustern, die das Kindsein allerorten aus seinen Traditionen lösen, auch unübersehbare Unterschiede im tiefer gehenden Verständnis des Kindseins bestehen. Der Junge jedenfalls erhielt seine Stockschläge, erlitt, damaligen Berichten zufolge, keinen großen Schaden, verließ Singapur jedoch bald und ging zurück nach Michigan.

Eine Untersuchung des Kindseins im weltgeschichtlichen Zusammenhang hat es nicht nur mit der Dichotomie global – lokal zu tun, sondern sie muss auch die Gegenwart vor dem Hintergrund der Vergangenheit sowie von Gemeinsamkeiten und Kontrasten betrachten. Selbst wenn wir annehmen, dass das, was modern ist, unterschiedlich gehandhabt werden kann – in der Arbeiterschicht anders als in der Mittelschicht, in Ostasien anders als im Westen –, verblassen die Abweichungen doch vor der Tatsache, dass man überhaupt moderne Standards erreicht hat. Denken wir an die ersten Historiker, die sich vor einer Generation auf noch ganz grobe, wenig spezifische Weise mit dem Kindsein beschäftigten: Im Vergleich zu den Einschränkungen der Vergangenheit mussten ihnen die Verbesserungen der modernen Zeit schlicht und einfach ins Auge fallen. Dieselbe Versuchung besteht auch heute noch: Wer könnte dem widersprechen, dass das Kindsein in Gesellschaften, die sich der Moderne zunehmend angepasst haben, besser ist als in solchen, in denen Kinder in viel höherem Maße bitterer Armut und Krankheit ausgesetzt sind? Gerade bei diesem besonderen historischen Forschungsgegenstand kommt man nicht umhin, sich immer wieder mit Werturteilen auseinandersetzen.

Greifen wir noch einmal die deutlichste Verbesserung heraus: Wer versetzt sich schon gerne in eine Zeit zurück, in der mindestens 30 Prozent aller Kinder während der ersten beiden Lebensjahre starben, in der praktisch jede Familie den Tod mindestens eines Kindes erleben musste? Selbstverständlich wirft der für den Westen (und vor allem Amerika) bezeichnende Eifer, Kinder unter hohen Kosten und mit zweifelhaften Aussichten auf ein gesundes Leben als Erwachsene am Leben zu erhalten, medizinisch-ethische Probleme auf, doch zweifellos hat eine Gesellschaft, die den lange Zeit üblichen Fatalismus angesichts des Tods von Kindern erfolgreich überwunden hat, unübersehbare Fortschritte gemacht.

Dies ist freilich nur ein Aspekt des modernen Lebens, über manch andere lässt sich fraglos noch mehr diskutieren – allerdings geht es nicht darum, ob man frühere Verhältnisse wieder einführen sollte, was wohl kaum jemandem in den Sinn käme, sondern darum anzuerkennen, dass auch noch andere Parameter als der reine Forschritt das Verhältnis zwischen Gegenwart und Vergangenheit oder zwischen den moderneren Gesellschaften und denen, die noch immer mit dem Übergang kämpfen, kennzeichnen. Man muss sich vor Augen halten, dass das von der Tradition bestimmte Kindsein in den bäuerlichen Gesellschaften, wie es in den ersten Kapiteln dieses Buches beschrieben wurde, auch positive Seiten hatte und klar definiert war.

Wenn man den Umfrageergebnissen glauben darf, würden wohl viele amerikanische Eltern von vornherein noch komplexere Alternativen bevorzugen, wenn sie ein historisches Vorbild namhaft machen könnten. Sie würden sich kaum ins alte Rom zurück wünschen, auch wenn mehr Gehorsam von Seiten der Kinder etwas für sich hat, aber ganz sicher verbinden sie neuere Tendenzen nicht mit ungezügeltem Fortschritt. Sie würden natürlich zugeben, dass die moderne Zeit gerade im Vergleich mit bestimmten Gegebenheiten in bäuerlichen Gesellschaften Verbesserungen aufzuweisen hat: niedrigere Sterblichkeit, kleinere Familien, Schulerziehung statt körperlich anstrengender und erniedrigender Arbeit. Doch sie könnten geneigt sein zu behaupten, dass es mit dem Kindsein in Amerika, sobald man moderne Standards erreicht hatte – sagen wir im frühen 20. Jahrhundert – abwärts ging. Zwar herrschten nun moderne Bedingungen, doch die Kinder wurden immer undisziplinierter, egoistischer, respektloser und fühlten sich der Familie immer weniger verpflichtet – vom nicht unumstrittenen Aufgehen im wachsenden Konsumismus einmal ganz abgesehen. Vielleicht liegt darin auch der Grund, weshalb das Ergebnis jeder Umfrage in Amerika seit den 30er Jahren lautet, dass kinderlose Paare glücklicher sind als solche mit Kindern, und weshalb Eltern, die sich selbst als modern bezeichnen (eine beständig größer werdende Gruppe), mehr Sorgen um die Kinder und ihre eigene Verantwortung erkennen lassen als die Eltern, die sich selbst als traditionell sehen. Warum sonst sollten »moderne« Eltern dazu neigen zu behaupten, die »gute alte Zeit« sei besser für Kinder gewesen (damit meinen sie wahrscheinlich ein idealisiertes 19. Jahrhundert und wohl kaum gute Zeiten während des Mittelalters oder der frühen Neuzeit) und nicht ohne Nostalgie von den »traditionelleren Werten des Familienlebens und der Verantwortung« sprechen? Auch wenn hier nicht nur der Standpunkt von Eltern vertreten werden soll und man ebenfalls zur Kenntnis nehmen muss, dass 90 Prozent der amerikanischen Eltern, so viel sie auch klagen, aussagen, sie würden sich, wenn sie noch einmal die Wahl hätten, wieder für Kinder entscheiden, gibt es doch am modernen Leben Kritikpunkte.

Erstens verschwinden mit der Übernahme einer Ausprägung des modernen Modells nicht automatisch alle Probleme, die mit traditionelleren Strukturen verbunden waren. Nur ein Beispiel: Noch immer gibt es Kindesmisshandlung. Sie ist vielleicht eindeutiger definiert und wird stärker bekämpft, da die Regierungen eine aktive Rolle übernehmen; doch andererseits ist das Argument auch nicht von der Hand zu weisen, dass die Überwachung durch die Regierung den Arten der Kontrolle gegen Misshandlungen, die es früher in eng zusammengewachsenen Dörfern oder Stadtvierteln gab, nicht gleichkommt. Ein Historiker, der sich mit dem kolonialen Amerika beschäftigt und mit dem Thema Kindsein wohl vertraut ist, weist darauf hin, wie selten Fälle von Kindesmissbrauch im damaligen Neuengland im Vergleich zur jüngeren Vergangenheit waren. Er gesteht ein, dass manche Strafen, die zu dieser Zeit akzeptabel waren, heute als Misshandlung angesehen würden und räumt durchaus ein, dass die historischen Quellen unzuverlässig sein können. Er behauptet jedoch, dass es früher wesentlich schwieriger war als heute, in einem Dorf Missbrauch geheim zu halten, was das Fehlen solch Aufsehen erregender Fälle von Kindesmisshandlung, wie sie sich in neuerer Zeit ereignet haben, sogar noch unterstreicht. Mit anderen Worten: Vielleicht hat der Missbrauch zugenommen, aufgehört hat er jedenfalls nicht. Manchmal ging vielleicht die Misshandlung von Kindern der Definition als »Kindesmisshandlung« voraus.

Zweitens gibt es Probleme, die untrennbar mit der modernen Zeit verbunden zu sein scheinen. Der Rückgang der Geburtenrate bringt auch Nachteile mit sich, ganz abgesehen von den schwierigen Übergangsphasen: Die Eltern müssen sich erst noch über die richtigen Ziele klar werden und daran gewöhnen, dass weniger Geschwister da sind, die auf die Kleineren aufpassen können. Im heutigen Indien und China hat die Geburtenkontrolle in Verbindung mit der traditionellen Vorliebe für Jungen zu Praktiken geführt, deren Ergebnis sich in einem beträchtlichen Überschuss an jungen Männern niederschlägt, die nun die sexuelle Reife erlangen – in jeder dieser Riesennationen gibt es einige Millionen mehr junge Männer als junge Frauen. Als Folge werden viele Männer sich kaum auf normale Weise ausleben und Zufriedenheit finden können, und diese Situation könnte auch zu größeren sozialen Spannungen führen. Dies ist freilich ein besonders drastisches Beispiel, und zugegebenermaßen ist es immer einfacher, die Probleme anderer Gesellschaften zu erkennen als die der eigenen.

Die Nachteile des modernen Kindseins beschränken sich allerdings nicht auf ganz eigene Ausprägungen des modernen Modells in entfernten Teilen der Welt. Wenn wir den Blick etwas näher richten, so sehen wir, dass das Fehlen von Geschwistern zweifellos ein Gefühl der Einsamkeit bei Kindern erzeugen kann. Die neue Kluft zwischen dem Erwachsenenalter und der Kindheit führt zu neuen Verständnisproblemen. Während viele Erwachsene in Gesellschaften wie dem antiken Rom einst den Verfall der Jugend beklagten – und damit mehr über ihr eigenes Altern als tatsächlich über die Jugendlichen nachdachten –, gibt es in der Geschichte nichts, was mit den Ängsten und den Meinungsverschiedenheiten vergleichbar wäre, die mit dem Heranwachsen in heutiger Zeit einhergehen. Mit großer Wahrscheinlichkeit leiden Kinder heute sehr viel häufiger unter Depressionen, wenngleich man einräumen muss, dass der Vergleich mit der Vergangenheit schwierig ist, weil wir uns an dieses Problem gewöhnt haben und es deshalb auch eher wahrnehmen. Ein weiteres neues, zunehmendes

Leiden ist das Aufmerksamkeitsdefizitsyndrom (ADS), obwohl es besonders häufig in den Vereinigten Staaten festgestellt wird, was wohl darin begründet liegt, dass dort die Geduld mit »allzu aktiven« Kindern nachgelassen hat. In Japan ist ein Phänomen anderer Art bekannt: Im frühen 21. Jahrhundert litten mehrere Tausend japanische Schulkinder an einer Krankheit, die *hikikomori* genannt wird; die Symptome äußern sich darin, dass die Betroffenen unfähig sind, das Haus zu verlassen und ein normales Leben zu führen (sie schotten sich völlig von der Außenwelt ab). Im Westen wie auch in Japan stieg die Selbstmordrate unter Jugendlichen an: In Japan lag sie allein 2003 bei 22 Prozent. Veränderungen im Familienleben, zum Beispiel die größere Instabilität von Ehen, und darüber hinaus mit der Schule und der Identitäts- und Sinnfindung verbundener Druck schaffen in allen fortschrittlichen Industriegesellschaften den Rahmen für zunehmende Probleme dieser Art. Ebenso alarmierend sind die schockierenden Gewalttaten, die in diesen Gesellschaften von Kindern unter zwölf Jahren begangen werden – sie sind zwar nicht allzu häufig, aber die Rate steigt unübersehbar. Essstörungen unter Kindern – von bedrohlichen Krankheiten wie *anorexia nervosa* bis zur weiter verbreiteten, wenn auch weniger gefährlichen Fettleibigkeit – haben sogar nachweisbar zugenommen. Angesichts der Veränderungen, was die Verfügbarkeit von Nahrungsmitteln, die Arbeit und die Freizeitaktivitäten junger Leute angeht, ist es den modernen Gesellschaften noch nicht richtig gelungen, die Essgewohnheiten von Kindern zu regulieren, und die Folgen werden immer schlimmer.

Damit soll jedoch nicht behauptet werden, es habe, im Vergleich mit der Vergangenheit, eine dramatische Verschlechterung des Kindseins stattgefunden; vielmehr soll darauf hingewiesen werden, dass Veränderungen nicht nur zu Vorteilen, sondern auch zu Nachteilen geführt haben und dass es daneben auch einige Konstanten gibt. Nicht nur der historischen Genauigkeit wegen lohnt es sich, dieses komplexe Bild zu erfassen, sondern auch, um die Aufmerksamkeit moderner Gesellschaften und solcher, die im Begriff sind, das moderne Modell umzusetzen, auf wichtige Probleme zu lenken, statt nur den Triumph des Fortschritts zu feiern. Wir dürfen wohl hoffen, dass immer mehr Gesellschaften die Geburtenrate und die Kindersterblichkeit senken werden und die Kinder, statt ihnen anstrengende Arbeit zuzumuten, auf die Schule schicken; doch damit sollten wir uns nicht zufrieden geben, sondern auch daran arbeiten, einige ganz generelle Probleme, die mit dem modernen Kindsein verbunden sind, in den

Griff zu bekommen. Völlig zu Recht – um ein bereits bekanntes Beispiel zu nennen – ist die Weltgesundheitsorganisation in den letzten Jahren dazu übergegangen, neben ihrer bestehenden historischen Mission gegen Hunger und Kindersterblichkeit, neue Mittel und Wege im Kampf gegen die Fettleibigkeit von Kindern zu suchen. Wer sich mit den Problemen des heutigen Kindseins auf der ganzen Welt beschäftigt, darf nicht nur auf die weitere Umsetzung des modernen Modells drängen.

Viele Menschen engagieren sich sehr für Kinder, Menschen wie Kailash Satyarthi oder die vielen Entwicklungshelfer, die sich um Kinder in den Flüchtlingslagern auf der ganzen Welt kümmern. Just im Zusammenhang mit dem heutigen Engagement für Kinder wird man zwei Bedenken äußern dürfen, ohne damit gleich behaupten zu wollen, dass wir mit einer noch nie dagewesenen globalen Krise konfrontiert sind. Erstens tendieren die meisten internationalen Bewegungen dazu, die Gültigkeit moderner Maßstäbe vorauszusetzen und den Rest der Welt dazu zu drängen, sich anzupassen. Dieses Vorgehen verharmlost die Nachteile des modernen Modells und führt dazu, dass gegenüber den weniger fortschrittlichen Gesellschaften häufig ein herablassender Ton angeschlagen wird; davon darf man sich wohl kaum eine positive Reaktion erwarten. Zwar stehen hinter diesem Vorgehen unleugbar humanitäre Absichten, doch Wohltätigkeit fördert nicht immer das beiderseitige Verständnis. Gleichzeitig besteht das Risiko, dass manche Probleme in den moderneren Gesellschaften nicht genug beachtet werden. Zweitens muss man, wie in Kapitel 11 dargestellt, befürchten, dass das Kindsein in den Gesellschaften, in denen das moderne Modell am ausgeprägtesten ist, an Bedeutung verliert – ausgerechnet in den Gesellschaften, die auf internationaler Ebene noch immer die Fäden in der Hand halten. Immer mehr Paare haben keine Kinder oder sind mittlerweile zu alt, um Kinder zu bekommen. In ihrem provokativen Buch beschreibt Muriel Jolivet Japan, zugegebenermaßen nicht ohne Übertreibung, als die erste »kinderlose« Gesellschaft; in einer britischen Studie über die moderne Ehe, *The Symmetrical Family,* beschreiben Young und Willmott, wie erfüllt Beziehungen sind, in denen beide Partner arbeiten und sozusagen als Belohnung zusammen den Konsum genießen – Kinder werden gar nicht erwähnt. Mit anderen Worten: Für immer mehr Menschen in den einflussreichen Gesellschaften spielen Kinder in ihrer Heimat oder im Ausland keine Rolle, da es nicht ihre eigenen Kinder und folglich auch andere für sie verantwortlich sind; man hört und sieht sie kaum und denkt auch nicht oft an sie. Sie sind arm, wohnen mitten in den Städten oder weit draußen auf dem

Land, sind Einwanderer oder Ausländer; in Gesellschaften, die immer weniger auf Kinder ausgerichtet sind, hat man nicht jeden Tag aktiv mit ihnen zu tun. Solche Faktoren müssen berücksichtigt werden, denn die Probleme heutiger Kinder sind real und wesentlich komplizierter, als gutgemeinte Proklamationen ihrer Rechte es vermitteln können.

In der Zwischenzeit ereignen sich weitere Veränderungen. Neue Krankheiten, wie Aids mit seinen Auswirkungen auf Kinder, neue Formen der Gewalt unter Kindern – man denke zum Beispiel an jugendliche Selbstmordattentäter oder auch an Kinder in Großbritannien oder den Vereinigten Staaten, die mit Schusswaffen aufeinander losgehen – stellen neue Probleme in der Geschichte des Kindseins im späten 20. und frühen 21. Jahrhundert dar.

Auch die Folgen der weiteren Umsetzung des modernen Modells verursachen Veränderungen. Viele Beobachter weisen auf die Tendenz hin, dass die Kindheit oder die Zeit vor dem Erwachsensein sich verlängert, sei es nun aufgrund wirtschaftlicher Schwierigkeiten, die auch die Abhängigkeit Jugendlicher verlängert, oder aufgrund der Notwendigkeit einer umfassenderen Ausbildung, oder beidem. Die niedrige Geburtenrate erklärt, warum auch die Eltern dies, wie widerwillig auch immer, hinnehmen. China hat sich nun darauf festgelegt, 15 Prozent seiner riesigen Bevölkerung im relevanten Alter auf die Universität zu schicken, eine Entscheidung, wodurch Millionen von Menschen für längere Zeit der Arbeitswelt nicht zur Verfügung stehen werden. In Amerika ist es keine Seltenheit, dass Universitätsabsolventen in ihr Elternhaus zurückkehren, um dort noch eine Zeit der späten Jugend zu genießen, in der sie Berufe ausprobieren oder ihre Ausbildung noch ein wenig fortsetzen. Ein für die Universitätszulassung zuständiger Beamter der Universität Harvard behauptet, eine Zeit der Jugend nach dem Besuch der Universität werde auch in psychologischer Hinsicht immer wichtiger, da ja eine geglückte Kindheit keine Verschnaufpause kennt. Für die Verlängerung der Kindheit mag es verschiedene Gründe geben; noch lässt sich nicht absehen, ob dieses Phänomen anhalten wird, aber allem Anschein nach taucht es unter vollkommen verschiedenen Gegebenheiten auf der ganzen Welt auf.

Die Unterscheidung zwischen den Geschlechtern während der Kindheit nimmt ab, auch wenn dies in manchen Gesellschaften heftig umstritten ist. Aufgrund der sinkenden Geburtenrate gibt es in immer mehr Familien nur einen oder zwei Söhne oder nur eine oder zwei Töchter –

und Eltern, die nur Töchter haben, schenken den Mädchen mehr Aufmerksamkeit, als ihre Vorfahren es taten, selbst in Ländern wie China. Auch in der Ausbildung werden immer weniger Unterschiede gemacht: Vom Iran bis zu den Vereinigten Staaten sind 55 bis 60 Prozent aller Universitätsstudenten Frauen. Manche Beobachter behaupten sogar, dass junge Frauen mit ihrem größeren Interesse an Bildung und aufgrund der Möglichkeit, in der Weltwirtschaft Berufe wahrzunehmen, die junge Männer manchmal marginalisieren, im Vergleich zu jungen Männern allmählich erhebliche Vorteile aus dem modernen Modell ziehen werden – es ist sicherlich lohnend, diese Tendenz weiter im Auge zu behalten.

Veränderungen im Kindsein hat es nicht nur in neuerer Zeit immer wieder gegeben. Eine Zäsur stellt zum Beispiel der Übergang vom Jagen und Sammeln zum Ackerbau dar. Spätere Veränderungen der Sozialstrukturen und der religiösen Vorstellungen brachten im Vergleich dazu maßvollere, doch ebenfalls bedeutende Neuerungen mit sich. Das Aufkommen moderner Ideen und Bedingungen für das Kindsein, die sich durch Nachahmung, durch internationalen Druck, ja, schlicht durch die Erfordernisse der Industrialisierung und der Modernisierung des Staates verbreiteten, beschleunigte noch einmal den Veränderungsprozess – allerdings gab es immer große Vielfalt. Dabei handelt es sich um grundlegende Veränderungen, die aus historischer Sicht noch sehr jung sind, selbst in den Gesellschaften, die als Erste Erscheinungsformen des modernen Kindseins ausprägten. Es ist also kaum verwunderlich, dass noch immer kleine Korrekturen vorgenommen werden, dass Erwachsene und Kinder weiterhin aushandeln, was alles zum Kindsein gehört, sei es nun direkt oder indirekt, und dass weitere Modifikationen unvermeidlich sind. Bewegend ist an der Geschichte des Kindseins – trotz all der schwierigen und umstrittenen Punkte –, was sie uns über die lange Reise sagt, die die Menschheit seit den Ursprüngen bis heute zurückgelegt und in Zukunft noch zurückzulegen hat.

BIBLIOGRAPHIE

Philippe Ariès, *Geschichte der Kindheit* (2. Aufl., München 1975)

Paula Fass (Hg.), *Encyclopedia of the History of Childhood:in history and society* (New York 2004)

Muriel Jolivet, *Japan, A Childless Society?* (New York 1997)

Steven Mintz, *Huck's Raft: a history of American childhood* (Cambridge, Massachusetts 2004)

Mitsukuri Shuhei, *On Education in: Meiroku Zasshi: journal of the Japanese enlightenment*, übersetzt von William Braisted (Tokio 1976)

Michael Young und Peter Willmott, *The Symmetrical Family: a study of work and leisure in the London region* (New York 1973)

REGISTER